Reinhard Schulz
Waltraud Roth-Schulz

MIT DEM WOHNMOBIL NACH SÜD-ITALIEN

Teil 1: Der Osten

Adria · Apulien · Basilikata · Ionisches Meer

Die Anleitung für einen Erlebnisurlaub

DER WOHNMOBIL-VERLAG
D-36452 Kaltennordheim

Die Deutsche Bibliothek – CIP-Einheitsaufnahme

Bibliografische Information der Deutschen Bibliothek

Die Deutsche Bibliothek verzeichnet diese Publikation in der Deutschen Nationalbibliografie.
Detaillierte bibliografische Daten sind im Internet über <http://dnb.ddb.de> abrufbar.

Titelbild: Lucera, Parkplatz vor dem Kastell
Bild in vorderer Klappe: Badeplatz im Gargano beim Lido Azzurro

6. Auflage 2020

Druck:
Beltz Grafische Betriebe GmbH, 99947 Bad Langensalza

Vertrieb:
GeoCenter GmbH, 70794 Filderstadt

Herausgeber:
WOMO-Verlag, OT Mittelsdorf, 36452 Kaltennordheim
GPS: N 50°36'38.2" E 10°07'55.6"

0049 (0) 36946-20691
verlag@womo.de
www.womo.de

MIX
Papier aus verantwortungsvollen Quellen
FSC® C089473
FSC www.fsc.org

Autoren-E-Mail: schulz@womo.de

ISBN 978-3-86903-356-3

EINLADUNG

„Perché non?“
Man trifft sie überall in Europa. Selten einzeln, meist in kleinen Grüppchen – Wohnmobile mit italienischem Kennzeichen!
Diese gewisse Häufung resultiert vor allem aus dem Wunsch heraus, Gesprächspartner beim abendlichen Rotwein zu haben – und nicht nur dann.
Aber die Gesprächsbereitschaft erstreckt sich nicht nur auf Landsleute, sie schließt alle Wohnmobilisten am erwählten Plätzchen ein.
So saßen auch wir schon häufig in geselliger Runde, tauschten Erfahrungen aus, erzählten von unseren Reisen kreuz und quer durch Europa – und sahen erstaunte Gesichter, weil in unseren Aufzählungen der Süden Italiens fehlte.
„Perché non?“ war dann der erstaunte Ausruf, gefolgt von einer Unzahl von Gründen, weshalb wir diese Unterlassungssünde kurzfristigst zu korrigieren hätten:
Zunächst schwärmten alle von traumhaften Sandstränden und von der bizarren Steilküste des waldreichen Gargano, dessen Höhen von Wanderwegen durchzogen seien.
Dann rief einer nur das Wort "Lecce" in die Runde und entfachte damit ein Gewirr von weiteren Vorschlägen, die samt und sonders die kulturellen Höhepunkte Apuliens betrafen:
Chronologisch angeordnet wurden wir zunächst zum Besuch mehrerer Dolmen und Höhlen mit prähistorischen Funden sowie peuketischen, messapischen, griechischen und römischen Ausgrabungen verdonnert.
Dann waren die Normannen und die Staufer an der Reihe, wobei das Castel del Monte offensichtlich ein besonderes Schmuckstück sein musste.
Die apulische Romanik, verewigt in zahlreichen, kunstvoll verzierten Kirchenbauten, lasse sich nur von den Bauwerken des Barock übertreffen – und diese seien eben in Lecce besonders einzigartig!
Nicht zu vergessen seien aber auch die Trulli von Alberobello, die Höhlenkirchen von Massafra, die Sassi von Matera und, und, und ...
Sie sehen, bei all Ihren Reisen haben Sie versäumt, Süd-Italien zu besuchen. Das sollten Sie schleunigst nachholen!

Ihre
Waltraud Roth-Schulz

Hinweis: Der vorliegende Band wurde erstmals (natürlich) in der Hauptsaison recherchiert (Juli/August). Von Mitte September bis Mitte Juni ist **alles** anders: Grüne, blühende Natur, kaum Touristen, weniger geöffnete Gaststätten und Campingplätze, kostenpflichtige Parkplätze kostenlos (Parkscheinautomaten abgeschraubt oder versperrt) und vor allem – Sie haben die Strände für sich allein!

Sehr geehrte Leserinnen und Leser, liebe WOMO-Freunde!

Reiseführer sind für einen gelungenen Urlaub unverzichtbar – das beweisen Sie mit dem Kauf dieses Buches. Aber aktuelle Informationen altern schnell, und ein veralteter Reiseführer macht wenig Freude.
Sie können helfen, Aktualität und Qualität dieses Buches zu verbessern, indem Sie uns sofort nach Ihrer Reise mitteilen, welchen unserer Empfehlungen Sie gefolgt sind (freie Stellplätze, Campingplätze, Wanderungen, Gaststätten usw.) und uns darüber berichten (auch wenn sich gegenüber unseren Beschreibungen nichts geändert hat).
Bitte füllen Sie schon während Ihrer Reise das Info-Blatt am Buchende aus und senden Sie es uns (gerne auch formlos als eMail) schnellstmöglich zu.
Dadurch helfen Sie uns und unseren Lesern – Ihren WOMO-Freunden – schneller aktualisierte Bücher zu erhalten.
Aktuelle Korrekturen finden Sie unter: forum.womoverlag.de

Um die freien Übernachtungs- und Campingplätze auf einen Blick erfassen zu können, haben wir diese im Text in einem Kasten nochmals farbig hervorgehoben und, wie auf den Karten, fortlaufend durchnummeriert. Wir nennen dabei wichtige Ausstattungsmerkmale und geben Ihnen eine kurze Zufahrtsbeschreibung. "Max. WOMOs" soll dabei andeuten, wie viele WOMOs dieser Platz maximal verträgt und nicht, wie viele auf ihn passen würden (schließlich gibt es auch Einwohner und andere Urlauber)!
Offizielle Stellplätze sind mit einem WOMO-Icon gekennzeichnet. Übernachtungsplätze mit **B**ademöglichkeit sind mit hellblauer Farbe unterlegt. **W**anderparkplätze sind grün gekennzeichnet. **P**icknickplätze erkennen Sie an der violetten Farbe. Auf Schlafplätzchen, denen die gerade genannten Merkmale fehlen – also auf einfache **S**tellplätze – weist die Farbe Gelb hin. Empfehlenswerte **C**ampingplätze haben olivgrüne Kästchen. Wanderungen, die wir Ihnen besonders ans Herz legen möchten, haben wir hellgrün unterlegt.

Und hier kommt das Kleingedruckte:
Jede Tour und jeder Stellplatz sind von uns meist mehrfach überprüft worden, wir können jedoch inhaltliche Fehler nie ganz ausschließen. Bitte achten Sie selbst auf Hochwasser, Brandgefahr, Steinschlag und Erdrutsch!
Verlag und Autoren übernehmen keine Verantwortung für die Legalität der veröffentlichten Stellplätze und aller anderen Angaben. Unsere Haftung ist, soweit ein Schaden nicht an Leben, Körper oder Gesundheit eingetreten ist, ausgeschlossen, es sei denn unsere Verantwortung beruht auf Vorsatz oder grober Fahrlässigkeit.

INHALT

Anreisewege

12 Touren durch Apulien und die Basilicata

Tipps und Tricks

Wir starten Richtung Süd-Italien!

Was gibt es da eigentlich zu erklären?
Da donnern wir einfach über den Brenner, rauschen die Autostrada 'runter – und schon sind wir in Süd-Italien!?
Viel kann wirklich nicht schief gehen: Aber die verschiedenen Alpenübergänge und Mautautobahnen sollten schon verglichen werden: Brennerpass oder Alpentunnel – und welcher? Schweizer Vignette oder österreichisches Pickerl? Kostenlose Landstraße oder teure Autobahn – und was kostet die eigentlich?

Vorüberlegungen

Wohnen Sie nördlich oder südlich der Linie Stuttgart – Nürnberg? Haben Sie etwas gegen Schweizer – oder nur etwas gegen die Vignette? Fahren Sie gerne Tunnel oder auf keinen Fall? Möchten Sie in den Alpen jede Straßenbenutzungsgebühr umgehen, wenn es sich machen lässt, auch wenn's dann länger dauert?

Wege über die Alpen

Alle Urlauber nördlich der Linie Stuttgart – Nürnberg können auf die teure Brennerverbindung leicht verzichten und entweder über Basel oder Singen durch die Schweiz fahren. Trotz Vignette kommt das 25 € billiger als über den Brenner; wir beschreiben die zwei Hauptstrecken und Tunneldurchfahrten. Die sparsamen Urlauber aus dem Bereich Augsburg/Ulm/München verlassen die »A 96« **vor** dem Pfänder-Tunnel (Pickerl!) und durchqueren Bregenz. Dann geht's ebenfalls durch die Schweiz. Unsere Freunde aus Österreich, viele Münchener

Nordeinfahrt des San-Bernardino-Tunnels

und 'psychische Tunnelverweigerer' werden natürlich über den Brenner fahren, er ist aus diesem Raum die 'schnellste' Verbindung. Zusätzlich haben wir noch zwei "Gebühren-Verweigerer-Strecken" getestet, denn man kommt auch ohne Straßenzoll über die Alpen, sogar durch die Schweiz! Natürlich ist das mit zusätzlichem Zeitaufwand verbunden; wer aber nicht auf die Uhr schaut, bekommt einige der schönsten Alpengegenden zu Gesicht.

Übrigens:
WOMOs mit mehr als 3,5 to kommen u. U. billiger durch die Schweiz! Sie brauchen keine Vignette, sondern zahlen eine **Schwerverkehrsabgabe** (z. B. 32,50 CHF für zehn Einzeltage; das entsprechende Formular gibt's an der Grenze). Für Österreich andererseits ist die Go-Box Pflicht ...

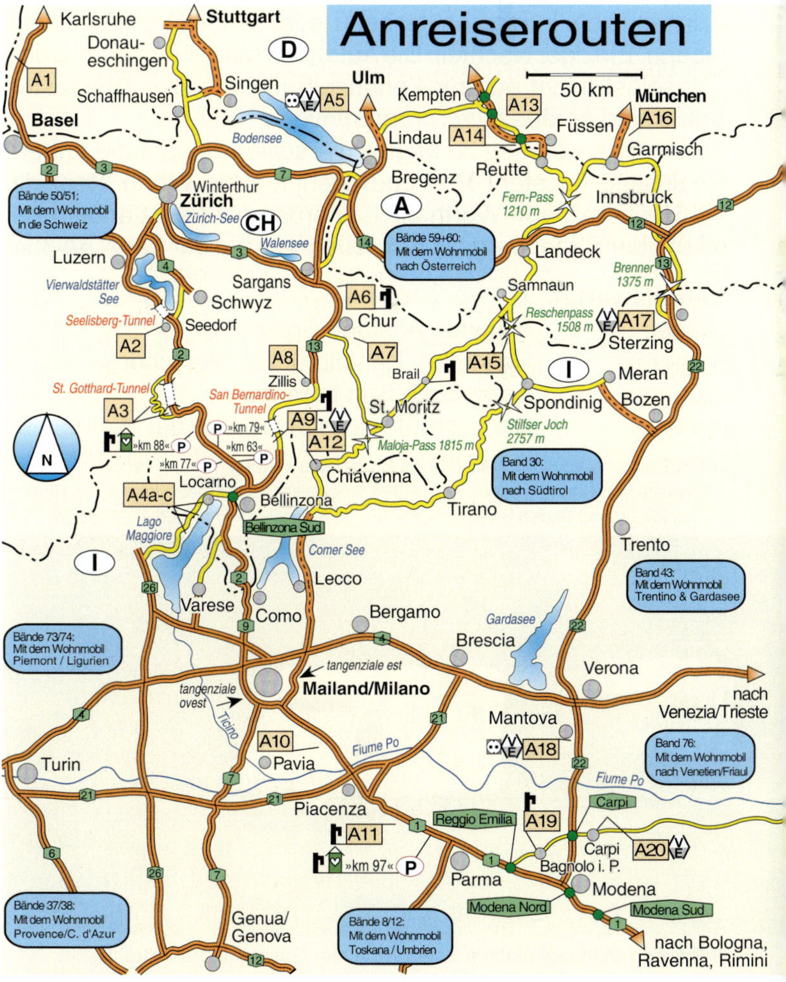

AN- und RÜCKREISEROUTEN

Haben die „Vorüberlegungen" Ihnen etwas geholfen? Dann suchen Sie sich jetzt IHRE Tour heraus. Routenführung und Fahrstrecke bis MODENA werden Ihnen die Wahl leichter machen. Und wenn Sie sich nicht entscheiden können - nehmen Sie für Hin- und Rückfahrt einfach zwei verschiedene Strecken!

St. Gotthard-Route I – unser Anreisetipp mit freien Übernachtungsplätzen

(Basel – Modena ca. 520 km)
Basel - Luzern - St. Gotthard - Bellinzona - Mailand - Modena.

Es handelt sich um die schnellste und bequemste Verbindung – und eine der kürzesten. Nahezu jeder Meter ist gepflegte Autobahn. Einziger Nachteil: Die Autobahn Mannheim - Karlsruhe - Basel ist (nicht nur zur Ferienzeit) meist heillos überlastet; Staus sind geradezu vorprogrammiert.
Spätestens wenn es zu eng wird – sollten Sie auf die andere Rheinseite flüchten! Von Ludwigshafen bis Wörth steht die »A 65« bereit; von Wörth bis Lauterbourg 13 km Landstraße, dann über Strasbourg bis Basel bequem auf der franz. »A 35«!

Sehenswertes:

-Basel:	Münster, Altstadt, Spalentor.
-Luzern:	Hofkirche, Kapellbrücke, Gletschergarten.
-Lugano:	Kathedrale San Lorenzo.
-Milano:	Dom (größte gotische Kirche der Welt).

A 1: Deutsche AB an der AS 64A Bad Krozingen verlassen. Nach ca. 5 km, in der Ortsmitte von Hartheim, nach rechts dem Wegweiser "Zum Rhein" folgen. Am Rhein Picknickplatz mit Tisch & Bank, Schutzhütte und Grillstelle [N47° 56' 36.4" E7° 35' 54.2"].

A 2: Übernachtungsplatz in Seedorf bei der Gitschenbergseilbahn

A 2: Schweizer AB A 2 an der AS Altdorf Nord/Schwyz (hinter dem Seelisbergtunnel am Ende des Vierwaldstätter Sees) verlassen und dem Wegweiser nach Seedorf folgen. Im Ort der Hauptstraße folgen bis zum Ortsende. Dort (nach 3,8 km) links schöne Stellplätze [N46° 53' 09.5" E8° 36' 16.4"; 435 m] bei der Miniseilbahn "Gitschenberg". An der Bergstation freut sich Marlis Arnold auf Ihren Besuch, serviert Ihnen gern ein Vesper und erklärt Ihnen, wie Sie zu Fuß wieder zum WOMO zurückfinden (2 Std.). Toiletten & Wasser beim Friedhof (200 m), Gaststätte & Badeplatz mit Grillstelle (400 m).
A 3a: Schweizer AB A 2 bei der AS Göschenen (von Norden) bzw. Airolo (von Süden) verlassen und ca. 16 km zum St. Gotthard-Pass fahren. Auf dem Pass gemütliche Gaststätte und ruhig-frische Parkplätze [N 46° 33' 25.5" E 8° 34' 0.7"; 2102 m] u. a. neben dem kleinen See auf der Passhöhe. Der sehr lohnenswerte Umweg über den Pass (statt Tunnel) beträgt 17 km. Zwei Straßenvarianten sind möglich: Die alte, gepflasterte Passstraße oder die gut ausgebaute, neue Streckenvariante.
A 3b: Schweizer AB A 2 bei der AS Airolo/St. Gotthard-Pass/Nufenenpass verlassen und Richtung Nufenenpass bis zur Talstation des Airolo-Liftes fahren, dort viele, ebene Parkplätze [N 46° 31' 25.6" E 8° 36' 11.7"; 1186 m]; gegenüber St. Gotthard-Käserei mit Gaststätte, Käseverkauf (lecker) und Schaukäserei.
A 4 a-c: Schweizer AB A 2 bei der AS Bellinzona Süd verlassen und bis Locarno fahren. Dort den Wegweisern "Camping Delta" folgen (Nähe Mündung Maggia-Fluss). Kostenpflichtiger Stellplatz in der Via alla Lanca degli Stornazzi [N46° 09' 37.4" E8° 48' 03.8"]. Von dort nur 200 m zum Lago Maggiore. Weitere Plätze in (**A4b**) Cannobio [N46° 3' 41" E8° 41' 27"] und (**A4c**) Oggebbio [N45° 59' 49" E8° 39' 11"].

A 4a: Gebührenpflichtiger Stellplatz beim Hallenbad in Locarno

A 4 b: Gebührenpflichtiger Stellplatz in Cannobio

St. Gotthard-Route II

(Singen – Modena ca. 540 km)
Singen – Winterthur – Zürich – Luzern (oder ohne Autobahn Schwyz), dann wie St. Gotthard- Route I.

Mit Sicherheit die Leib- und Magenstrecke der Stuttgarter. Wer dann auch noch weiß, dass man dem Stau am Autobahnende bei Singen entgehen kann, indem man über Donaueschingen – Schaffhausen – Winterthur fährt, der ist fein raus.

Sehenswertes:
-Winterthur: Altstadt, Pfarrkirche (Fresken), Stadthaus.
-Zürich: Altstadt, Fraumünster, Großmünster, usw.
-Vierwaldstätter See: Tellskapelle, Rütli.
-Mailand: Dom (größte gotische Kirche der Welt).
-Piacenza: Stadtmauer, Dom, Renaissance-Paläste.
-Parma: Altstadt mit romanischem Dom.
-Modena: Dom (12. Jahrh.), Galeria Estense.

San Bernardino-Route I

(Singen – Modena ca. 590 km)
Singen – Winterthur – Zürich – Walensee – Chur – San Bernardino – Bellinzona, dann wie Gotthard-Route I.

Bis Zürich befinden wir uns auf der St. Gotthard- Route II, dann geht es auf der Autobahn (N 3) weiter, die inzwischen auch am Walensee fertiggestellt ist. Jedoch vor und hinter dem San Bernardino-Tunnel gibt es je 25 km "nur" sehr gut ausgebaute Straßen.

San Bernardino-Route II – unser Rückreisetipp mit freien Übernachtungsplätzen

(Modena – Lindau ca. 495 km)
Chur – Lindau , vorher wie San Bernardino-Route I.

Sargans - Bregenz - Lindau, vorher wie San Bernardino-Route I. Diese San Bernardino-Route ist wesentlich interessanter! Bietet sie doch den Urlaubern aus dem Nürnberger/Ulmer/Münchener Raum eine echte Alternative zur Brenner-Strecke. Wenn man die schweizer Autobahn verlässt, kann man wählen: Gleich auf die österreichische Autobahn und bequem durch den Pfändertunnel um Bregenz herum (Pickerl-Pflicht!) – oder sparsam durch Bregenz hindurch und erst danach auf die deutsche Autobahn?

Sehenswertes:

-Bregenz: Oberstadt mit Martinsturm und Stadtpfarrkirche.
-Vaduz: Schloss Hohen-Liechtenstein, 13.-15. Jahrh.

A 5: Deutsche AB A 96 an der AS Wangen-Nord (von Süden) bzw. Leutkirch West (von Norden) verlassen und über schmale Landstraßen nach Kißlegg. Dort ausgeschildert "Obersee/Strandbad/WOMO-Symbol" zum großen Gelände [N 47° 47' 45.5" E 9° 52' 46.1"] am See/Strandbad mit Ver-/Entsorgung. Weiterer, kostenloser Stellplatz **A 5a** beim Familienfreizeitgelände in der Le Pouliguenstraße [N 47° 47' 27.4" E 9° 52' 21.3"; 645 m].

A 5: Gebührenpflichtiger Stellplatz am Strandbad von Kißlegg

A 5a: Stellplatz beim Familienfreizeitgelände von Kißlegg

A 6: Schweizer AB A 13 an der AS Maienfeld verlassen und durch den Ort Rtg. St. Luzisteig fahren. Nach dem Ortsende links große Wiesen mit mehreren Brunnen. Davor großer, geschotterter, teils leicht schräger Parkplatz mit WC an der sehr ruhigen Straße.

Heidibrunnen am WOMO-Stellplatz **A6**

A 7: Schweizer AB A 13 an der AS Chur-Süd verlassen. Zunächst 3 km Rtg. Lenzerheide, dann links 8 km schmal und steil nach Tschiertschen; großer, ruhiger Parkplatz [N 46° 49' 10.2" E 9° 36' 16.0"; 1338 m] am Ortsbeginn links mit toller Aussicht (wenige Schritte zur Gaststätte "Gürgaletsch" mit guter Pizza und Kübelbier).
A 8: Schweizer AB A 14 ca. 30 km südlich Chur an der Ausfahrt 24 Zillis verlassen. Am Ortsbeginn links großer, öder Parkplatz [N46° 38' 7.4" E9° 26' 26.9"] mit Brunnen, Kiosk und Gaststätte.

Blick vom WOMO-Stellplatz **A7**

A 9: Schweizer AB A 13 ca. 15 km südlich des San Bernardino-Tunnels an der AS Mesocco verlassen. Großer Parkplatz [N 46° 22' 03.2" E 9° 13' 22.7"] mit Wasserschlauch (im Ort rechts Rtg. Sportplatz bis zum großen Wiesenplatz rechts der Feuerwehr).
A 10: Italienische AB A1 an der AS Lodi (km 23) verlssen und 16 km Landstraße bis San Colombano al Lambro fahren. Großer Parkplatz [N45° 10' 53.7" E9° 29' 59.9"] an ruhiger Via S. Giovanni di Dio, gegenüber umzäunter Hundeausführplatz
A 11: Italienische AB A 1 an der AS Fiurenzuola (km 74) verlassen und 10 km Landstraße bis Chiaravalle della Colomba. Großer Parkplatz [N44° 55' 34.5" E9° 58' 21.8"] bei der Abtei neben einem Park mit Liegewiese, Schattenbäumen, Brunnen, Kinderspielplatz; Gaststätte 200 Schritte.

Mittagspause am WOMO-Stellplatz **A 11**

Fernpass-Malojapass-Route

(Kempten – Modena 580 km)

Kempten – Pfronten – Reutte – Fernpass – Landeck – Stuben/ Pfunds – St. Moritz (Engadin) – Maloja-Pass – Chiavenna – Colico – Lecco – Mailand, dann wie St. Gotthard-Route I.

Nach der Entfernungsangabe klingt es gar nicht schlecht, aber der niedrige Preis hat auch seinen Preis: Fernpass 8% Steigung, Maloja-Pass 15 % Gefälle, allein in Österreich und der Schweiz über 250 km Landstraße. Aber wenn Sie Zeit haben – allein der Silser See oberhalb St. Moritz mit dem verschneiten Corvatsch dahinter – ein Traum.

A 12: In Chiavenna dem WOMO-Piktogramm zum schattigen, großen Stellplatz vor dem Sportplatz (Via Falcone e Borsellino) folgen [N46° 18' 51.4" E9° 23' 45.7"].

Fernpass-Reschenpass-Route

(Kempten – Modena ca. 520 km)
Kempten – Füssen – Reutte – Fernpass – Landeck – (Abstecher Samnaun, zollfrei tanken) – Reschenpass – Meran – Bozen – Trento – Verona – Modena (oder Venezia).

Nach der Entfernungsangabe klingt es gar nicht schlecht, aber der niedrige Preis (keine Vignette erforderlich, wenn Sie von Imst bis Landeck die 171 statt der A 12 nehmen) hat auch seinen Preis:
Fernpass 8 % Steigung, Reschen-Pass 9 %, von Nesselwang bis Meran nur Landstraße. Wenn Sie Zeit haben – eine landschaftlich einmalige Strecke.

A 13: Deutsche AB A 7 an der AS 138 Nesselwang/Rückholz verlassen, nach links 2 km bis Rückholz zum Sportplatz [N47° 39' 18.4" E10° 32' 44.5"].
A 14: Deutsche AB A 7 an der AS 138 Marktoberdorf/Rückholz verlassen, nach rechts 1,4 km zur wohnmobilfreundlichen Gaststätte "Löwen" [N47° 37' 56.0" E10° 31' 03.0"].
A 15: Nach dem Grenzübergang nach Südtirol hinab ins Etschtal. In St. Valentin ruhige Übernachtungsplätze bei der Seilbahn "Haider Alm" [N46° 45' 54.0" E10° 31' 51.9"].

Brenner-Route I

(München – Modena 520 km)
München – Kufstein – Innsbruck – Brennerpass – Sterzing – Bozen – Trento – Verona – Modena.

Viele werden diese Strecke fahren, weil sie bequem und schnell ist. Aber sie ist mit Abstand die teuerste und auch nicht gerade die kürzeste. Da sich auf ihr auch noch die meisten Italienurlauber drängeln, sollte man sie wirklich nur benutzen, wenn man aus Österreich oder dem Münchener Raum kommt.

Sehenswertes:

-Innsbruck: Altstadt (Tiroler Erkerhäuser), Laubengassen, Dom zu Sankt Jakob, Kaiserliche Hofburg.

-Bozen: Historische Altstadt mit Laubenstraßen.

-Verona: Amphitheater, Stadttore, Dom, Basilika San Zeno.

-Modena: Rom. got. Dom, dessen Glockenturm schräg steht.

-Florenz: Allein wegen des Domes mit der achteckigen Brunelleschi-Kuppel fahren viele um die halbe Welt.

A 16: Deutsche A 95 an der AS 10 verlassen und über Großweil zum großen, nachts völlig ruhigen Parkplatz beim Freilichtmuseum Gentleiten [N 47 39' 51.0" E 11 17' 3.0"].
A 17: Ausgeschilderter (kostenpflichtiger) WOMO-Parkplatz "Top Stopp" in AB-Nähe. Direkte Zufahrt von der italienischen Autobahn A 22 (ausgeschildert) oder von der SS 12 bei Sterzing/Vipiteno [N 46° 52' 52.6" E 11° 26' 22.9"].
A 18: Italienische AB A 22 (vom Brenner kommend) bei der AS Carpi Mantova Nord verlassen. 1000 m nach dem Ortsschild rechts zur perfekt ausgestatteten Sosta Camper (15 €) [N45° 9' 48.3" E10° 48' 44.6"].

A 19: Italienische AB A 1 (von Milano kommend) bei der AS Reggio nell'Emilia bzw. die AB A 22 (vom Brenner kommend) bei der AS Carpi verlassen, bis zur Kirche von Bagnolo in Piano fahren und dort zum Parco Europa beim weit sichtbaren Wasserturm abbiegen. Viele ruhige Parkplätze [N 44° 45' 53.6" E 10° 40' 16.9"] am Park mit Kinderspielplatz, Bänken, Liegewiesen, Schattenbäumen und kostenlosem Mineralwasserbrunnen; zentrumsnah.
A 20: Italienische AB A 22 bei der AS Carpi verlassen und erst dem Wegweiser "Centro", dann "Mantova" folgen. Schließlich nach links zum riesigen Parkplatz (mit VE) vor dem Luna-Park/Piscina abbiegen [N 44° 47' 01.6" E 10° 52' 05.3"]. Nach rechts viele weitere Parkplätze unter Pappeln in der Via Baldassarre Peruzzi.

Brenner-Route II

(München – Modena 510 km)

München – Garmisch-Partenkirchen – Mittenwald – Seefeld – Zirl – Innsbruck – "alte" Brennerstraße (182/SS 12) – AB-Auffahrt Sterzing (Vipiteno), dann wie Brenner-Route I.

Die österreichische Brennermaut spart man – und das Pickerl. Zwar muss man Innsbruck durchqueren, aber die schöne, alte (verkehrsarme) Brennerstraße belohnt uns wieder. Für uns ist sie eine der schönsten Alpenstraßen.
Zumindest bei Staus sollte man sich an sie erinnern.

KARTE TOUR 1 (Nord)
50 km
Reggio nell'Emilia
Bagnolo in Piano
Reggio n. E.
A14
22
Carpi Centro
A15
Carpi
Rubiera
Modena Nord
01
Modena
02
03
nach Lucca
Modena Sud
Bologna
Ferrara
13
nach Firenze
EMILIA-ROMAGNA
Comaggio
Lido di Spina
14d
04
Ravenna
nach Firenze
Forlì
67
09
05: Casal Borsetti
Kanalfähre (Traghetto)
06: Marina di Ravenna
07: Lido Adriano
Brücke max. 2,20 m
08: Lido di Dante
10: Lido di Classe
11: Lido di Savio
12: Pinarella
Cervia
Cesena
Cesenatico
71
MARE ADRIATICO
Rimini Nord
Verucchio
Rimini
San Marino
Rimini Sud
72
Riccione
Montefeltro
Cattolica
Karte 1a
Gradara
Pesaro
Appennin
MARCHE
20
Fano
21: Fano
nach Ancona
N

TOUR 1 (ca. 735 km / 3-6 Tage)

Modena – Ravenna – Lido di Classe – San Marino – Senigallia – Ancona – Recanati – Pescara – Lanciano

Freie Übernachtung:	u.a. Bagnolo, Carpi, Casal Borsetti, Lido di Dante, Cervia, Torriana, Verucchio, San Marino, Gradara, Fano, Loreto, Recanati, San Firmiano, Monte Lupone, Morrovalle, Monte-Corsaro, Altidona, Moresco, Monterubbiano, Montefiore dell'Aso, Notaresco, Castelbasso, Atri, Lanciano.
Ver-/Entsorgung:	Carpi, Casal Borsetti, Lido di Dante, Verucchio, San Marino, Gradara, Loreto, Recanati, San Firmiano, Morrovalle, Moresco, Montefiore dell'Aso, Lanciano.
Trinkwasserstellen:	u.a. Bagnolo, Lido di Dante, Verucchio, Recanati, Altidona.
Campingplätze:	u.a. Lido di Dante, Lido di Classe, Pinarella.
Baden:	u.a. Casal Borsetti, Marina di Ravenna, Lido di Dante, Lido di Classe, Cervia, Pinarella, Senigallia, Porto Recanati, Pedaso, Atri, Rocca S. Giovanni, Fossacésia Marina.
Besichtigungen:	Modena, Ravenna, Verucchio, San Marino, Gradara, Recanati, Monte Lupone, Morrovalle, Monte-Cesaro, Moresco, Monterubbiano, Petritoli, Ortezzano, Montefiore, Montegualtieri, Atri.
Wandern:	Stadtbesichtigungen, z.B. San Marino, Lanciano.

Wo beginnt eigentlich Süd-Italien??? Diese Frage bewegte uns, seit der **St. Gotthard** hinter uns lag.
Kurz vor MODENA traf ich dann eine Entscheidung, die hoffentlich keine politischen Konsequenzen nach sich trägt: Noch bevor sich die >A 22<, die vom **Brenner** kommend nach Süden zieht, in "unsere" >A 1< einfädelt, verließ ich die Autobahn bei der Anschlussstelle **Reggio nell'Emilia** mit den Worten: „Wir sind da!“
Das WOMO drehte eine der typisch-italienischen Anschlussstellenkurven und rollte auf der >SP 3< 5 km bis BAGNOLO IN PIANO. Schon von weitem sieht man den auffälligen Wasserturm direkt neben dem schönen, weitläufigen "Parco Europa", an dem sich die ruhige Einbahnstraße Via A. Frank entlangzieht.

Wenige Minuten später ist das WOMO geparkt, Tisch und Stühle stehen auf gepflegtem Rasen im Baumschatten. Beim Rundgang über das Gelände entdeckt man Liegewiesen, eine Schattenlaube mit Bänken, Kinderspielplatz, Bolzplatz und eine Trimm-Dich-Strecke. Vervollständigt wird das erstaunliche – und völlig kostenlose Angebot durch eine Mineralwasserstation (naturale, frizzante, fresco!) am Beginn der Einbahnstraße.

(A19) WOMO-Stellplatz: Bagnolo in Piano/Parco Europa
GPS: N44° 45' 53.6" E10° 40' 17.0" **max. WOMOs:** >5.
Ausstattung/Lage: Mineralwasser, Liegewiese, Schattenbäume, Bänke/Ortsrand.
Zufahrt: Von der A 1 AS Reggio nell'Emilia 5 km auf der >SP 3< bis Bagnolo.
Hinweis: Falls am Wochenende zu viel Trubel ist, findet man ruhigere Stellplätze beim 500 m entfernten Stadion [N44° 46' 07.2" E10° 40' 02.7"].

Natürlich ist dieser Rastplatz kein Urlaubsziel. Aber für alle WOMO-Reisenden, die es nach Süden zieht, liegt er besonders praktisch, ist ruhig und gepflegt – ein idealer Etappenort auf der Hin- oder Heimreise (von denen wir noch einige für Sie zu finden gedenken!).
Falls Sie auf der >A 22< vom **Brenner** her kommen, nutzen Sie natürlich die AS Carpi, um nach Bagnolo zu fahren. Aber auch CARPI hat einen praktischen – wenn auch nicht so idyllischen **Parkplatz** [**A 20**: N44° 47' 1.6" E10° 52' 5.3"]. Er liegt, wie bereits beschrieben, nur 3 km von der Autobahnausfahrt entfernt vor dem Luna-Park/Piscina (Schwimmbad). Außer einer etwas versteckten **Ver-/Entsorgungsstation** (im linken, vorderen Eck) dürfen Sie stets mit der Anwesenheit einer Reihe italienischer WOMOs rechnen (wo Sie Ihre ersten italienischen Sprachversuche starten können).
Nur wenige Kilometer südlich von CARPI liegt das sehenswerte MODENA, die >SS 43< führt Sie in kürzester Zeit an den Rand der Altstadt neben dem "Parco Enzo Ferrari", wo große, meist auch freie Parkflächen auf Sie warten.

Modena, Stellplatz 001 am Parco Enzo Ferrari

(001) WOMO-Stellplatz: Modena/Parco Enzo Ferrari

GPS: N44° 39' 11.7" E10° 54' 34.6" **max. WOMOs:** >10.
Ausstattung/Lage: Bänke im Park/im Ort, zur Altstadt ca. 1500 m.
Zufahrt: Von Carpi auf der SS 43 ca. 15 km oder der A 1 AS Modena Nord ca. 5 km zum Stellplatz.

Sie haben Fahrräder dabei (ideal) oder sind gut zu Fuß? Dann steht einem Stadtbummel nichts im Wege (folgen Sie einfach der Via Emilia Ovest vor dem Park weiter nach Südosten)!

Modena, Piazza Grande

Besonders stolz sind die Modeneser (mit Recht) auf ihre **Piazza Grande** (100 m rechts der Via Emilia) mit dem romanischen **Dom San Geminiano**, seinem 88 m hohen Campanile (**Torre Ghirlandina**) und dem **Palazzo Comunale** (Stadthaus) mit dem einzigartigen Uhrturm. Vor dem Gebäude wurden Reden an die Einwohner gehalten, den Pranger mussten säumige Schuldner dreimal mit dem nackten Hintern berühren (peinlich!), aber auch unbekannte Leichen wurden hier aufgebahrt, damit sie evtl. von Passanten identifiziert werden konnten.

Sie möchten sich länger in MODENA aufhalten? Dann dürfen wir Ihnen den Wohnmobilstellplatz vom **Camper Club Mutina** am südöstlichen Stadtrand [**002:** N44° 36' 50.1" E10° 56' 40.0"; Strada Collegarola] empfehlen. Für 15 € bietet man Ihnen die Sicherheit einer umzäunten Anlage und vollen Service. Aber nicht jeder schläft gerne in der Großstadt. Besonders praktisch findet mancher eine wohnmobilfreundliche Gaststätte! Wir haben für Sie die **Pizzeria Napoleone** entdeckt, nur 5 km südlich von MODENA (und ganz in der Nähe der AB Ausfahrt Modena Sud). Man verlässt die AB 1 Richtung Modena, schwenkt am ersten Kreisel nach links

Richtung SAN LORENZO und hat die Gaststätte bereits 1000 m später erreicht **[003:** N44° 34' 38.0" E10° 57' 57.0"]. Sie haben Kinder dabei, die sommerlichen Temperaturen haben die 30-Grad-Marke überschritten, die Sehnsucht nach der blauen Adria lässt Sie nicht schlafen? Bereits einer dieser Gründe reicht aus, um mit uns weiter auf "Abwegen zu wandeln"!

Zurück auf der >A 1< verlassen wir sie vor BOLOGNA, kurven auf der >A 14< Richtung ANCONA um die Großstadt herum, schwenken 45 km später auf die >A 14 dir.< Richtung RAVENNA ein. Dieser Autobahnzipfel endet bereits nach 25 km vor einer der sehenswertesten Städte Norditaliens. Mit ihren bedeutenden Baudenkmälern (von denen wohl jeder das Grabmal Theoderichs [N44° 25' 33.0" E12° 12' 35.4"] kennt) und frühmittelalterlichen Kunstschätzen ist sie unbedingt sehenswert. Wer "nur" einen Stadtbummel machen möchte: Die Innenstadt (Centro storico) ist Fußgängerzone!

Einst eine mächtige Hafenstadt, ist das Gebiet um RAVENNA heute verlandet, ein 10-km-Kanal führt zum Hafen PORTO CORSINI.

Kurzinfo: I-48100 Ravenna (138.000 Einwohner)

Touristen-Info: Via Salara 8/12, Tel.: 0544-35404

Piazza Resistenza [N44° 24' 52.0" E12° 11' 19.0"] oder bei der Rocca di Brancaleone [N44° 25' 23.7" E12° 12' 15.0"] (200 m nördl. des Bahnhofs) oder 500 m nördlich desTheoderichgrabmals [N44° 25' 50.5" E12° 12' 32.8"] mit V/E.

u. a. Basilica di San Vitale (9-19 Uhr), Mausoleo di Galla Placidia (9-19 Uhr), Museo Nazionale (8.30-19.30 Mo. zu), Battistero Neoniano (9.30-18.30 Uhr), Basilica di Sant'Apollinare Nuovo (9-19 Uhr), Mausoleo di Teodorico (9-19 Uhr).

Ravenna, Grabmal des Theoderich

Unser Lieblingsplatz [**004:** N44° 25' 33.0" E12° 12' 35.4"] liegt unmittelbar neben dem gepflegten Parco di Teodorico mit Bar, Bänken, Kinderspielplatz und nur wenigen Schritten zu dem originellen Theoderichgrabmal.

Das Mausoleum des Theoderich ist die Grablege des ostgotischen Königs Theoderich, von ihm selbst um 520 in Auftrag gegeben. Es hat einen zehneckigen, symmetrischen Grundriss mit einem Kantenabstand von 4,40 m und besteht aus zwei Geschossen. Besonders auffällig ist die Dachkuppel mit ihren 12 Kragsteinen, diese tragen die Namen von acht Aposteln und vier Evangelisten. Die Kuppel besteht aus einem Stück, hat einen Durchmesser von 11 m und ein Gewicht von 230 t.

Über die Bahnlinie spazieren wir, vorbei an der gewaltigen Zitadelle **Rocca di Brancealone** mit dem bereits genannten Wohnmobilparkplatz, in einem Viertelstündchen zur Innenstadt.

Ravenna, Rocca di Brancealone

Die Zitadelle wurde 1456 nach den damals "neuesten militärischen Erkenntnissen" vollständig aus Ziegelsteinen errichtet. Sie besteht aus einem Karree hoher Mauern mit gewaltigen Rundtürmen an jeder Ecke. Der Innenbereich beherbergte Stallungen, Lagerräume für Verpflegung und Waffen, Brunnen sowie Werkstätten für die Produktion von Schießpulver und Kanonenkugeln. Schießschächte für die ersten Kanonen, die Bombarden (sie schossen noch mit Steinkugeln) öffnen sich in alle Richtungen.
Im 17. Jh. wurde die Festung verlassen, die Bausteine fanden für andere Bauwerke Verwendung, wodurch sich die Höhe erheblich reduzierte. Heute dient sie als öffentlicher Park und Freilichttheater.

Etwa 700 m westlich der Zitadelle steht das bedeutendste kirchliche Bauwerk von RAVENNA, die Kirche von **San Vitale** (großer Parkplatz nahebei [N44° 25' 17.9" E12° 11' 45.5"]).

Bereits 547 dem Hl. Vitalis geweiht, ist sie eine der bedeutendsten Kirchenbauten der spätantik-frühbyzantinischen Zeit. Berühmt ist San Vitale vor allem für ihre einmalige Mosaikausstattung des Altar- und Apsisbereiches

Ravenna, San Vitale

aus der Entstehungszeit (der beeindruckende Bilderschmuck des zentralen Kuppelraumes ist viel jüngeren Datums und stammt aus dem 18. Jh.).

Ravenna, San Vitale, Kaiserin Theodora und Kaiser Justinian (527 - 565)

Uns zieht's nun zum Wasser! Der kürzeste Weg dahin? Richtung Nordost folgen wir den Wegweisern Lidi Nord/Porto Corsini/Marina Romea, durchqueren Industrieanlagen, folgen einem Kanal, an dessen Rand viele der so typischen Fischerhütten mit ihren Hebenetzen (Trabocchi) stehen, oft auf Stelzen und gar auf Booten montiert.

Typischer Trabocco am Kanal Richtung Porto Corsini

Ein Trabocco ist ein zum Fischfang errichteter Pfahlbau. Eine aufwändige Konstruktion ermöglicht es, ein großes, rechteckiges Netz gleichmäßig horizontal abzusenken und beim Darüberschwimmen eines Fischschwarmes schnell wieder anzuheben.

Ein Hinweisschild macht uns auf einen Parkplatz aufmerksam, von dem aus man zum **Capanno Garibaldi** spazieren kann. Italiener wissen natürlich, dass sich der Freiheitsheld Garibaldi in diesem Häuschen 1849 auf der Flucht vor den Österreichern versteckte.

In PORTO CORSINI wenden wir uns parallel zur Küste nach Norden, passieren hunderte von Parkplätzen längs der Straße, durch die Pineta kann man zum Sandstrand marschieren.

Wir halten durch bis CASAL BORSETTI, wo wir rechts in die schöne Sosta Camper "Mare & Parco" einschwenken.

(005) Offizieller WOMO-Badeplatz: Casal Borsetti/Mare & Parco

GPS: N44° 33' 0.3" E12° 16' 48.1"; Via Stefano Ortolani **max. WOMOs:** >200.

Ausstattung/Lage: Wiese, Schattenbäume, Spielplatz, Grillstellen, Picknickbänke, Ver-/Entsorgung, Strom, Gebühr 12-14 €/Ortsrand, Sandstrand 200 m.

Zufahrt: Von Ravenna über Porto Corsini bis Casal Borsetti, dort ausgeschildert.

Strand vor der Sosta Camper "Mare & Parco"

Zurück in PORTO CORSINI biegen wir links. Ein Traghetto, eine Kanalfähre, bringt uns über den **Canale Candiano**, der RAVENNA mit seinem Hafen verbindet, nach MARINA DI RAVENNA.

Traghetto über den Canale Candiano

Auf der anderen Uferseite findet man sofort einen großen Parkplatz (Piazzale Adriatico), von dem aus man im Jachthafen Bootchen begucken kann.
Viel interessanter ist der Großparkplatz 500 m weiter südlich, denn das Hafenareal endet und der breite Sandstrand beginnt. Zwischen schattigen Maulbeerbäumen parken wir ein.

(006) WOMO-Badeplatz: Marina di Ravenna

GPS: N44° 29' 11.1" E12° 17' 01.5" **max. WOMOs:** >20.

Ausstattung/Lage: Rasengittersteine, Schattenbäume/Ortsrand, Sandstrand 200m.

Direkte Zufahrt: Von Ravenna Richtung Lidi Sud/Marina di Ravenna.

Hinter der Pineta mit vielen kostenpflichtigen Parkplätzen rollen wir weiter nach Süden. Zufahrten zu Bagnos, Restaurants und Campingplätzen wechseln sich ab. Erst 7 km südlich von unserem letzten Platz, wir sind bereits in PUNTA MARINA, finden wir hinter der Pineta einen großen, staubigen Parkplatz, allerdings max. 2,5 to [N44° 26' 02.0" E12° 17' 54.9"]. Der Großparkplatz von LIDO ADRIANO, nur wenige Meter vom Sandstrand entfernt, ist frei für alle (zumindest in der Nebensaison) [**007:** N44° 25' 07.2" E12° 18' 26.3"].

Wir schlängeln uns weiter nach Süden zum LIDO DI DANTE. Ein Eisengitterbrückchen führt ampelgesteuert hinüber. Leider ist es nur bis 2,20 m Breite zugelassen und zwei Betonpoller davor und dahinter unterstreichen nachdrücklich diese Begrenzung. Dabei wäre die Brücke nicht das Problem, aber die Poller stehen wirklich nur 2,25 m auseinander (wir wissen es aus eigener, leidvoller Erfahrung!).

Breitere Fahrzeuge müssen wohl oder übel einen weiten Umweg machen.
Wir fahren auf der >SS 16< von RAVENNA Richtung ANCONA (außerdem sind die "Lidi Sud" angezeigt, die südlichen Strände). Bei »km 157«, nach etwa 9 km auf der >SS 16<; schwenken wir rechts, überqueren die Schnellstraße Richtung Meer, sausen auf schmalem Sträßchen direkt rechts des Hochwasserdammes des **Fiume Uniti** zum **Lido di Dante**.
Während meine grüblerischen Überlegungen, warum ich so viel Gegenverkehr habe, noch nicht abgeschlossen sind, taucht der Bug unseres WOMOS in ein geradezu unglaubliches Gewühle aus Fahrzeugen und Menschen ein.
Sie werden sich das natürlich nicht antun, sondern 500 m vorher geradeaus über den Kreisel fahren und100 m weiter links zur freundlichen, aber leider schattenlosen Sosta Camper einschwenken.

(008) Offizieller WOMO-Badeplatz: Lido die Dante/Sosta Camper
GPS: N44° 23' 18.6" E12° 18' 51.8" **max. WOMOs:** >20.
Ausstattung/Lage: Rasen, kein Schatten, Ver-/Entsorgung, Gebühr 6-10 € incl. VE/ Ortsrand, Sandstrand 400m.
Direkte Zufahrt: Von Ravenna Richtung Lidi Sud, bei km 157 von der SS 16 rechts zum Lido di Dante.

Rechts der Strandparkplätze (max. 2 t) erstreckt sich ein Picknickwäldchen (der Beginn des NSG "Pineta del Delta"), aus dem auch die Wohnwagen der **Campingplätze "Ramazzotti"** und **"Classe"**herausgucken.

Badestrand "Lido di Dante" im Juni und im August

Trotz des Trubels genießen wir das Bad in der Menge bzw. der Adria, wobei wir bei klarer werdenden Gedanken eine Teil-Erklärung für den Trubel finden: Es ist Sonntag Abend, der Aufbruch der Wochenendbadegäste hat eingesetzt, bald müsste es ruhiger werden ...

Trotzdem machen wir eine "Volta", wie der Italiener die elegante Kehrtwendung (meist mit quietschenden Reifen) nennt, kehren zur >SS 16< zurück.

Genau bei der Einmündung können auch die "RAVENNA-Verweigerer" ein schönes Stückchen Kultur abbeißen bzw. betrachten, denn neben der Straße wartet die byzantinische Kirche **Sant'Apollinare** mit **WOMO-Stellplatz** [**009:** N 44° 22' 41.5" E 12° 14' 6.4"] samt **Entsorgung** + WC (2,25 €/Tag, max. 24 Std. Sonntags frei).

Schon von weitem sieht man den hohen, runden Campanile.
Im Kirchenraum wandert der Blick von 24 byzantinischen Marmorsäulen zu den herrlichen Mosaiken in der Apsis und am Triumphbogen (Eintritt, offen 8.30 - 19.30 Uhr).
Kostenlos kann man die Wasserbüffel gegenüber dem Kirchenportal fotografieren (sie halten auch bestimmt still).

Sant'Apollinare von außen ...

... und von innen

5 km weiter südlich liegt rechts der >SS 16< der Vergnügungspark "Mirabilantia" mit gebührenpflichtigem Wohnmobilstellplatz [N44° 20' 04.2" E12° 16' 09.4"].

Bei »km 164,9« verlassen wir die >SS 16<, folgen nach rechts dem Hinweisschild **"Lido di Classe"**.

Unter einem "Lido", das haben wir schnell begriffen, versteht man in Italien keinen einsamen Strand, sondern einen Badeort. Dieser zieht sich meist endlos am Meeresufer dahin, wobei hinter der Strandstraße sich die Häuserreihen mit Bars, Restaurants, Andenkenbuden und unzähligen Ferienhäusern (vom Bungalow bis zur Bettenburg) von Jahr zu Jahr unkontrolliert vermehren. Falls Sie jetzt vor der Strandstraße (meist wegen des Fußgängerandrangs für den Autoverkehr gesperrt) einen freien Sandstrand vermuten, wo Sie unter Ihrem deutschen Sonnenschirm das Dolce vita genießen können, liegen Sie im wahrsten Sinne des Wortes nicht richtig. Der Strandbereich wird von der Gemeinde verpachtet; die Pächter stellen ihn mit Sonnenschirmen und Plastikliegen voll, nennen das Ganze "Bagno" und kassieren für die Benutzung. Beim ersten Anblick kann man sich eines Lachkrampfes kaum erwehren: Der alte Fritz hätte seine Freude an der preußisch-präzisen Ausrichtung der Liegen, den gleichen Farben der Sonnenschirme – und natürlich der Sauberkeit des Strandabschnittes gehabt. Wagen Sie es ja nicht, Ihren Supermarktschirm dazwischen aufzuspannen (auf das mitgebrachte Badetuch darf man sich kostenlos legen)!

Am LIDO DI CLASSE findet man schnell die drei großen Parkplätze (off. nur für PKW). Ihr Untergrund besteht je nach Jahreszeit aus Rasen, Rasenresten oder braunem Heu; wer Glück hat, ergattert eine der Schattenpinien. Die Areale liegen etwa 100 m vom Strand entfernt. Auf dem Weg zu ihm entdecken wir auch den **Campingplatz "Bisanzio"** (direkt hinter dem Strand). Bei Problemen mit der Polizei fährt man 200 m südwestlich zum:

(010) WOMO-Badeplatz: Lido di Classe

GPS: N44° 19' 34.2" E12° 19' 55.5""; Via Santa Maria. **WOMO-Zahl:** > 10.
Ausstattung/Lage: keine, 200 m zum Strand/im Ort.
Zufahrt: Von der >SS 16< bei »km 164,9« links zum Lido di Classe; siehe Text.
Hinweis: In der Hauptsaison sind die Plätze nur für PKWs freigegeben. Dann muss man leider auf den asphaltierten Platz 200 m südwestlich an der Piazza dell'Esplorazioni ausweichen.

Der weitere Verlauf des Abends bestätigt unsere Wochenendbadegästetheorie, aber die Zahl der zurückbleibenden Urlauber lässt keineswegs Einsamkeitsstimmung aufkommen. Zwar entleert sich der große Parkplatz fast völlig, aber durch die Straßen flanieren noch erstaunliche Menschenmengen – und die hohe Mauer neben unserem Parkplatz entpuppt sich als Freiluftkinowand.
So machen wir das einzig Richtige – und mischen uns unters Volk, bis gegen Mitternacht Ruhe einkehrt.
Am nächsten Morgen ziehen wir weiter nach Süden, und zwar so nahe wie möglich am Meeresufer. Am Flüsschen **Savio** haben die Fischer wieder riesige, quadratische Netze ausgespannt. Sie werden auf den Flussgrund abgesenkt – und wenn ein

Fischschwarm darüber hinweg schwimmt, schnell angehoben. Südlich des Flusses heißt der Straßenabschnitt LIDO DI SAVIO. Dort findet man rechts einen großen, asphaltierten Parkplatz als auch die Area Camper "Lido di Savio Village".

(011) Offizieller WOMO-Badeplatz: Lido di Savio/Area Camper

GPS: N44° 18' 35.0" E12° 20' 34.8"; Via Lord Byron. **WOMO-Zahl:** >20.
Ausstattung/Lage: Wiese, kaum Schatten; V/E, Gebühr 12 €, Strom 3 €, 150 m zum Strand/Ortsrand.
Zufahrt: Von der >SS 16< links zum Lido di Classe; dort rechts 2,5 km.

LIDO DI SAVIO wird abgelöst von MILANO MARITTIMA, das seinerseits nahtlos in die Ortschaft CÉRVIA übergeht.
Sie merken schon an dieser Schilderung, dass von einsamen, idyllischen Strandplätzchen wohl kaum die Rede sein kann. Andererseits findet man immer mal wieder einen ordentlichen Parkplatz, von dem aus es nur 100 m - 300 m zum Strand sind. Einer davon sei genauer beschrieben!
Er liegt im Örtchen PINARELLA. Man passiert an der Viale Tritone einen großen, asphaltierten Platz mit Ver- und Entsorgung [N44° 14' 23.9" E12° 21' 32.5"], folgt weiter den Wegweisern zum Schwimmbad (Piscina) und zum **Campingplatz "Pinarella"** bis 400 m nordwestlich von ihm.

(012) WOMO-Badeplatz: Pinarella

GPS: N 44° 14' 05.8" E12° 22' 08.4"; Via Val di Fassa. **WOMO-Zahl:** > 5.
Ausstattung/Lage: Asphaltierter Platz mit Linden, 300 m zum Strand/im Ort.
Zufahrt: Von Lido di Classe nach Süden bis Pinarella; Nähe Schwimmbad (Piscina).

Den Rest dieses Ferienhäuser-Küstenbreies schenken wir uns und düsen auf der >SS 16< nach Süden bis zum Ortsrand von RIMINI. Wir wollen Ihnen auch auf vier kleinen Extratouren das Hinterland unserer Anreisestrecke zeigen!

Bei »km 195« biegen wir rechts ab, folgen den Wegweisern zur Autobahn Ancona und dem Ort SANTARCANGELO; durchqueren dieses Örtchen, sind dann auf der SP 14 Richtung TORRIANA. Auch dieses Bergdörfchen wird noch durchquert, aber an der nächsten Gabelung schwenken wir rechts und steil hinauf bis zur **Punta panoramico** mit einem tollen Aussichtsparkplatz [**013:** N43° 59' 3.9" E12° 22' 58.4"] direkt vor dem gewaltigen **Borgo di Scorticata** mit der Gaststätte "Due torri".

Punta panoramico, Blick auf Verrucchio (links) und San Marino (rechts)

Problemlos lässt sich die Aussicht nochmals steigern, wenn man links zur Burg hinaufsteigt (wo abends eine prima Pizza auf uns wartet) oder rechts zu der kariösen Turmruine.

Borgo di Scorticata bei Nacht

Wer nun glaubt, das Ende der Welt sei bereits erreicht, der täuscht sich! Wir kehren zum Beginn der Strada panoramico zurück und halten rechts auf das malerische MONTEBELLO zu. Dort endet dann wirklich die Straße - und Wohnmobile passen in das winzige Dörfchen wahrlich nicht hinein.

Montebello, Blick durchs Stadttor

Aber, welche Freude! 400 m vor dem Örtchen können wir links auf einem praktischen Parkplatz mit Ver- und Entsorgung ausrollen.

(014) WOMO-Wanderparkplatz: Montebello

GPS: N43° 58' 18.3" E12° 22' 05.9" **WOMO-Zahl:** 3-4.
Ausstattung/Lage: Ver- und Entsorgung, geringe Gebühr/zum Ortsbeginn 400 m.
Zufahrt: Von Torriana noch 2 km bis Montebello.

Zurück in TORRIANA schwenken wir rechts steil hinab nach PONTE VERUCCHIO und danach wieder genauso steil hinauf zum Bergdorf VERUCCHIO. Als Ausgangspunkt für einen kurzen Bummel bietet sich der gepflasterte Marktplatz mit dem Schildkrötenbrunnen an (Foto). Man kann aber auch vor dem Marktplatz nach rechts dem Hinweisschild zum P 2 folgen, dem "Park Oasi". Auf ihm findet man nicht nur Schattenbäume und Bänke, sondern auch die WOMO-Entsorgungseinrichtung. Gegenüber der Einfahrt zum P 2 geht's links hinab zum P 3 unterhalb der Stadtmauer. Dieser ruhige Schotterplatz (mit direktem Treppenzugang zum Zentrum) ist aber ebenfalls oft belegt. Für einen längeren Aufenthalt oder eine Übernachtung fährt man durch den Ort hindurch und 300 m später rechts hinauf zum P 7 mit ebenen Plätzen auf Rasengittersteinen, schönem Blick auf die Burg und einer Entsorgungsstation (kein Trinkwasser).

(015) WOMO-Stellplatz: Verucchio (P 7)
GPS: N43° 58' 54.6" E12° 25' 32.1" **WOMO-Zahl:** >5.
Ausstattung/Lage: Rasengitterplätze, Aussicht, Entsorgung/Ort 300 m.
Zufahrt: Von Torriana durchs Tal und Ponte Verucchio hinauf nach Verucchio.

Unser gutes Kartenmaterial zeigt mehrere Straßen und Sträßchen von VERUCCHIO nach SAN MARINO. Wir machen es uns jedoch bequem und folgen einfach den Wegweisern, die uns von Nordosten zu einem der kleinsten (und ältesten) Staaten der Welt führen. Bereits von weitem bestaunen wir die dominierende Lage der **Altstadt** auf dem **Monte Titano**, der mit 750 m die Küstenebene beherrscht.
Die Republik San Marino bezieht ihre Einkünfte aus dem Ackerbau (vorzüglicher Muskatwein), dem Kunsthandwerk, dem Briefmarkenverkauf – und dem Tourismus!!!
WOMO-Urlauber, die ahnungslos die Serpentinen zur Altstadt hinaufturnen, merken das meist zu spät. Wir haben alles erkundet und raten zu folgender, recht bequemer Besuchsweise: Noch weit unterhalb des Burgberges, nach den ersten Serpentinen, schwenkt man rechts zum Parkplatz P 13 (dem **ersten** Parkplatz, der ausgeschildert ist, an der Via Bigelli). Seine ebenen, recht ruhigen Parkflächen (mit einigen Bäumen) sind schön in Terrassen angelegt. Er ist ausgestattet mit **Toilette** und **Entsorgungsstation**.

(016) WOMO-Stellplatz: San Marino (P 13)
GPS: N 43° 56' 27.6" E12° 26' 32.9"; Via Bigelli. **WOMO-Zahl:** > 20.
Ausstattung/Lage: Schotter, einige Bäume, Toilette, Entsorgungsstation/Ortsrand. Angelegt in Terrassen, die Entsorgungsstation ist nicht ganz oben!
Zufahrt: Von Verucchio dem Wegweiser San Marino folgen; siehe Text.

Das schönste aber: Nur 300 m auf bequemem Fußweg – und wir stehen an der Talstation der Seilbahn, die uns im Nu zum Rande der Altstadt hinaufzieht.

Eigentliche Höhepunkte gibt es beim Bummel durch die Altstadt kaum –San Marino ist in sich selbst ein Höhepunkt!
Vom Regierungspalast im gotischen Stil schlendern wir zur reich ausgestatteten, neoklassizistischen Basilica di San Marino, in der die Gebeine des Staatsgründers, dem Hl. Marinus aufbewahrt werden. In der benachbarten Kapelle San Pietro kann man die ersten Lagerstätten des Hl. Marinus und seines Gefährten San Leo betrachten.

Der Steinmetz Marinus aus Brindisi flüchtete im IV. Jahrhundert vor der Christenverfolgung Diokletians in die Felseinsamkeit. Seine Gläubigkeit zog weitere Christen an, die hier ein mönchisches Leben führten. Die ersten Urkunden San Marinos stammen aus dem Jahre 885. Im 13. Jahrhundert wurde San Marino unabhängig und schuf sich seine noch heute geltende demokratische Verfassung.

Dann geht's durchs Zentrum mit seinen vielen Gaststätten und Andenkenläden, schließlich an der steilen Felswand des **Monte Titano** entlang. Ein Wehrgang verbindet drei Felsspitzen miteinander, die jeweils von einer Burg gekrönt sind.
La Rocca o Guita, Cesta o Fratta und Montale sind wie aus einem Walt-Disney-Film entsprungen und die wohl meistfotografierten

Motive der Republik. Schweißtreibend ist der Parcours aber auch – und so sind wir dankbar für die Trinkwasserbrunnen und schattigen Terrassencafés ...

Unser "geheimes" Erholungsplätzchen sei Ihnen auch verraten: Wenden Sie sich am Kirchenvorplatz scharf rechts und dann links durch einen Mauerdurchbruch zu dem schönen, schattigen Wiesenplätzchen "Orti Borghesi" mit Bänken und Springbrunnen.

San Marino, Orti Borghesi

Die Zufahrt zum P 13 ist eine Einbahnstraße. Folglich müssen Sie Terrasse für Terrasse hinabkurven, wobei Sie nicht nur die vorher vielleicht vermisste Entsorgungsstation entdecken, sondern auch einen waghalsigen Klettersteig mit 157 Stufen zum **Sacello del Santo Marino**. Auch diese Grotte in der Felswand soll (laut Touristenwerbung) dem Hl. Marinus als Unterschlupf gedient haben.

Dann geht es wieder hinauf nach SAN MARINO, an der Zufahrt zum P 13 vorbei und am Kreisverkehr Richtung FAETANO, dort weiter steil (?) hinauf nach MONTESCUDO.
Nein, eine Strecke für Dickschiffe ist das nicht! Und der Lohn der Mühe ist zunächst auch nicht überwältigend. Zwar finden wir am Ortsbeginn gleich einen ordentlichen Parkplatz [N43° 55' 06.2" E12° 32' 17.9"] und beim Bummel durch das Örtchen auch den hohen, quadratischen Uhrturm in der Via Malatestina - aber das war es auch schon!
Wieder geht es hinab und steil (?) hinauf durch die liebliche Landschaft der Marken mit Feldern, Olivenbäumen und Weinstöcken nach MONTEFIORE CONCA, das uns unterhalb der Burg mit einer geradezu üppigen Pracht von ebenen Parkplatzetagen empfängt.

(017) WOMO-Stellplatz: Montefiore Conca

GPS: N43° 53' 27.8" E12° 36' 34.2"
WOMO-Zahl: > 20.
Ausstattung/Lage: gepflastert, schön angelegt, beleuchtet, Mülleimer, im Ort Brunnen, anfahrbar/Ortsrand.
Zufahrt: Von Montescudo erst Richtung Morciano/Cattolica, dann rechts.

Der mit 6 m dicken Mauern umgürtete Ort, aus dessen Innerem sich die eigentliche Burg erhebt, will durchschlendert sein. Und wo findet man noch einen Ort, wo man beim Pizzaessen aus der Burgmauer herausschauen kann?

Vom Parkplatz fahren wir auf der gleichen Straße wieder bergab, folgen im Tal nach rechts dem Wegweiser MORCIANO. Von dort aus geht es weiter nach S. GIOVANNI IN MARIGNANO. Angesichts der Ziegelsteinstadtmauer des von Mönchen angelegten, quadratischen Stadtkerns finden wir reichlich Parkraum [N43° 56' 23.2" E12° 42' 30.6"] und haben schnell das Städtchen durchschlendert. Dabei entdecken wir außerhalb der Stadtmauer wieder einen Mineralwasserbrunnen [N43° 56' 19.5" E12° 42' 41.3"], wo Sie sich kostenlos (naturale) oder für fünf Cent (frizzante) bedienen können. Noch näher am Zentrum - und auch noch schön beschattet - steht man auf dem Plätzchen [**018:** N43° 56' 13" E12° 42' 45.6"].

An der Stadtmauer von San Giovanni in Marignano

Der Höhepunkt unserer ersten Inlandrunde kommt zum Schluss: GRADARA!

Die Burg von Gradara samt ihrer Stadtmauern ist eine der besterhaltenen mittelalterlichen Burganlagen Italiens. Begonnen wurde mit dem 30 m hohen Bergfried, der 1150 errichtete wurde. Die Größe und Pracht des Schlosses geht zurück auf die Familie Malatesta, die zwischen dem 13. und 14. Jahrhundert auch die gewaltigen Mauern und Türme errichten ließ. Besonders auffällig sind die drei polygonalen Türme mit ihren besonderen Zinnen sowie die drei Zugbrücken.
Im 15. Jahrhundert wurde die Burg an "moderne Verteidigungsstrukturen" angepasst wie Kanonen- und Gewehröffnungen.
Im Inneren der Burg mit seinem eleganten Innenhof sind wertvolle Fresken erhalten, die Räume sind im Stil der Zeit eingerichtet.

Für einen schnellen Blick auf das Mauerareal kann man bis vor das Haupttor fahren (rechts davon privater Parkplatz für 5€/6 Std.). Für einen ordentlichen Rundgang beehrt man den P1 mit **Ver- und Entsorgung**.

(019) WOMO-Stellplatz: Gradara/P 1

GPS: N43° 56' 28.4" E12° 46' 16.2" **WOMO-Zahl:** >20.
Ausstattung/Lage: leicht schräg, beleuchtet, Ver-/Entsorgung, Mülleimer, Gebühr: 5 €/2 Std., 10 €/Tag (8-23 Uhr)/im Ort, zur Burg 250 m.
Zufahrt: siehe Text, überall ausgeschildert.

Wir kehren zur Küste zurück, schwenken bei der Anschlussstelle Cattolica in die Autobahn >A 14< ein, rauschen auf ihr ca. 30 km nach Süden. Dann ist es Zeit, wieder nach einem praktischen Übernachtungsplatz zu suchen.
"Fano" steht an der Ausfahrt – und nach einigen Irrwegen haben wir den schön angelegten Stellplatz in der Nähe des Friedhofs gefunden.

(020) Offizieller WOMO-Stellplatz: Fano/Viale Kennedy

GPS: N 43° 50' 44.8" E 13° 00' 38.6"; Viale J. F. Kennedy. **WOMO-Zahl:** >20.
Ausstattung/Lage: schön angelegt, beleuchtet, Ver-/Entsorgung, Mülleimer/im Ort.
Zufahrt: >A 14< bis Ausfahrt Fano. Zunächst Richtung "Centro", am ersten Kreisel halblinks Richtung ROSCIANO, 2. Kreisel geradeaus, 3. Kreisel rechts in die Via Roma Richtung "Centro" (bei Backsteinkirche). Nach 600 m Kreisel halblinks und links eines Flüsschens (Via Kennedy) nach weiteren 500 m links zum Stellplatz; schön angelegt mit Ver- und Entsorgung.

Ein Bummel durch das alte Städtchen, das zu römischer Zeit Fanum Fortunae hieß, lohnt wegen der gut erhaltenen Stadtbefestigungen. Besonders sehenswert sind der **Arco d'Augusto** (10 n. Chr.) sowie die **malatestianische Burg** (15. Jh.). Irgendwann werden Sie auch auf die Strandlinie stoßen und dabei praktisch gelegene Parkplätze entdecken für einen kurzen Sprung ins Wasser in der Viale Dante Alighieri [N43° 50' 40.5" E13° 01' 34.9"].

KARTE TOUR 1 (Süd)
50 km
N
Fano
20
21: Fano
Senigallia
22: Senigallia
360
Jesi
76
ANCONA
16
14
nach Perugia
»Conero Ovest«
26
Loreto
Recanati
23: P. Recanati
Porto Recanati
24
77
Macerata
Civitanova
Karte 1b
Karte 1c
Porto S. Giorgio
31
Altidona
Pedaso
nach Roma
Áscoli
4
P
San Benedetto
S.Benedetto
Giulianova
36
Notaresco
Roseto
Pineto
Atri / Pineto
Karte 1d
»Torre Cerano«
»km 362«
Pescara
»km 388«
(La Sirene)
»Alento Est«
»km 393«
25
Ortona
Frisa
42
San Vito
Lanciano
41: Rocca S. Giovanni
43: Fossacésia Marina
40
MARCHE
ABRUZZO
Appennin
MARE ADRIATICO

Aber auch zwei **Sosta Camper** preisen ihre Wiesenplätze am Ende der Viale Dante Alighieri und an der Strandstraße Via Ruggero Ruggeri für 6-7 €/Tag an [**021:** N43° 50' 34.4" E13° 01' 52.2"].
30 km weiter südlich auf der >A 14< kommt die Ausfahrt SENIGALLIA. Stangengerade halten wir nach Osten aufs Meer zu (wobei wir die Bahnlinie unterqueren müssen), wenden uns dort erschrocken nach rechts.
Nach 2,5 km gibt es erstmals freie Zugänge zum Strand, die Bebauung wird lichter, Campingplätze schieben sich zwischen die Bettenburgen. Nach 7 km wird aus dem Sand- ein Feinkiesstrand und nach 9 km kann man direkt an den freien Strand fahren und sich in die urlaubsprospektblauen Wogen fallen lassen (saisonale Gebühr).

Der Feinkiesstrand von Senigallia

Nach 10,5 km liegt rechterhand der offizielle Wohnmobilstellplatz unmittelbar neben der Bahnlinie mit Entsorgungsschacht an seinem Ende. Für die Nacht ist uns der Platz viel zu laut, die Verwendung von Ohropax ist anzuraten.

(022) Offizieller WOMO-Badeplatz: Senigallia
GPS: N43° 39' 33.7" E13° 19' 41.8"; Lungomare Achille Buglioni. **WOMO-Zahl:** > 20.
Ausstattung/Lage: Mülleimer, Entsorgung, kein Wasser, saisonale Gebühr/außerorts.
Zufahrt: Von der >A 14< (Ausfahrt Senigallia) zum Strand, dort rechts 10,5 km.

An dieser Stelle sind ein paar Sätzchen zur Küstenbahnlinie angebracht: Dieses langgestreckte Bauwerk verschandelt die Adriaküste von RAVENNA bis zum Gargano, südlich davon liegt sie Gott sei Dank etwas weiter im Landesinneren. Die Streckenführung ist so idiotisch, dass die meisten Ortschaften zweigeteilt sind.
Bahnübergänge sind sehr selten, die wenigen Unterführungen sind oft nur 2,50 m hoch. Dies alles wäre kein Thema, wenn man nachts nicht das Gefühl hätte, der Eilzug würde direkt durch den Küchenblock rasen.
Folglich haben wir unsere Exkursionen an die Adria meist mit dem Millimetermaß vorgeplant: Wo ist die Bahn mindestens 200 m – 300 m vom Ufer entfernt!?
Ruhige Übernachtungsplätze haben wir stets im Landesinneren entlang unserer Extratouren gefunden.

Da die Hafenstadt ANCONA nur für Fährtouristen von Interesse ist, umfahren wir sie auf der >A 14< weiträumig (man kann auch preisbewusst die >SS 16< nehmen), verlassen sie erst wieder an der Anschlussstelle "Loreto/Recanati":
Kultur ist angesagt - oder darf es erst ein Badetag sein?!
Dann von der Zahlstelle rechts auf die >SS 16<. Verlässt man sie nach 1 km wieder (bei »km 327« 2x links), so kommt man hinter der Bahnunterführung zur **Sosta Camper** von PORTO RECANATI [**023:** N 43° 26' 45.2" E 13° 39' 23.9"].

Sandstrand bei der Sosta Camper von Recanati

Leider liegt sie, eingeklemmt zwischen Bahnlinie und Straße, recht unruhig, hat aber einen schönen Badestrand.
Die Basilika von LORETO mit der herrlichen Kuppel ist nicht zu übersehen (von der AB-Abfahrt einfach den Zufahrtsschildern folgen).

Diese führen uns im Uhrzeigersinn um das Kirchenareal herum, dahinter ist ein Teil des P 2 [**024:** N 43° 26' 27.3", E 13° 36' 22.0"] für WOMOs reserviert (20-8 Uhr gebührenfrei). Sogar eine **Ver- und Entsorgung** ist beim WC geboten! Ist das Hinweisschild zum gelben Deckel groß genug? Ein moderner Schrägaufzug führt vom Ende des P 2 hinauf zur Stadt und der Basilika.
Wer es komfortabler möchte, kurvt ein paar Meter hinab zur neuen Area Attrezzata Camper.

(025) Offizieller WOMO-Stellplatz: Loreto

GPS: N 43° 26' 29.6" E 13° 36' 53.4"; 93 m; Via Maccari. **WOMO-Zahl:** >5.
Ausstattung/Lage: Mülleimer, Wasser, Ver-/Entsorgung, Gebühr ca. 10 €/Ortsrand.
Zufahrt: Von der A 14< auf die >SS 16<, bei »km 322« den Wegweisern folgen.

Der Legende nach sollen Engel im 13. Jahrhundert das Haus der Jungfrau Maria aus Nazareth weggetragen und in Italien in einem Lorbeerhain (lat. *lauretium*) wieder abgesetzt haben. Aus *lauretium* wurde Loreto. Über dem schlichten Ziegelbau wurde eine Kirche errichtet, ab 1468 entstand die bedeutende Wallfahrtskirche, auch die Santa Casa in der Vierungskuppel erhielt im 16. Jahrhundert eine kunstvolle Marmorverkleidung mit Reliefs aus dem Leben Marias.

Loreto, Basilika

Wesentlich ruhiger geht es im ebenfalls sehenswerten RECANATI zu, 8 km weiter im Südwesten gelegen. Vor allem wegen der vielen Sehenswürdigkeiten, die man während eines

Stadtbummels durch das alte Städtchen entdeckt. Leider hat sich der Camper Club Recanati seine alte, liebevoll angelegte, traumhaft gelegene **Sosta Camper** abspenstig machen lassen. Der Ersatz ist aber auch nicht schlecht.

(026) Offizieller WOMO-Stellplatz: Recanati (Sosta Camper)

GPS: N43° 24' 13.9" E13° 33' 2.8"; Viale Campo Boario. **WOMO-Zahl:** > 10.

Ausstattung/Lage: Ver-/Entsorgung, Strom, Baumschatten, Gebühr 12 €/im (sehenswerten) Ort (Altstadtnähe).

Direkte Zufahrt: Von der >SS 16< bei »km 326« 11 km ins Landesinnere.

Recanati, Piazza Leopardi

Recanati hat für seine 20.000 Einwohner und viele Gäste eine große Zahl von Attraktionen, die, nur 500 m vom Stellplatz entfernt, schnell erreicht sind. Besonders sei hingewiesen auf die **Piazza Leopardi** mit dem überwältigenden Ensemble aus **Palazzo Comunale** und dem 36 m hohen **Torre del Borgo**, auf eine ganze Reihe von Kirchen und Palazzi aber auch auf die netten Gaststätten.

Als nächstes Ziel unserer zweiten Inlandsrunde geben wir MONTE LUPONE ins Navi ein, wobei wir die kürzere Strecke über SAN FIRMANO wählen. Die **vorromanische Abtei** (gegründet im 9. Jh.) mit ihrer angehobenen Apsis und der geheimnisvollen Krypta darunter ist nicht nur ein sehenswertes Ziel, sie beeindruckt den Touristen auch mit einem tollen Picknickplatz.

San Firmano, Krypta

(027) WOMO-Picknickplatz: San Firmano

GPS: N43° 21' 49.0" E13° 32' 58.0" **WOMO-Zahl:** > 10.

Ausstattung/Lage: Ver-/Entsorgung, WC, Brunnen, Liegewiese, Schattenbäume, Fußballplatz, Tisch & Bank/Ortsrand.

Zufahrt: Von Recanati 5 km nach Süden Richtung Monte Lupone.

Hinweis: Drehknopf an der Schranke zum Öffen oder Info in der Gaststätte.

TOUR 1b

Monte Lupone, Stadtmauer

In MONTE LUPONE werden wir ebenfalls von einem schön angelegten Stellplatz begrüßt, nur wenige Schritte vom Stadttor entfernt, der anschließende "Parco pubblico" lädt zum Schlendern ein. Vorher aber ist Stadtbummel angesagt, denn bereits bei der Anfahrt hatte uns die gewaltige Ziegelsteinstadtmauer mit der schrägen Basis schwer beeindruckt. Das Städtchen ist herausgeputzt wie eine Braut, nur der Bräutigam (pardon: die Touristenschar) fehlt noch.

(028) Offizieller WOMO-Stellplatz: Monte Lupone

GPS: N43° 20' 33.9" E13° 34' 16.0"; 246 m. **WOMO-Zahl:** 3-4.

Ausstattung/Lage: Ver-/Entsorgung, Wasserhahn, wenig Schatten, Park/Ortsrand.

Zufahrt: Von Recanati 8 km nach Süden.

Hinweis: Neben dem Mineralwasserhäuschen für Einheimische gibt es auch einen Brunnen für "Externe".

Alles ist blumengeschmückt – und auf dem Hauptplatz hat man den schönsten Blick vom Theatercafé aus ...

Monte Lupone, Eindrücke

Wir verlassen die Sosta Camper nach links, unser nächstes Ziel ist MORROVALLE. Auch dort erwartet uns eine schön gelegene Sosta Camper **[029:** N43° 18' 54.4" E13° 35' 04.5"] mit **Ver- und Entsorgung**, Kinderspielplatz, Bocciabahn, Baumschatten – und das Ganze noch nicht einmal 200 m (durch eine breite, schattige Fußgängerlindenallee) vom Altstadttor entfernt. Das Örtchen ist nicht ganz so frisch gestrichen wie MONTE LUPONE, aber die Piazza Vittorio Emanuele II erstrahlt bereits in neuem Glanz.

Morrovalle, von den Colli bellavista aus gesehen

Das letzte Städtchen auf unserer zweiten Inlandsrunde heißt MONTECOSARO und ist auch nur 5 km entfernt. Am Ortsbeginn, bei dem alten Holzkreuz, geht es rechts zu einem schrägen Parkplatz mit **Wohnmobilentsorgung** [N43° 19' 03.6" E13° 38' 13.6"] und separatem Wasserhahn. Auf der Suche nach einem ebenen Parkplatz umrunden wir das Städtchen gegen den Uhrzeigersinn und finden schon nach 100 m an der kaum befahrenen Straße aussichtsreiche, ebene Plätze **[030:** N43° 19' 04.7" E13° 38' 04.4"]. MONTECOSARO erhebt, herausgeputzt wie es ist, ebenfalls den Anspruch, die schönste Altstadt Italiens zu haben. Wir werden dem nicht widersprechen. Um so mehr, als der Blick in das einmalige **Teatro delle Logge** (18. Jh.) ein Erlebnis ist.

Über CIVITANOVA M. ALTA kehren wir zur Küste zurück, entern die >A 14< an der AS CIVITANOVA, weiter geht's nach Süden. Bereits von der

Autobahn aus kann man den weitestgehend zugebauten Küstenverlauf mit der "Bahnlinienzugabe" erkennen. Deshalb führt unser dritter Abstecher bereits wieder ins Landesinnere, nachdem wir an der Anschlussstelle "Pedaso" die Autobahn verlassen haben. Nach 4 km werden wir im schmalen Bergörtchen ALTIDONA willkommen geheißen. Vor der Stadtmauer des Centro storico führt die Einbahnstraße rechts zu den ruhigen Stellplätzen unter Pinien und bei den überdachten Bocchiabahnen (dahinter rechts Wasserhahn).

(031) WOMO-Picknickplatz: Altidona

GPS: N43° 6' 23.7" E13° 47' 31.8"; Strada provinciale Altidona.
WOMO-Zahl: 2-3.
Ausstattung/Lage: Wasserhahn, Schattenbäume, Tisch & Bank, Kinderspielplatz im Park, wenige Schritte in die Altstadt, beleuchtet/Ortsrand.
Zufahrt: >A 14< bei der Abfahrt "Pedaso" verlassen; 4 km ins Landesinnere; siehe Text.

Unser Picknickplatz ist Ihnen nicht ruhig genug für die Nacht? Macht nichts, folgen Sie uns einfach weiter ins benachbarte MORESCO. Die schön angelegte etwas unterhalb der Stadt gelegene Sosta Camper finden wir inmitten eines Parkes und über mangelnde Ruhe kann hier sicher niemand klagen.

(032) Offizieller WOMO-Picknickplatz: Moresco/Sosta Camper

GPS: N43° 05' 10.9" E13° 43' 50.4" **WOMO-Zahl:** > 5.
Ausstattung/Lage: Ver-/Entsorgung, Strom, Schattenbäume, Tisch & Bank, Liegewiese, Kinderspielplatz, direkter Zugang in die Altstadt, beleuchtet, Gebühr 10 €/Tag/Ortsrand.
Zufahrt: >A 14< bei der Abfahrt "Pedaso" verlassen; 8 km ins Landesinnere; siehe Text.

TOUR 1c

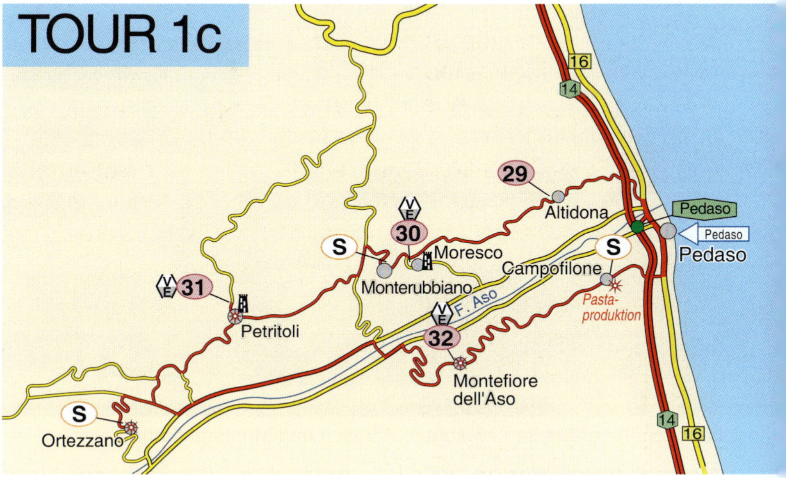

Ein nachts festlich beleuchteter Treppenweg führt uns hinauf zum Beginn der kompakten, mauerumgürteten Altstadt, die dominiert wird von einem 25 m hohen 7-eckigen Turm. Unser militärstrategisches Verständnis sagt uns sofort, dass die siebte Ecke, den feindlichen Geschützen zugewandt, deren Kanonenkugeln nicht einschlagen, sondern ablenken sollte.

"Moresco" bedeutet vom Ursprung her "maurisch". So erzählt auch eine Legende, dass eine Gruppe von Mauren während ihrer Raubzüge entlang der Küste weit ins Landesinnere vorstieß, um im Herzen der Christenheit eine Festung zu bauen.

Wahrscheinlicher ist aber, dass der Name von "morrecine" stammt, was schlicht und einfach "Steinhaufen" heißt.

Weiter rollt unser WOMO nach MONTERUBBIANO. Den einzigen vernünftigen, ebenen Parkplatz findet man 500 m vor dem Ort rechts neben dem unübersehbaren Friedhof [N43° 05' 06.1" E13° 43' 23.8"]. Im Örtchen selbst geht es zwar sauber und gepflastert, aber doch recht eng zu. Fein schlendern kann man auch am Ortsende im "Parco San Rocco" [N43° 5' 14.1" E13° 43' 5.7"]. Nach PETRITOLI, unserem nächsten Ziel, sind es auch nur 8 km. Oberhalb der langweiligen Neustadt sieht man bereits den riesigen **Torre Civica** aus der unbedingt sehenswerten

Landschaft der Marken zwischen Moresco und Monterubbiano

Altstadt herausragen. Wir kurven rechts unterhalb der Neustadt entlang, wenden uns am Kreisel rechts und finden am Ortsende links die **Area verde** mit **Ver- und Entsorgung**.

(033) WOMO-Picknickplatz: Petritoli/Area verde

GPS: N43° 4' 23.3" E13° 39' 3.8"; 287 m. **WOMO-Zahl:** 3-4.

Ausstattung/Lage: Ver-/Entsorgung, Schatten, Tisch & Bank, Kinderspielplatz/Ortsrand.

Zufahrt: Von Monterubbiano 8 km nach Westen.

Zur Stadtbesichtigung wenden wir uns am Beginn der Altstadt links (LKW-Verbot) und fahren vor bis zu den **Tre Archi** (einst die **Porto Patrania**). Hier finden wir knappen Parkraum.

Ein Bummel führt uns steil hinauf bis zum Torre Civica; außerhalb der Mauern kann man aussichtsreich zu den Tre Archi zurückkehren.

Zur Weiterfahrt kehren wir zu dem genannten Kreisel zurück, halten auf ORTEZZANO zu. Im Ort wenden wir uns links zum ausgeschilderten Parkplatz [N43° 01' 55.6" E13° 36' 27.7"]

Petritoli, Stadtmauer mit den Tre Archi, im Hintergrund der Torre civica

auf der Piazza S. Girolama. Von hier aus sind es nur wenige Schritte zum **Torre Ghibellina** aus dem 13. Jh.
Schon wieder ein Turm, werden Sie denken? Aber diesmal ist seine Grundfläche 5-eckig, und das ist doch eine Hervorhebung wert!? Auch im sauberen 800-Einwohner-Städtchen sind wir die einzigen Besucher, die durch die Gässchen zur Kirche **Chiesa del Carmine** und wieder zum WOMO spazieren.
Wir rollen 5 km Richtung PETRITOLI zurück, biegen dann rechts Richtung PEDASO und schwenken links in die >SP 238< ein. Nach 8 km wechseln wir auf die andere Flussseite des Fiume Aso, verlassen sie aber bald, folgen in Schleifen hinauf dem Wegweiser MONTEFIORE DELL'ASO. Am Ortsbeginn ist

ein **Parco del Pini**, wo wir zwar nicht unter Pinien, aber unter Linden einen schönen, ebenen Picknickplatz mit Ver- und Entsorgung direkt neben dem Sportplatz vorfinden.

(034) WOMO-Picknickplatz: Montefiore dell'Aso/Parco del Pini

GPS: N43° 03' 05.0" E13° 44' 55.5"; 390 m.

WOMO-Zahl: 3-4.

Ausstattung/Lage: Ver-/Entsorgung, Schatten, Boccia-Bahnen/Ortsrand.

Zufahrt: Von Ortezzano Richtung Pedaso, siehe Text.

Nur 100 Schritte sind es bis zum ersten Turm der Altstadtmauer. Versäumen Sie nicht, kurz vorher rechts hinab einen Blick auf den liebevoll, aber recht eigenwillig gestalteten Garten zu werfen.

Im Städtchen selbst gibt es eine Gaststätte (die allerdings nur

Hausgarten in Montefiore dell'Aso

abends geöffnet hat) und eine Snackbar mit Lebensmittelverkauf. Wir entscheiden uns für eine Packung Pasta und werden belehrt, dass diese aus dem Nachbarort CAMPOFILONE stamme, weil dort die besten Nudeln (pardon: Pasta) Italiens hergestellt werden.

Sofort steht unser Entschluss fest: Die Produktion müssen wir uns persönlich anschauen!

Zwei Produzenten werden uns besonders ans Herz gelegt:

Fa. Maroni & Marilungo, 63828 Campofilone, Via S. Maria [N 43° 4' 32.2" E 13° 48' 20.8"]

Fa. Pastificio Art. Leonardo Carassai, 63828 Campofilone, Via XX Settembre [N43° 04' 50.3" E13° 49' 08.4"].

Campofilone, Stadttor

Schnell haben wir CAMPOFILONE erreicht, rollen links an der Altstadt vorbei, machen an ihrem Ende scharf rechts einen Abstecher hinein. Sehen Sie selbst, ob das für Ihr WOMO eine gute Idee ist (einen bequemen Parkplatz zeigen wir Ihnen nach dem Besuch der Nudelfabrik). Zu dieser zweigen wir 200 m nach der Altstadt von der Ausfallstraße ab und finden sie bald in der Via XX Settembre Nr. 38 (ausgeschildert).

Wir werden freundlich begrüßt, aber unser Ansinnen erfordert die Anwesenheit des Besitzers, Herrn Fiorenzo Carassai. Dieser fährt bald vor, erklärt uns die Hygieneerfordernisse, indem er uns Mützchen und Mundschutz überreicht. Dann werden wir, versehen mit seinen Erläuterungen, in die Produktionshalle geführt, wo uns schnell klar wird: Das funktioniert wie mit unserer heimischen Nudelmaschine, nur gigantisch vergrößert:

Frischei und Mehl werden vermischt, gerührt, aus einer Röhre gepresst, je nach Nudelsorte in Streifen geschnitten, mit elegantem Schwung auf ein

Papier drapiert und in die erste der drei Trockenkammern verfrachtet, wo viel Elektronik den richtigen Reifeprozess steuert.
Wir sind beeindruckt, beschließen aber, unsere kleine Nudelmaschine nun (als Profis) viel häufiger zu verwenden.
Zurück im Verkaufsraum (wo man natürlich alle Nudelsorten erwerben kann!) bekommen wir zur Erinnerung noch ein paar Verkaufsstellen in Europa und Kanada genannt und, vielen Dank dafür, eine große Packung der "besten Nudeln Italiens" überreicht!

Rollt man nach rechts noch 150 m bis zum Ende der Via XX Settembre, so landet man auf dem versprochenen **Parkplatz** beim Tennisplatz mit Sitzbänken, Kinderspielplatz und etwas Baumschatten [N43° 04' 51.3" E13° 49' 12.9"].
Wenige hundert Meter später sind wir an der >SS 16<, schwenken links und nach 3 km rechts in PEDASO ans Meer bzw. an die (fast) alles versperrende Bahnlinie.
Aber – oh Wunder! Schwenkt man vor ihr links, so findet man schöne Wiesenparkplätze [N43° 5' 59.3" E13° 50' 31.9"] und Fußgängerunterführungen zum Strand.
Bei »km 312« wagen wir von der >A 14< (Abfahrt "San Benedetto del Tronto") wieder einen Abstecher zum gleichnamigen Ort, um einen Blick auf die dortige **Area Sosta Camper** [N42° 55' 24.6" E13° 53' 41.5"] mit Entsorgungsstation zu werfen (Aufenthalt 48 Std. kostenlos).
Falls Ihr Camping-Klo nicht gerade überquillt, sollten Sie sich die Enttäuschung ersparen! Die bestens ausgeschilderte Station liegt eingeklemmt zwischen Bahnlinie und Schnellstraße unter einer weiteren Straße. Nur ein akustischer Fakir (was auch immer Sie sich darunter vorstellen: Sie sind bestimmt keiner!) könnte dort an Nachtschlaf denken; zum Strand wären es zu Fuß 350 m.

S. Maria di Propezzano

Reumütig starten wir unseren nächsten Abstecher Richtung Landesinneres. Bei »km 343« ist die AB-Ausfahrt "Roseto". Wir folgen den Wegweisern NOTARESCO, schwenken nach 3,5 km rechts, "S. Maria di Propezzano" steht auf dem Hinweisschild. Nach 1800 m stehen wir vor dem Ziegelsteinkirchlein mit dem schönen Portal [**035:** N42° 38' 43.4" E13° 55' 05.3"], neben dem man sicher ruhig stehen könnte, denn die neue Straße lässt die Kirche jetzt rechts liegen.

Castellalto, Ausblick vom Belvedere

TOUR 1d

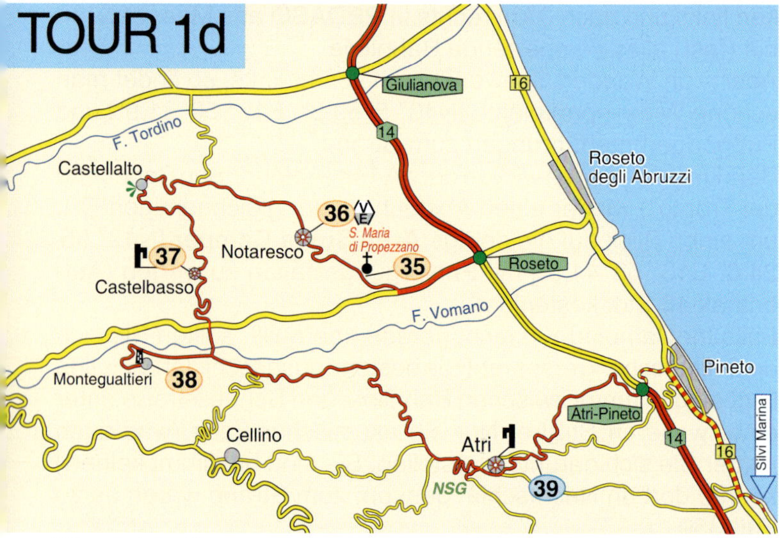

Wem eine Entsorgungsstation und Stadtnähe wichtiger sind, rollt nach 3 km in NOTARESCO ein, folgt 1200 m nach dem Ortsschild rechts hinab dem Wegweiser "Camper Service" und findet einen zwar nicht optisch schönen, aber ruhig gelegenen Stellplatz neben einer Tennishalle mit WOMO-Entsorgung. Von dort aus sind es nur 250 Schritte zum Altstadtkern mit Läden, Gaststätten und Cafés.

(036) WOMO-Stellplatz: Notaresco

GPS: N 42° 39' 18.9" E 13° 53' 44.2"; 226 m. **WOMO-Zahl:** 3-4.
Ausstattung/Lage: Entsorgung, Wasserhahn/Ortsrand.
Zufahrt: >A 14< Ausfahrt ROSETO, 9 km ins Landesinnere über S. Maria di Propezzano.

Ein Stück bergauf und dann rechts fahren wir weiter nach CASTELLALTO, 8 km sollen es sein.
Das Schönste an dem winzigen Örtchen ist, wie der Name schon sagt, der Blick vom Belvedere.

Man parkt links vom Stadttor [N43° 40' 36.4" E13° 49' 1.4"], marschiert geradewegs die hundert Schritte hindurch und kann auf der anderen Seite bis zu den verschneiten Gipfeln des **Gran Sasso d'Italia** blicken.
Hinab geht es, wie der Name erwarten lässt, nach CASTELBASSO. Der gepflasterte Eingang in die Altstadt wird flankiert von Torpfosten. Fährt man rechts an ihnen vorbei, so erreicht man auf einem Kiesweg einen schönen, aussichtsreichen Platz zu Füßen der Stadtmauer.

(037) WOMO-Stellplatz: Castelbasso

GPS: N42° 38' 39.8" E13° 50' 36.9"; 302 m. **WOMO-Zahl:** 3-4.
Ausstattung/Lage: Etwas Schatten, Wasserhahn/Ortsrand.
Zufahrt: Von Castellalto nach Süden talwärts.

Schnell ist das winzige Dörfchen durchstreift, dessen außergewöhnlicher Charme sich besonders in nächtlicher, romantischer Beleuchtung entfaltet.

Der Dreiecksturm von Montegualtieri

Hinab ins Tal überqueren wir den **Fiume Vomano** und wenden uns rechts nach MONTEGUALTIERI, wo man nach 5 km direkt oberhalb des Ortskerns einen großen, ebenen, asphaltierten Platz findet [**038:** N42° 36' 52.0" E13° 49' 14.9"].

Wie Sie sich erinnern, haben wir Ihnen im Laufe unserer Anreisetouren diverse Türme gezeigt: Runde, vier-, fünf-, sechs- und siebeneckige. Natürlich könnten wir versuchen, uns nach oben weiter zu steigern – aber geht es auch nach unten?

Es geht!

Nach wenigen Schritten hinab durchs Dörfchen präsentieren wir Ihnen den 18 m hohen, dreieckigen **Torre di Montegualtieri**!

Da sich aus physikalisch-technischen Gründen die Zahl der Ecken nicht weiter reduzieren lässt, werden wir jetzt unsere Suche nach Türmen einstellen und zur Küste zurückkehren. Dabei wollen wir ein sehenswertes Städtchen nicht auslassen und lassen uns von den Hinweisschildern und unserem Navi nach ATRI führen.

Die Gründung der Stadt ATRI (in der Antike Hadria) liegt im Dunkeln. Die ersten Bewohner könnten Illyrer oder Etrusker gewesen sein. Die ältesten Zeugnisse stammen aus dem 6. Jh. v. Chr. Besonders der **Dom Santa Maria Assunta** hat eine lange Geschichte: Begonnen im 2. Jh. mit einer Thermenanlage, die im Mittelalter als Kirche genutzt wurde, gab es im 12. Jh. einen romanischen Nachfolgebau, der Campanile entstand 1268 (55 m Höhe). Der "Untergrund" von ATRI ist durchlöchert, unter der Info-Stelle im Bürgermeisteramt kann man **Reitställe** und römische Zisternen bewundern. Ein hydraulisches System war wohl in der Lage, die Höhe des Wasserstandes in den Zisternen zu regulieren, um Thermen, Wohnhäuser und Brunnen mit Wasser zu versorgen.

Die Umgebung ATRIs ist ein regionales Naturschutzgebiet und wird vom WWF betreut. Die **Calanchi di Atri** (Schratten von Atri) sind geomorphologische Erosionserscheinungen. Leider ist der Ausgangspunkt der Wanderungen [N42° 34' 29.2" E13° 58' 01.2"] in ihnen nicht auch gleichzeitig ein schöner WOMO-Stellplatz.

ATRI; Blick vom Kreuzgang des Klosters Sant'Agostino auf den Dom

Natürlich haben wir auch nach Stellplätzen für Ihr WOMO gefragt. Einen offiziellen Stellplatz hat ATRI nicht! Man findet je einen Platz in der Via S. Ilario [N42° 34' 43.8" E13° 58' 52.8"] und einen beim Friedhof [N42° 35' 01.0" E13° 58' 59.8"], wenn man die Altstadt gegen den Uhrzeigersinn umrundet. Umrundet man weiter, so passiert man das **Belvedere** [N42° 34' 52.1" E13° 58' 28.1"] mit schönem Blick auf die Schratten und findet kurz vor Abschluss der Umrundung einen beliebten **Brunnen** an einer kleinen Parkanlage [N42° 34' 49.3" E13° 58' 18.9"].

ATRI; Schwimmbadparkplatz

Einen schönen Übernachtungsplatz haben wir doch noch gefunden. Fährt man von ATRI auf der >SP 28< Richtung Küste bei PINETO, so entdeckt man die Abzweigung zum Piscina (Schwimmbad). Davor liegt ein sehr schöner **Übernachtungsplatz** [**039:** N42° 34' 50.9" E13° 59' 18.0"]. Wie wär's mit ein paar Bahnen im erfrischenden Nass (bitte grüßen Sie den Schwimmbadchef Francesco von uns)!

Der Strand von Silvi Marina

In PINETO kann man direkt auf die >A 14< fahren oder unter ihr hindurch zum Strand. Wir biegen zunächst rechts in die >SS 16< ein, fahren auf SILVI MARINA zu. Dort finden wir eine Bahnunterführung mit 3,20 m Höhe, biegen dahinter rechts und finden einige schöne Badepläze, auch mit Baumschatten, direkt hinter dem Sandstrand [N42° 33' 51.0" E14° 06' 24.6"]. Die Bebauung ist jedoch so dicht, dass man diese Plätze nur außerhalb der Hauptsaison guten Gewissens empfehlen kann.
Die >A 14< schlägt einen weiten Bogen um die Hafenstadt PESCARA, nähert sich nur zögernd wieder der Küstenlinie. Da ist es nur praktisch, dass wir einen kleinen Umweg zum Strand machen, um LANCIANO (mit eigener AB-Ausfahrt Lanciano/S. Vito bei >km 413<) zu besichtigen.
LANCIANO hat einen riesigen WOMO-Stellplatz! Man findet ihn, wenn man zunächst Richtung Centro fährt, um dann rechts Richtung FRISA abzubiegen.

(040) WOMO-Stellplatz: Lanciano

GPS: N42° 14' 03.7" E14° 23' 30.2", Strada Prov. Lanciano-Frisa. **WOMO-Zahl:** >20.
Ausstattung/Lage: Riesig und öde, Ver-/Entsorgung, Aufzug zur Stadt/Ortsrand.
Zufahrt: In Lanciano rechts ab Richtung Frisa, ausgeschildert.

Der Stellplatz von Lanciano: Öde, aber praktisch gelegen

Lanciano ist mit ihren über 35.000 Einwohnern keine Kleinstadt. So erwarten uns (nachdem wir komfortabel mit dem Aufzug zur Altstadt hinaufgeliftet wurden) nicht nur Kulturgüter, sondern auch die Probleme des Mezzogiorno wie Verfall, Leerstand und Arbeitslosigkeit. Auch im II. Weltkrieg hatte die Stadt schwer zu leiden: Widerstandskämpfer und Partisanen machten den Deutschen zu schaffen, die Artillerie der vorrückenden Alliierten legten Teile der Stadt in Schutt und Asche, die Deutschen wiederum bombardierten die Stadt nach der Einnahme durch die Alliierten...

Miracolo Eucaristico Lanciano

Aber davon sehen wir heute nichts mehr. Wir bewundern die herrliche **Basilica** an der **Piazza Plebiscito** und besuchen natürlich auch das **Santuario del Miracolo Eucaristico** mit seinen Reliquien.

Im 8. Jh. hatte ein Mönch der Kirche St. Legonziano während der Wandlung Zweifel an der wirklichen Gegenwart des Leibes und Blutes Christi in Form von Brot und Wein gehabt. Daraufhin verwandelten sich dieselben in menschliches Fleisch und Blut.

1970 wurden die Reliquien einer Expertengruppe zur Analyse anvertraut. Fleisch und Blut haben dieselbe Blutgruppe (AB), das Fleisch ist Teil eines menschlichen Herzmuskels.

Zum Abschluss unseres Rundganges entdecken wir ein Hinweisschild zur **Taverna da Filippo** in der Via del Ghetto 15, wo uns die Wirtin ganz persönlich bekocht, nachdem wir ihr die Speisenfolge überlassen hatten.

Lanciano; Eindrücke

Lanciano; in der Taverna da Filippo, Primo Piatto

Der uns eigene Starrsinn hatte beschlossen, ab SAN VITO (AB-Ausfahrt "Lanciano") – und damit noch in der **Provinz Abruzzo** (Abruzzen) die Küste genauer unter die Lupe zu nehmen. Folglich bekamen wir erst einmal einige Tiefschläge serviert, bevor wir zum ersten Mal in Sichtweite des WOMOs ins Meer hüpfen konnten – aber der Reihe nach!
Das ganz große Problem des an sich sehr badefreundlichen Küstenabschnitts kennen Sie bereits – die Bahnlinie. So kurven wir auch in SAN VITO eine Weile unter bedrohlich niedrigen Brückenbögen herum, bis wir endlich ein Plätzchen für einen Badestopp gefunden haben [N42° 18' 32.8" E14° 26' 36.5"]. Das Verbotsschild betrifft zwar "nur Nomadi e Itineranti", aber wir fühlen uns trotzdem nicht erwünscht und ziehen enttäuscht nach Süden weiter: Links das Meer, dann die Bahnlinie, dann wir auf der >SS 16<. Die Bahnlinie hält sich so dicht an die Uferlinie, dass sogar die **Campingplätze** rechts der Straße liegen.
Den ersten **Badeplatz** finden wir erst nach Irrwegen über Feldwege; wenn man ihn kennt, ist die Zufahrt ganz leicht: 5 km südlich SAN VITO, bei »km 484,4«, biegt man rechts nach ROCCA SAN GIOVANNI ab und 600 m ins Landesinnere. Unverhofft kommt dort die Abzweigung nach links mit der Aufschrift: Lido Foce/Costa dei Trabocchi!
Nach weiteren 500 m in dieser verheisungsvollen Richtung unterquert man die >SS 16< unter hohen hyperbelförmigen Brückenbögen und parkt zwischen der Straße und der (stillgelegten) Bahnlinie. Da auch diese Bögen für ein kleines Flüsschen freigelassen hat, kann man bequem zum direkt dahinter liegenden Feinkiesstrand marschieren.

(041) WOMO-Badeplatz: Rocca S. Giovanni

GPS: N 42° 16' 37.6" E 14° 29' 35.0" **WOMO-Zahl:** > 5.
Ausstattung/Lage: Feinkiesstrand, Wasserhahn, Dusche, WC, Gaststätte/außerorts.
Zufahrt: Von der >SS 16< 5 km südlich San Vito rechts Rtg. Rocca S. Giovanni, nach 600 m links zum Strand; offiziell ist eigentlich die Zufahrt für WOMOs verboten..
Sonstiges: Für die Übernachtung fast zu laut (trotz stillgelegter Bahnlinie).

Übernachtungsalternative: 1000 m Rtg. Marina di San Vito zurück, dann links 800 m steil hinauf (Wegweiser: Pineta) und dann rechts 500 m zum lauschigen Picknickplatz mit Brunnen im Pinienwald [**042:** 42° 16' 56.5" 14° 28' 43.0"].

Picknickplatz mit Aussicht und Wasserhahn in der Pineta

Neben dem Parkplatz findet man einen Wasserhahn und eine (kalte) Dusche, jenseits der Bahnunterführung wartet die Gaststätte "Lido la Foce" auf Kunden.

Rocca S. Giovanni, Badestrand

Aber das Hinweisschild auf einen Trabocco hat uns neugierig gemacht. Stapft (oder rollt) man 800 m auf der ehemaligen Bahntrasse entlang, so entdeckt man das typische Areal, davor ein auch für WOMOs geeigneter Parkplatz.

3 km weiter im Süden sind wir in FOSSACÉSIA MARINA. Bei »km 487,8« schwenken wir nach links, wenden uns am Meer rechts und könnten sofort links der Strandstraße direkt vor dem Kiesstrand im Schatten von Palmen oder Tamarisken gegen saisonale Gebühr parken (dort öffentliches WC).
Wir rollen weiter hinter dem Strand nach Süden und erreichen nach 2 km die sorgfältig parzellierte Sosta Camper direkt am Kiesstrand.

(043) Off. WOMO-Badeplatz: Fossacésia Marina (Area Camper)
GPS: N 42° 14' 25.4" E 14° 31' 47.9"; 5 m. **WOMO-Zahl:** > 5.
Ausstattung/Lage: Wasserhahn, Kiesstrand, Gaststätte nach 400 m/außerorts 1 km.
Gebühr: 10-15 € incl. Ver-/Entsorgung.
Zufahrt: Von der >SS 16< bei »km 487,7« nach Fossacésia Marina, am Meer rechts. Bei Anfahrt auf der >A 14< bis Anschlussstelle Val di Sangro, auf >SS 16< 1400 m nach Norden.

KARTE TOUR 2

20 km
MARE ADRIATICO
Isole Tremiti
Punta della Penna
ABRUZZO
MOLISE
PUGLIA
Lago di Lésina
Lésina
Marina di Lésina
Campomarino
Termoli
Vasto
Vasto Sud
Marina di Vasto
San Salvo Marina
Fiume Trigno
Torino Marina
Lanciano
San Vito
Ortona
41: Rocca S. Giovanni
43: Fossacesia Marina
Lido del Morge
Lido di Casalbordino
48: Sosta Camper
50: Fiume Trigno
51: "km 530,5"
52: Petacciato Marina
53: "km 533,1"
55: Rio Vivo
56: Laguna di Luna
57: Lido Lucio
58: Marina di Chieuti
59: Lido Rosa
60 + 60a
40
42
44
45
46
47
49
54
61
14
16

TOUR 2 (ca. 110 km / 2-3 Tage)

Fossacésia Marina – Torino di S. Marina – Vasto – Térmoli – Marina di Chieuti – Marina di Lésina

Freie Übernachtung:	Fossacésia Marina, Lido di Casalbordino, Marina di Montenero, Petacciato Marina, Lido Lucio, Marina di Chieuti, Marina di Lésina.
Ver-/Entsorgung:	Marina di Vasto.
Trinkwasserstellen:	Lanciano, Torino Marina, Lido del Morge, Termoli, M. di Lésina.
Campingplätze:	u. a. Torino di Sangro Marina, Lido del Morge, Marina di Vasto, Marina di Montenero, Marina di Lésina.
Baden:	Fossacésia Marina, Torino di Sangro Marina, Lido del Morge, Lido di Casalbordino, Marina di Vasto, Marina di Montenero, Petacciato Marina, Termoli, Lido Lucio, Marina di Chieuti, Marina di Lésina.
Besichtigungen:	Punta della Penna, Térmoli.
Wandern:	NSG Punta Aderci, NSG Marina di Lésina.

3,4 km südlich FOSSACÉSIA MARINA überqueren wir den **Fiume Sangro**. 300 m später kann man links nach TORINO DI SANGRO MARINA abschwenken (»km 491,7«). Auch hier führt eine Asphaltstraße 1,5 km hinter dem Kies-/Sandstrand nach Süden. Das Stellplatzangebot ist geringer, weil der Andrang größer ist. Geboten sind an der Strandstraße **Wasserhähne** u.a. auf dem Kinderspielplatz, Supermarkt, Pizzeria – und direkt am Nordende der Straße, unter vielen Schattenbäumen, der **Campingplatz "Sun Beach"**.

(044) WOMO-Campingplatz-Tipp: Sun Beach

GPS: N 42° 14' 00.2" E 14° 32' 41.0" **Öffnungszeiten:** 15.5. - 31.8.
Zufahrt: 3,4 km südlich Fossacésia Marina links nach Torino di Sangro Marina.
Ausstattung/Lage: schattig; Bar; Pool; am Strand/nächster Ort: 300 m.
Sonstiges: Camper-Stopp 17 €.

Bei »km 497«, also 5 km weiter südlich, liegt der **Lido del Morge**, im Hinterland warten die beiden Campingplätze "Le Morge" (mit toller Wasserrutsche in den Pool) und "Belvedere", vor der Bahnunterführung die Area Camper Vitale [N 42° 12' 14.6" E 14° 36' 12.1"] auf WOMO-Gäste. Am Sandstrand angekommen gabelt sich die Straße und man kann sofort beidseits der Stichstraßen unter hunderten von gebührenpfl. Parkstreifen wählen. Der Andrang ist wegen des Sandstrandes hoch; in der Hochsaison gewaltig. Es empfiehlt sich dann, am späten Abend anzurollen.

Lido del Morge (blau markierte Plätze sind saisonal kostenpflichtig)

3 km weiter südlich biegen wir bei »km 500,1« zum "**Lido di Casalbordino**" ab. Am Strand wenden wir uns zunächst nach links, entdecken aber nur eine "private" Sosta Camper und kostenpflichtige Parkplätze am Wegrand..
Nach rechts passieren wir 1000 m Sonnenschirmstrände und kommen schließlich zum überraschend einsamen Ende des Strandes [N42° 11' 33.0" E14° 38' 30.9"].
Die Erklärung für den fehlenden Andrang liegt im Wechsel des Strandangebotes von feinem Sand zu Kiesstrand. Sie haben die Qual der Wahl ...

Casalbordino, einsame Plätze am Kiesstrand

Als Besonderheit bietet das Kiesstrandende eine Bahnunterführung mit 3,50 m Höhe, so dass wir direkt zur >SS 16< zurückkehren können.
Diese schlägt einen weiten Halbkreis durchs Landesinnere. Wahrscheinlich hatten die Brückenbauer Probleme mit dem Frühjahrshochwasser des **Fiume Sinello**. Dort, wo die Straße

sich wieder der Küste genähert hat, machen wir bei »km 509,7« einen Abstecher zum PORTO DI VASTO an der **Punta della Penna**. Wir überqueren die Bahnlinie, halten uns am Kreisel nicht rechts zum Porto, sondern geradeaus zum linken Rand des **NSG Punta Aderci**, wo wir auf einem Wiesengelände mit Tamarisken einparken (Hinweis: Letzte Meter der Zufahrt bei unserem letzten Besuch stark ausgewaschen, Aufsetzgefahr!). Von hier aus kann man das Wanderbein schwingen, die Räder ent- und wieder einstauben oder (saisonal gesperrt) zu schönen Badeplätzen im NSG weiterrollen.

(045) WOMO-Wanderparkplatz: NSG Punta Aderci I

GPS: N42° 10' 27.9" E14° 41' 36.0" **WOMO-Zahl:** je >10.

Ausstattung/Lage: Etwas Schatten, Liegewiese, Wasserhahn, Wanderweg/außerorts.

Zufahrt: Von der >SS 16< bei »km 509,7« links; siehe Text.

Vorsicht! Bodenwellen!

NSG Punte Aderci, Badebucht 500 m vom Platz 45 entfernt

Am Kreisel nach rechts passieren wir rechterhand staubgraue Fabrikhallen, links stehen grüne Lagertanks, kommen an eine Kreuzung mit **Wasserhahn**.
Links geht es zum Hafen und unmittelbar vor ihm zum kleinen Parkplatz [**046:** N42° 10' 17.3" E14° 42' 37.9"] vor dem rechten Ende des **NSG Punta Aderci** mit Info-Tafeln, Picknickplatz und traumhaftem Sandstrand (meist überfüllt; Fußmarsch 4 Minuten).

NSG Punta Aderci, rechter Rand beim Porto

Rollt man geradeaus zum **Faro** (Leuchtturm), so sollte man das griechisch-byzantinisch anmutende **Kirchlein Santa Maria della Penna** besichtigen, erbaut im 15. Jahrhundert.
Der ruhige Wiesenplatz [**047:** N42° 10' 15.0" E14° 42' 53.7"] dahinter (mit zwei Schaukeln) scheint uns übernachtungsgeeig-

Punta Penne, Santa Maria della Penna und Wachturm

net zu sein, der ebene, asphaltierte Parkplatz beim Wachturm ist "verbotenes" Militärgelände.
Nach rechts führt eine Verbindungsstraße über die Bahnlinie zur >SS 16<, die uns schnell nach VASTO trägt.
Die MARINA DI VASTO liegt in einer herrlichen **Sandbucht**, die von den Einwohnern und ihren vielen Urlaubsgästen jedoch mühelos gefüllt wird. Am Strand findet man **Wasserhähne** und Duschen; frei stehende Wohnmobile sind nicht besonders gerne gesehen.
Wer wird denn auch die "Unverfrorenheit" besitzen, sich angesichts von ca. 20 **Campingplätzen** "frech" an den Strand zu stellen!?
Weiter südlich wird die Bebauung lichter. Bei »km 523,2« biegen wir (bereits in SAN SALVO MARINA) wieder links und machen nach rechts erneut einen "Stranderoberungsversuch". Siehe da – das Hinweisschild zu einer "Sosta Camper".
Wir besichtigen das kleine Areal, wo man sein WOMO auf Markierungen wie vor dem Supermarkt abstellen muss – und lernen italienübliches über die Preisgestaltung: Während der schlitzohrige Besitzer bereits in der Nebensaison mit immerhin 25 € nicht gerade einen Sozialtarif anbietet, steigert er sich im Juli auf 30 Euro und im August auf stolze 35 Euro.

So sehen unsere Urlaubsträume nicht aus!

(048) Off. WOMO-Badeplatz: San Salvo Marina (Sosta Camper)
GPS: N 42° 4' 20.8" E 14° 46' 09.3"; Via Amerigo Vespucci. **WOMO-Zahl:** > 5.
Ausstattung/Lage: Stellplätze auf Asphalt oder Grasresten mit Baumschatten, 50 m zum Sandstrand. Ver- und Entsorgung, Dusche, Toilette, Wasser/Ortsrand.
Zufahrt: Von der >SS 16< bei »km 523,2« links (ausgeschildert).
Sonstiges: Gebühr je nach Saison 25-35 Euro (Strom 5 €, nur Ver-/Entsorgung 10 €).

Die Strandstraße endet, wir müssen zur >SS 16< zurück, rollen weiter nach Süden. Links, zwischen Straße und Strand, liegen weitere **Campingplätze**.
SAN SALVO MARINA, am besten erreichbar über die Autobahnabfahrt Vasto Sud, geht nahtlos in den "Ort" MARINA DI MONTENERO über.
Bei »km 525,8« kennen wir schon seit Jahren eine Abfahrt (Wegweiser: Montenero di Bisaccia) zum Strand am Südende der 6 km langen Sandbucht von VASTO. Man schwenkt halb rechts und rollt 500 m parallel zur Hauptstraße weiter bis zu einem Betonwerk. Dort geht es links, unter dem ersten Brückensegment hindurch und wieder links zu zwei Campingplätzen, von denen wir Ihnen den **Camping "Maronda"** empfehlen möchten.

(049) WOMO-Campingplatz-Tipp: Maronda
GPS: N 42° 3' 46.6" E 14° 47' 32.4". **Öffnungszeiten:** 29.5. - 12.9.
Zufahrt: Von der >SS 16< bei »km 525,8« rechts bis zum Betonwerk, dort unter der Brücke hindurch und wieder links (ausgeschildert).
Ausstattung/Lage: Wiese, viel Schatten; am Strand/nächster Ort: 2 km.

Biegt man am Betonwerk links und holpert unter dem zweiten Brückensegment hindurch auf einer **kaum befahrbaren Piste mit tiefen Schlaglöchern** (?) 600 m direkt aufs Meer zu, so landet man bei einer kleinen Kiesbucht zwischen dem Hoch-

Kaum erreichbar: Badeplatz am Fiume Trigno

wasserdamm des **Fiume Trigno** und ihm selbst (klettert man über den Hochwasserdamm, so steht man am Badeplatz des o. a. Campingplatzes).

(050) WOMO-Badeplatz: Fiume Trigno
GPS: N 42° 3' 54.2" E 14° 47' 41.1". **WOMO-Zahl:** 3-4.
Ausstattung/Lage: schattenlos, vermüllter Kiesstrand, Angelmöglichkeit/außerorts.
Zufahrt: Von der >SS 16< bei »km 525,8« rechts, beim Betonwerk links und direkt zum Strand; siehe Text. Z. Zt. wegen Hochwasserschäden nicht befahrbar.

Wir richten uns direkt am Kiesstrand häuslich ein – und während ich die Rotweinflasche öffne, geht im Nordwesten die Sonne unter. Kurz darauf beginnt der Langstreckenstrahler auf der **Punta della Penna** seine warnenden Lichtfinger auszustrecken...
3,8 km nach Ende der Fiume-Trigno-Brücke und 400 m nach einer Agip-Tankstelle, bei »km 530,5«, führte nach links eine wellige Holperpiste 300 m durch die Pineta zu einem kleinen Parkplatzrund direkt hinter dem Sandstrand (inzwischen durch Schranke versperrt), am Strand Wanderweg.

(051) WOMO-Badeplatz: Pineta »km 530,5«
GPS: N 42° 2' 30.6" E 14° 50' 19.1". **WOMO-Zahl:** 3-4.
Ausstattung/Lage: schattenlos, Sandstrand 300 m/außerorts.
Zufahrt: Von der >SS 16< bei »km 530,5« links, Piste zum Strand versperrt.
Hinweis: Platz für die Übernachtung zu laut.

Wesentlich komfortabler steht man 1400 m weiter südlich zwischen Zwergpalmen auf den asphaltierten Parkplätzen der MARINA DI PETACCIATO. Laut Hinweisschild kostet das Parken von 8-20 Uhr 3 Euro/Tag.

Palmenpracht an der Marina di Petacciato

Der bei italienischen Wohnmobilbesitzern beliebte Platz liegt direkt oberhalb des schönen Sandstrands in der Nähe von Restaurant und Sonnenschirmverleih.

(052) WOMO-Badeplatz: Marina di Petacciato

GPS: N 42° 2' 10.6" E 14° 51' 04.0"; Via del Mare. **WOMO-Zahl:** >5.
Ausstattung/Lage: Kaum Schatten, Sandstrand, Restaurant, Stranddusche/Ortsrand.
Zufahrt: Von der >SS 16< bei »km 531,9« links zur Marina di Petacciata.

Auf den nächsten Kilometern nach Süden begleitet uns linkerhand die naturgeschützte Küstenpineta mit eingestreuten Eukalyptusbäumen, die ihren guten Zustand der Betreuung durch eine Forstwache und einen massiven Zaun verdankt. Wir entdecken nur eine einzige Stichpiste, die sie bei »km 533,1« zum 100 m nahen Sandstrand hin durchquert.

(053) WOMO-Badeplatz: Pineta »km 533,1«

GPS: N 42° 1' 53.5" E 14° 51' 53.8". **WOMO-Zahl:** 2-3.
Ausstattung: schattenlos, Sandstrand.
Zufahrt/Lage: Von der >SS 16< bei »km 533,1« links und 100 m zum Strand/außerorts.
Hinweis: Homosexuellentreff.

2 km nach diesem Plätzchen verkümmert die Pineta zu ödem, verbranntem Wiesengelände ohne Strandzufahrten. In der Einöde stehen einzelne Ferienhäuser und auch Hotels herum, bis sich vor TÉRMOLI die Bebauung wieder verdichtet.
Eine Abfahrt von der >SS 16< im italienischen Schnörkelbarock leitet uns ab zum "Lungomare" von TÉRMOLI, was soviel wie "Straße entlang des Meeres" bedeutet. So lang diese auch ist – weite Abschnitte von ihr sind bereits am Vormittag zugeparkt. Dies stört uns jedoch nicht weiter, denn wir hatten bereits unser Morgenbad – und am Straßenrand lassen wir unser "Heiligs Blechle" sowieso nicht stehen!
Folglich gelangen wir – dank unübersichtlicher Beschilderung und vieler Einbahnstraßen – wenig später in den Genuss einer

Térmoli: Castello und Hafentreppe

unfreiwilligen Stadtrundfahrt durch TÉRMOLI. Dabei kommen wir unversehens an dem frisch restaurierten **Kastell** Friedrich II. aus dem 13. Jahrhundert an. Gleich hinter seinen Mauern beginnt die überraschend ruhige **Altstadt** mit engen, gewundenen Gässchen und schönen Torbögen.

Wer sich für einen Stadtbummel Zeit lassen möchte, biegt vor dem Kastell nach rechts zum "**Porto**". Dort findet man nicht nur reichlich Parkraum und einige **Wasserhähne**, sondern auch eine Wendeltreppe, auf der der Tourist bequem zur Altstadt hinaufsteigen kann, um auf der Oberkante der Stadtmauer einen Rundweg mit Blick in alle Richtungen zu beginnen.

(054) WOMO-Stellplatz: Térmoli (Hafen)

GPS: N 42° 0' 19.0" E 14° 59' 55.2"; Via del Porto. **WOMO-Zahl:** > 5.
Ausstattung/Lage: Wasserhahn 10 m links der Wendeltreppe zur Altstadt, Fähre/im Ort.
Zufahrt: Auf der >SS 16< bis Térmoli, ausgeschildert "Porto".

Ziel der kunsthistorisch Interessierten ist die Kathedrale aus dem 12. Jahrhundert, das bedeutendste romanische Bauwerk in Molise. Die Fassade ist mit Pilastern und Blendarkaden verziert; sehenswert in der Krypta ein Mosaikfußboden.

Térmoli: Kathedrale

Der Fischerhafen mit seinen dickbauchigen Fischerbooten, die ihren Fang direkt auf dem angrenzenden Fischmarkt verkaufen, ist gleichzeitig Fährhafen zu den berühmten **Tremiti-Inseln**.

Das Insel-Archipel ist Ziel beliebter Tagesausflüge. Dabei kann man sich entweder auf die schönen **Badebuchten** (vor allem der Insel San Domino) freuen oder auf die berühmte **Abteikirche Santa Maria a Mare** (auf der Insel San Nicola).

Fährpreis (hin- und zurück): ca. 15 Euro/Person. Das WOMO muss man allerdings im Hafen von TÉRMOLI zurücklassen, denn nur Fahrräder dürfen von Touristen auf den Inseln benutzt werden. Der (einträgliche) Kraftfahrzeugverkehr ist den Insulanern vorbehalten.

Südöstlich vom Hafen liegt die **Spiaggia Rio Vivo** [41° 59' 42.7" E 14° 59' 56.6"] mit **Wasserhähnen**. Auch hier sind die vielen Parkplätze oberhalb des Sandstrandes bereits in den Morgenstunden gut besucht. Am Südrand der Sandbucht liegt die Sosta Camper Rio Vivo, bevor die Wege in landwirtschaftlich genutzten Gebieten versickern.

(055) Offizieller WOMO-Badeplatz: Rio Vivo/Sosta Camper

GPS: N41° 59' 06.6" E15° 01' 02.0"; Via del Mare. **WOMO-Zahl:** >20.

Ausstattung: Schön angelegt, kein Schatten, Strom/Wasser an jedem Platz, Ver-/Entsorgung, Sandstrand, Gebühr 15 € alles incl., nur Ver-/Entsorgung 6 €.

Zufahrt: 2 km südlich des Hafens auf der Via Rio Vivo, dann links.

Wir kehren also zur >SS 16< zurück, weiter geht es Richtung **Gargano**/FOGGIA/CAMPOMARINO.

Hinter dem **Fiume Biferno**, verantwortlich für das weite Schwemmland mit Mais- und Tomatenfeldern, Wiesen und Weiden, überqueren wir beim Bahnhof von LIDO DI CAMPOMARINO die Schienen. Dahinter biegen wir links und rollen parallel zur >SS 16< zurück. 2 km geht es auf einer völlig neuen Bahn entlang, dann schwenken wir rechts zum Sandstrand mit geringem Parkraum. Biegt man 50 m vor dem Strand links, dann kommt man zu der gemütlich eingerichteten Bauernhof-Sosta Camper **Laguna di Luna**. Über einen sorgfältig gemähten Wiesenstreifen sind es 120 m zum Sandstrand.

(056) Offizieller WOMO-Badeplatz: Laguna di Luna/Sosta Camper

GPS: N41° 58' 35.1" E15° 01' 50.0" **WOMO-Zahl:** >10.

Ausstattung: Kaum Schatten, Strom/Wasser, Ver-/Entsorgung, Sandstrand 120 m, Gebühr 17 € (alles incl.).

Zufahrt: Nach Campomarino abzweigen, 100 m später (2. Straße) wieder links und immer gerade aus (ausgeschildert).

Sosta Camper Laguna di Luna

Fährt man in CAMPOMARINO geradeaus vor zum Strand, am Camping "Smeraldo" rechts und am "Lido Ritz" vorbei so kommt man zum "Lido Lucio", wo man auf Schotter links bis zum Sandstrand vorfahren kann.

(057) WOMO-Badeplatz: Lido Lucio

GPS: N 41° 56' 57.6" E 15° 04' 12.9"; Via Ezio Vanoni. **WOMO-Zahl:** >5.
Ausstattung: Sandstrand, Mülleimer, am Westrand eines Baches; Gaststätte 300 m, Brunnen 2 km nordwestlich an der Ampelkreuzung Via Alcide de Gasperi.
Zufahrt: Von der >SS 16< bei »km 552,6« rechts, beim Camping Smeraldo wieder rechts bis zum Ende der Straße vor einem Fluss, dort links bis zum Strand.

Die >SS 16< weiter nach Südosten hält geziemenden Abstand zum Strand und bietet nur einen Blick auf die fast geschlossene Küstenpineta, Zufahrten gibt es wegen der verflixten Bahnlinie nicht. Auch als die (schützenswerte) Pineta in eine flache Macchieflora übergeht, die die Dünenwellen nur stellenweise bedeckt, hatten die Bahningenieure kein Erbarmen mit den Badegästen!
Der **Fiume Saccione** bildet die Grenze zur Provinz **Puglia** – und wie, um sich gut einzuführen, können wir bereits 1700 m darauf, bei »km 608,6« zur MARINA DI CHIÉUTI abzweigen. Leider ist das Parkplatzangebot überraschend gering. Wenn man sich jedoch gleich hinter der Bahnlinie links hält, erreicht man zunächst einen asphaltierten Parkplatz (gebührenpflichtig) und kann weiter nach Westen recht ordentlich neben der Straße oberhalb des Sandstrandes stehen (saisonale Gebühr).

(058) WOMO-Badeplatz:
Marina di Chiéuti

GPS: N41° 55' 23.8" E15° 09' 28.5". **WOMO-Zahl:** 2-3.
Ausstattung/Lage: Sandstrand, Gaststätten, Mülleimer/Ortsrand.
Zufahrt: Von der >SS 16< bei »km 608,6« links, am Strand wieder links.

Aus der Macchie hat sich links der >SS 16< wieder eine Küstenpineta erhoben, sodass nur unser Röntgenauge weiß, dass sich dahinter ein endloser Sandstrand dahinzieht. Aber was heißt schon unerreichbar? Sie könnten problemlos am Straßenrand Ihr WOMO abstellen, über die Schienen steigen – und stünden nach wenigen Schritten in der blauen Adria (Rucksacktourist müsste man sein!?).

Bei »km 616« verlieren wir den Küstensaum aus den Augen, müssen sogar noch die Autobahn nach links lassen – aber bereits bei »km 622« verlassen wir die >SS 16<, folgen nach links den Wegweisern "MARINA DI LÉSINA/Gargano".
Wir ziehen links vorbei am flachen **Lago di Lésina**. Wer sich darunter aber einen idyllischen Badesee vorstellt, wird schnell enttäuscht. In der flachen, leicht muffig riechenden Salzwasserlagune gedeihen die Fische – und nicht die Badenixen; das sumpfige Schilfufer des neuntgrößten Sees Italiens bietet Brutplätze für seltene Wasservögel.

Der Lago di Lésina ist kein Badesee

Wasserratten rollen folglich weiter bis zur Meeresküste bei der MARINA DI LÉSINA. Vor dem mächtigen, gedrungenen, quadratischen **Torre Fortore** schwenken wir vor der Pineta nach rechts und am Ende der Straße links zum **Lido Rosa** [**059:** N41° 54' 58.0" E15° 20' 00.9"], der sich auch als Sosta Camper tituliert (10 € incl. Sonnenschirm und Liege).

Wir quälen uns zwischen Ferienhausklumpen und Hotels immer weiter nach Osten. An einem verfallenen "Maneggio", einem Reitstall vorbei holpern wir schließlich auf sandiger Piste 700 m zu zwei weiteren, einsam in der Pineta gelegenen Bagnos (gebührenpflichtigen Badestränden).
Der Preis fürs Parken, Dusche, Toilette sowie Sonnenschirm und Liege liegt beim ersten Bagno bei 12 €, der nächtliche Aufenthalt ist in diesem Preis mit inbegriffen.

(060) Off. WOMO-Badeplatz: Marina di Lésina (Lido Eden Kiss")

GPS: N 41° 54' 24.2" E 15° 21' 03.8". **WOMO-Zahl:** >5.
Ausstattung/Lage: Sandstrand, Toilette, Dusche, Gaststätte/außerorts. Gebühr: 12 €.
Zufahrt: Von der >SS 16< bei »km 622« links bis zur Marina di Lésina, dort nach Osten.
Hinweis: Nur saisonal geöffnet.

Etwas geringere Preisvorstellungen hat der letzte Bagno. Fürs WOMO mit Dusche, Wasser und Strom verlangt man 10 €/24 Std.

(060a) Off. WOMO-Badeplatz: Marina di Lésina ("Lido Sabbie d'Oro")
GPS: N 41° 54' 20.1" E 15° 21' 12.7".
WOMO-Zahl: >5.
Ausstattung/Lage: Sandstrand, Dusche, Wasser, Strom/außerorts. Gebühr: 10 €.
Zufahrt: Von der >SS 16< bei »km 622« links bis zur Marina di Lésina, dort nach Osten.

Vor dem letzten Bagno führt nach rechts ein Bohlensteg durch die artenreiche Küstenpineta. Wenn es nicht zu heiß ist, dürfte die Wanderung durch das urwaldartige Gebiet ein Erlebnis sein (zum Teil abgebrannt)!

KARTE TOUR 3

20 km
N
Garganoküste
Gargano coast
Lésina
Lago di Lésina
62:S. C. S. Elia
63
64
65
Lago di Varano
Lido del Sole
Rodi Gargánico
66:S.C. Isola Bella
67:Rodi Gargano
68:Calenella-Bucht
"Bellariva"
69
Péschici
"La Gemma"
70
71: S.C. Valle Olivo
"Manacore"
72
"Umbramare"
73
Molinella-Klippen
Vieste
77:S. C. Eden Blu
San Menáio
Foresta Umbra
Casa Forestale
74
75
76
78
79:Cala d. Pergola
80
81:S.C. Eden Park
82
83
Mattinata
Monte Sant'Angelo
Manfredonia
92+93
94
"Lido Salpi"
Torre di Rivoli
95:Zapponeta Beach
96:Green Park
Torre Pietra
Zapponeta
Salinen
San Giovanni Rotondo
San Marco in Lamis
85
86
87
88
84
Borgo Celano
Rignano
WC
61
S. Sévero
FOGGIA
Lucera
89
90
Tróia
91
Bovino
Cerignola
nach Melfi, Potenza
14
16
17
89
160
546
655

TOUR 3 (ca. 425 km / 3-7 Tage)

Lésina – Rodi Gargánico – Péschici – Foresta Umbra – Vieste – Monte Sant'Angelo – San Marco in Lamis – Rignano – Lucera – Tróia – Manfredonia

Freie Übernachtung:	Lido Torre Mileto, Canella-Bucht, Foresta Umbra, Vieste, Cala della Pergola, Monte Sant'Angelo, Rignano, Lucera, Tróia, südl. Manfredonia, Torre Pietra.
Ver-/Entsorgung:	u.a. Scialmarino (Camping Umbramare), Tróia, "Lido Salpi".
Trinkwasserstellen:	San Menáio, Mattinata, San Giovanni Rotondo, Tróia.
Campingplätze:	u. a. Lido di Lésina, Lago di Varano, Lido del Sole, Péschici, Scialmarino, Vieste, Mattinata, südl. Manfredonia.
Baden:	Lido Torre Mileto, Lido del Sole, Rodi Garganico, Canella-Bucht, Péschici, Vieste, Cala della Pergola, Mattinata, südl. Manfredonia.
Besichtigungen:	Rodi Garganico, Péschici, Garganico-Küste, Vieste, Foresta Umbra, Monte Sant'Angelo, San Giovanni Rotondo, Rignano, Lucera, Tróia, Manfredonia.
Wandern:	Foresta Umbra.

LÉSINA hat nichts von der Urlauberhektik seiner Marina. Man kann bequem an dem Seeufer entlangtuckern, sich einen Schattenbaum suchen [N41° 51' 54.1" E15° 21' 32.3"] und es

Lésina, die Sosta Camper von Thomas di Guiseppe

den Alten gleichtun, die auf den Stühlchen vor den Häusern sitzen und das Leben genießen. Falls Ihnen nach sportlicher Betätigung zumute ist, dann probieren Sie mal den neuen Tick der italienischen Jugend aus: Man sitzt nicht mehr auf dem Fahrradgepäckträger des Freundes! NEIN, man steht darauf und balanciert durch gekonnte Hüftbewegungen (nur Feiglinge strecken die Arme zur Seite aus!).
Am Ortsende, direkt am Seeufer, hat Thomas di Guiseppe seine neue Sosta Camper aufgemacht (ganzjährig geöffnet!); perfekt ausgestattet mit Gaststätte und allem drum und dran, empfehlenswert!

(061) Offizieller WOMO-Stellplatz: Lésina/Sosta Camper

GPS: N41° 51' 53.3" E15° 21' 28.7" **WOMO-Zahl:** >10.
Ausstattung/Lage: Ver-/Entsorgung, wenig Schatten, WC, Dusche, Strom, Gaststätte, Strom und Wasser an jeder Parkbucht, Gebühr: 15 € alles incl./Ortsrand.
Zufahrt: Von der >SSV del Gargano< bei »km 21« links bis Ortsende Lésina.

>SSV del Gargano< heißt die neue Schnellstraße, die möglichst viele Touristen möglichst bequem zu den kleinen Fischerdörfern des **Gargano** schaufeln soll (damit sie dort um so sicherer im Gewühle stecken bleiben können). Nicht nur die Touristenmanager – auch alle, die mal dort gewesen sind – sind sich einig: Die Garganoküste ist die schönste von ganz Süditalien, und die kleinen, malerischen Fischerorte an ihren Steilhängen setzen die Sahnehäubchen auf die Sight-Seeing-Torte!
Misstrauisch, wie wir durch Alter und Erfahrung geworden sind, nähern wir uns den touristischen Höhepunkten, indem wir südlich des **Lago di Lésina** nach Osten düsen.
Auf den fruchtbaren, roten Böden ist der Weizen bereits geerntet. Die Tomatenfelder dazwischen ziehen sich fast bis zur Horizontlinie rechts, die beherrscht wird von den Hügeln des Gargano.
Bei »km 21« verlassen wir die SSV nach rechts zum **Lago di Varano**/TORRE MILETO, rollen zwischen den beiden Seen nach Nordosten. Träge kauend stehen schwarze Wasserbüffel mit den typischen, sichelförmig geschwungenen Hörnern auf den Stoppelfeldern. Nach 7 km haben wir LIDO DI TORRE MILETO erreicht und schwenken nach rechts in die schmale Landzunge ein, die den **Lago di Varano** vom Meer trennt.
Der **Campingplatz "Johnny"** rechts der Straße bietet **Wohnmobilentsorgung** an. Die kostenpflichtigen Parkplätze gegenüber direkt am Sandstrand mit Toiletten und Duschen sind für Wohnmobile nachts tabu. Diese stehen tags auf dem großen, gebührenfreien Wiesenareal und für länger auf der Sosta Camper San Elia rechts der Straße.

(062) Offizieller WOMO-Badeplatz: San Elia/Sosta Camper

GPS: N41° 55' 27.8" E15° 36' 46.5" **WOMO-Zahl:** >20.

Ausstattung/Lage: Ver-/Entsorgung, wenig Schatten, WC, Dusche, Gebühr: 10 € alles incl., Juli/August 16 € + 4 € Strom/Ortsrand.

Zufahrt: Von der >SSV del Gargano< bei »km 21« links 7 km bis Torre Mileto.

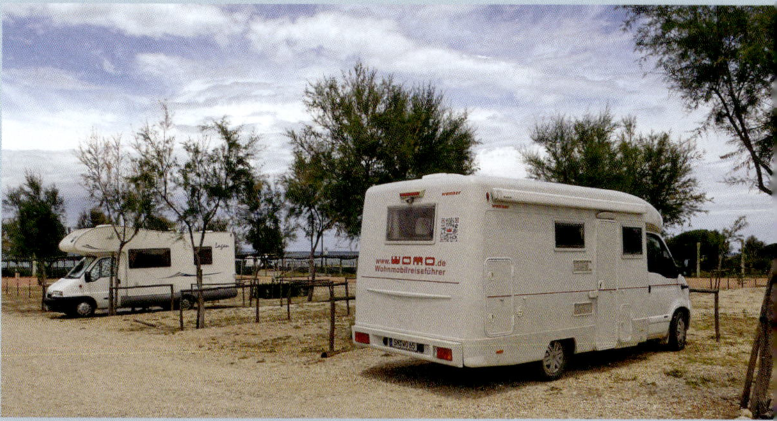

Torre Mileto

Auch in Richtung des restaurierten, quadratischen **Torre Mileto** aus aragonesischer Zeit (16. Jahrhundert) kann man mit dem WOMO parken. Dort wird nie Gedränge herrschen, denn die Küste besteht aus bizarr zerfurchten Kalksteinklippen.
Weiter zieht die Straße etwas oberhalb der wenig einladenden Klippenküste zwischen Oliven und Macchie nach Osten. Ein Abstecher führt uns nach 3 km auf schmaler Bergstraße zu zwei Sehenswürdigkeiten: Die erste ist die **Grotta dell'Angelo**, die zweite die Kirche **Santa Maria di Monte d'Elio**.

Nach 2,5 km parken wir rechts der Straße, [N 41° 54' 58.4" E 15° 37' 15.4"] kraxeln erwartungsfroh (mit Taschenlampen bewaffnet) den steilen Pfad hinauf und stehen nach 3 Minuten vor dem Grottentor, in das mühelos zwei WOMOs nebeneinander einfahren könnten.

Schnell wird der Höhlenraum jedoch enger und wir hätten Schlangenmenschen sein müssen, um nach 50 Metern in den sich immer mehr verkleinernden Löchern weiter kriechen zu können. Immerhin kann man auch im vorderen Teil einige Tropfsteinreste begucken, weil sie für die Souvenirjäger zu hoch an der Decke hängen.

Nochmals 1,5 km weiter steht man vor einem **ehemaligen** Picknickplatz (Parco archeologico), wo man sein Mitgebrachtes grillen konnte. Kinder freuten sich über den Spielplatz, Tische und Bänke sind übers Gelände verteilt, durch das man bis zur dreischiffigen **Basilika Santa Maria di**

Basilika Santa Maria di Monte d'Elio

Monte d'Elio aus dem XI. Jahrhundert mit den schön verzierten drei Apsiden spazieren konnte.
Das WOMO muss nun leider am Straßenrand parken [N 41° 54' 24.9" E 15° 37' 20.2"], das Tor ist verriegelt und verrammelt. Kirchenfans würden jedoch links des Eingangs eine Möglichkeit finden, "Ihre" Kirche wenigstens aus der Nähe betrachten zu können.
2,5 km nach unserem Abstecher überqueren wir den ersten Ausfluss des Lago di Varano. Dahinter links sichten wir Parkplätze am kleinen Hafen [**063:** N41° 54' 56.3" E15° 40' 21.9"], von dem aus in der Saison Bootchen zu den **Tremiti-Inseln** starten.

Mündung des Lago di Varano

Ab hier haben wir wieder Küstenkontakt mit einer dichten Pineta, aber nur Fußpfade oder tiefsandige Wege führen hinüber zum Wasser ....
Halt!

Die letzten Pinien vor der Bar "Batteria", in der Pineta Picknickplätze mit Kinderspielplatz.

Zwei passable Zufahrten gibt es: Die erste bei »km 31,3« zu dem Lido/Bar "Batteria" [**064:** N 41° 54' 48.8" E 15° 41' 19.7"], die zweite bei »km 32,3« zur Strandbar "Paradise Beach" [**065:** N 41° 54' 50.2" E 15° 42' 09.8"] mit WC und Duschen.
In FOCE DI VARANO überqueren wir den zweiten Auslauf des Sees, kurven anschließend durch LIDO DEL SOLE, wobei wir zwar kein freies Badeplätzchen entdecken, aber weitere **Campingplätze** und die wirklich idyllische **Sosta Camper** "Isola Bella" [**066:**N 41° 55' 29.3" E15° 50' 30.2"].

Die idyllische Sosta Camper "Isola Bella"

Sie liegt an der direkten Küstenstraßenverbindung nach RODI GARGÁNICO – und unmittelbar vor der Bahnüberquerung können wir zum westlichen Ende dessen Sandstrandes einschwenken. An diesem Plätzchen wird uns die Bahnlinie nicht stören, denn nur selten rollt der Gargano-Bummelzug vorbei.

Badeplatz vor Rodi Gargánico

(067) WOMO-Badeplatz: Rodi Gargánico (West)

GPS: N 41° 55' 33.6" E15° 51' 17.6" **WOMO-Zahl:** 2-3.

Zufahrt: Von Lido del Sole an der Küste Richtung Rodi Gargánico bis zur Bahnlinie, direkt davor links.

Ausstattung/Lage: Sand-/Kiesstrand (meist vermüllt), Mülleimer/Ortsrand.

Von unserem Badeplätzchen erkennen wir bereits die abenteuerliche Lage von RODI GARGÁNICO: An der Kante einer steilen Klippe drängen sich die letzten Häuser, als würden die hinteren schieben wie bei einem Rock-Konzert.

Herkömmliche Reiseführer schwärmen von der "Atmosphäre des reizvollen Bilderbuchdorfes: Weiß getünchte Häuser, versteckte Winkel, enge Treppengassen, fantastische Ausblicke auf das Meer, die Piazza Rovelli, das allabendliche Flanierzentrum..."

Wir überqueren die Bahnlinie, kurven hinauf zu der Reiseführeridylle – und werden vom Strom der Fahrzeuge durch die einzige "Haupt"straße hindurchgeschoben. Der qualmende Linienbus vor uns benebelt zudem unsere Sinne – und ehe wir uns versehen, turnen wir in Schleifen wieder hinab zur Küstenlinie. Dort zieht sich die **Spiaggia di Levante** von RODI GARGÁNICO, der "Oststrand", kilometerlang bis nach SAN MENÁIO, dem nächsten Ort. Damit Sie sich das "Badeidyll" besser vorstellen können, hier ein Querschnitt von rechts nach links:

Steiler Berghang, Bahnlinie an der Sohle des Hanges, Parkstreifen rechts, Straße, Parkstreifen links (wenn möglich), Mäuerchen, Sandstrand, blaues Meer.

Zunächst ist rechts und links alles zugeparkt. Mit zunehmender Entfernung vom Ort lichten sich die Straßenränder, schließlich ist alles menschenleer. Vor SAN MENÁIO belebt sich wieder das Bild, Sonnenschirme bedecken den Strand.

San Menáio, Badestrand

Aufgepasst: Das marzipanschweinchenrosafarbene Hotel "Sole" links der Straße (die Sonnenschirme am Strand passen farblich dazu) muss Ihnen nicht gefallen, Sie sollten Ausschau nach einem **Brunnen** halten, denn in der Kalksteinregion des Gargano versickert das Wasser so schnell, wie es vom Himmel gekommen ist, in unergründliche Tiefen! 700 m weiter wartet eines der seltenen Exemplare rechts der Straße [N 41° 56' 16.2"; E 15° 57' 37.1"] am Beginn einer Marmormauer.

Die Straße verlässt die Küstenlinie und umgeht ein paar Kilometer Steilküste landeinwärts. Dichter Wald umfängt uns, er ist (neben der bizarren Küstenlinie) die Hauptattraktion des "Parco Nazionale del Gargano". Wir werden ihm noch gebührende Aufmerksamkeit schenken!

Kalkgestein hat seinen Ursprung meist in Meeresablagerungen, die durch Anhebungen des Meeresgrundes zutage treten. Nicht überall wird dies so augenscheinlich wie hier: Rechts der Straße erkennt man ab und zu ausgewaschene Meeresgrotten.

Dann besinnt sich die Straße wieder und sinkt in die flache **Schwemmlandbucht von Calenella** hinab. Bis hier hin hat sich die Bahnlinie vorgekämpft; bei der Haltestelle PESCHICI ist Schluss!

Kurz vorher verlassen wir die Hauptstraße nach links (Wegweiser: Baia Calenella/Lido Azzurro/Sosta Camper). Auf halbem

Calenella-Bucht mit Sosta Camper "Lido Azzuro"

Wege zum Strand gabelt sich die Stichstraße: Links geht es zu einem **Campingplatz**, schön unter Schattenpinien gelegen am Sandstrand, wir halten geradeaus 500 m ebenfalls auf den Strand zu, wenden uns dort nach rechts, löhnen an einer Strandbar je nach Saison 10-25 €, denn der Besitzer hat den anschließenden Küstenstreifen zu einer **Sosta Camper** aufgehübscht.

Die Piste führt weiter direkt hinter dem schönen Sandstrand entlang und endet am rechten Rand der Bucht. Hier fand man einst schöne Pinienschattenplätzchen, ein Waldbrand hat alles vernichtet. Aber die Wiesenflecken und der feine Sandstrand vor der blendend weißen Steilküste mit dem **Torre di Monte Pucci** sind geblieben. Am Horizont erkennt man die Häuser von PÉSCHICI auf der Kante der Steilküste.

(068) Offizieller WOMO-Badeplatz: Lido Azzurro/Sosta Camper
GPS: N 41° 56' 31.9" E 15° 59' 0.4" **WOMO-Zahl:** >10.
Ausstattung/Lage: Wenig Schatten, Sandstrand, Strandbar, Mülleimer, Ver-/Entsorgung, WC, keine Dusche, Gebühr 10-25 € incl. Strom/außerorts.
Zufahrt: Von Rodi Gargánico über San Menáio bis zur Calenella-Bucht, dort links.

Wir richten uns neben zwei deutsch/polnischen Wohnmobilen ein, und es wird ein gemütlicher Abend bei Rotwein und Wodka. „Hier ist der schönste Platz vom ganzen Gargano!" dieser Satz klingt mir noch im Ohr, als wir am nächsten Morgen aufbrechen und einen ersten Stopp an der Endstation der Bahnlinie machen. Dann geht es im Bogen hinauf, unter uns liegt die **Calenella-Bucht** noch im Morgenschlaf.

Hinab in die nächste, dicht bewaldete Bucht von PÉSCHICI. Unter ihrem Schattendach hat sich eine ganze Zahl von

Badebucht von Péschici (Camping Bellariva markiert)

Campingplätzen breit gemacht, unter denen wir "Bellariva" hervorheben möchten (es gibt auch mehrere Sosta Camper).

(069) WOMO-Campingplatz-Tipp: Bellariva/Sosta Camper
GPS: N 41° 56' 40.9" E 16° 00' 26.5" **Öffnungszeiten:** ganzjährig
Zufahrt: Von Rodi Gargánico über San Menáio bis Péschici, dort ausgeschildert.
Ausstattung/Lage: schattig; Bar; am Strand; nächster Ort: 300 m.
Sonstiges: Camper Stopp 16 € + 3 € Strom; Ver- und Entsorgung incl.

Vom linken Rand der Sandbucht (wo man auch die **Sosta Camper La Lillo** nutzen kann [N41° 56' 41.3" E16° 0' 8.8"]), empfehlen wir für Ihr Foto-Shooting den Spazierweg durch ein Felsenchaos zu einer idyllisch gelegenen Fischergaststätte. Fischer Matteo hat einen einfachen Trick, um außerhalb der Öffnungszeiten unliebsame Gäste fernzuhalten: Er sperrt auf halbem Wege den Weg mit der Aufschrift: "Zutritt wegen Steinschlag verboten".

Péschici, Weg durchs Felsenchaos

Natürlich kann man auch nach PÉSCHICI hinaufkurven (?), dessen Häuser dicht gedrängt auf einem Felssporn hocken. Wir machen den heroischen Versuch, das Innenleben von PÉSCHICI kennenzulernen, bleiben jedoch bald im dichten Verkehr der engen Straßen stecken (dabei hatten wir das "Centro storico", die eigentliche **Altstadt**, noch gar nicht erreicht). Falls Sie sich nach einem PÉSCHICI-Stadtbummel sehnen – durch die "Gassen und Treppen, die den unmöglichsten Verlauf nehmen und in versteckte Winkel und Ecken münden", dann sollten Sie Ihr Gefährt in der Unterstadt auf dem Campingplatz "Bellariva" oder einer der Sosta Camper abstellen.

Hinter PÉSCHICI kann man links von der Gargano-Umrundungs-Hauptstraße in eine schmalere Straße abzweigen (für Wohnwagengespanne gesperrt), die dem Küstenverlauf noch nachdrücklicher, kurven- und kilometerreicher folgt. Dem Hinweisschild "Baia Manaccora/Baia San Nicola" folgend serpentinen wir zwischen weißen Kalkfelsen bergan.
Von der Höhe könnte man sich nochmals links nach PÉSCHICI hineinwagen. Wir schwenken nach rechts, werden fortan neugierig gemacht durch regelmäßig wiederkehrende Hinweisschilder "Spiaggia Zaiana", die sich auf keiner unserer Karten lokalisieren lässt.
Nachdem wir 4 km auf der Höhe umhergekurvt sind, senkt sich die Straße. In der Talsohle biegen wir rechts (**Baia di Manacore**), unterqueren die Straße und rollen durch eine dicht bewachsene Schlucht Richtung Strand. Im schattigen Pinienwald liegt links der **Campingplatz "La Gemma"**, den wir wegen seines günstigen Camper-Stopp-Tarifs hervorheben möchten.

(070) WOMO-Campingplatz-Tipp: La Gemma

GPS: N 41° 56' 22.0" E 16° 02' 56.9" **Öffnungszeiten:** 1.4. - 30.9.
Zufahrt: Von Rodi Gargánico über Péschici zur Baia Manaccora, dort ausgeschildert.
Ausstattung/Lage: sehr schattig, Pool, Restaurant, Strand: 600 m; nächster Ort: 6 km.
Sonstiges: Camper Stopp 12 € incl. Ver- und Entsorgung.

Zum Strand sind es von ihm aus noch 600 m bzw. bis zum Kassenhäuschen davor. Fast der gesamte Küstensaum ist besetzt vom **Campingplatz "Baia di Manacore"**, Parkplätze gibt es nicht.

Blick hinab auf die Badebucht Zaiana (Restaurant Trabucco markiert)

Wo aber ist die **"Spiaggia Zaiana"**?
Da entdecken wir das letzte Hinweisschild, das hinauf in eine steile, schmale Bahn (?) zeigt, die uns (bitte kein Gegenverkehr!) auf einen Felssporn mit Parkplatzplateau führt.
Nachdem man für das luftige Plätzchen bezahlt hat, darf man über viele, viele Stufen zum (zugegeben idyllischen) **Sandstrand von Zaiano** hinabsteigen. Biegt man vor dem gebührenpflichtigen Parkplatz rechts (noch schmaler!), so findet man vor dem Restaurant "Trabucco" (offen: 12-15/18-22 Uhr) zwar keinen Weg zum Strand, aber einen geradezu exklusiven Stellplatz für Gäste [N 41° 56' 51.7" E 16° 2' 36.6"; 35 m] mit ultimativem Blick über die Steilküste.
Hinweis: Zufahrt wirklich nur für kleine WOMOs möglich!

Blick aus dem Restaurant Trabucco auf Péschici

Ihr WOMO ist Ihnen für dieses Abenteuer zu schade? Dann finden Sie direkt an der Auffahrt den idyllisch gelegenen Camping/Sosta Camper "Valle Olivo".

(071) Offiz. WOMO-Badeplatz: Valle Olivo (Sosta Camper)
GPS: N 41° 56' 40.1" E 16° 02' 36.4"
Öffnungszeiten: 1.4. - 30.9.
Zufahrt: Von Rodi Gargánico über Péschici zur Baia Manacora, dort ausgeschildert.
Ausstattung/Lage: Schattiger Olivenhain, Strand: 300 m; nächster Ort: 6 km.

Weiter geht es hinauf und hinab durch dichten Pinienwald. Nach 2,3 km passieren wir die Abfahrt zum "Cala-Lunga-Strand" und nach 3,0 km haben wir wieder eine tiefe Schwemmlandbucht erreicht. Sie ist offensichtlich im Privatbesitz von zwei Hotels; man bekommt den Strand kaum zu Gesicht.
Aber nur ein flacher Höhenrücken trennt uns von der nächsten Bucht (Baia di Bescile) mit dem "Villagio Camping Internazionale Manacore". Die Zufahrt zum Campingplatz ist gleichzeitig die einzige Möglichkeit, an den Strand zu gelangen.

(072) WOMO-Campingplatz-Tipp: Internazionale Manacore

GPS: N 41° 56' 14.1" E 16° 04' 14.9" **Öffnungszeiten:** 1.4. - 15.10.
Zufahrt: Von Rodi Gargánico über Péschici zur Baia di Bescile, dort ausgeschildert.
Ausstattung/Lage: sehr schattig, Pool, Laden, Restaurant, am Strand/nächster Ort: 10 km. **Sonstiges:** 25-63 € incl. Strom.

Wir ziehen weiter. Wieder eine Bucht, die "Baia del Paradiso". Wer das Paradies betreten möchte, muss ebenfalls durch die Tore eines Campingplatzes.
Schließlich öffnet sich vor uns die große **Scialmarino-Bucht**, in Surferkreisen als heißer Tipp gehandelt. Dort, wo wir gleich rechts zur **Foresta Umbra** abzweigen werden, führt nach links eine Stichstraße zum Wasser. Die Campingplätze drängen sich am Strand wie die Hühner am Futternapf. Stellvertretend für alle sei der Platz "Umbramare" genannt, in erster Linie wegen seines netten Geschäftsführers, der uns wie selbstverständlich erklärt: „WOMO-Ver- und Entsorgung ist bei uns kostenlos, auch für Personen, die nicht bei uns Station machen!"

(073) WOMO-Campingplatz-Tipp: Scialmarino/Umbramare

GPS: N 41° 54' 56.1" E 16° 06' 59.8" **Öffnungszeiten:** 1.4. - 15.10.
Zufahrt: Von Rodi Gargánico über Péschici zur Baia Scialmarino, dort ausgeschildert.
Ausstattung/Lage: sehr schattig, Laden, am Strand, Hundeverbot, nächster Ort: 7 km.
Sonstiges: Ver- und Entsorgung kostenlos auch für Durchreisende, kein Camper-Stopp!
Gebühr: 17-40 € incl. Strom.

Surfer-Service auf dem Scialmarino-Camping

„Nirgends in Apulien gibt es einen schöneren Wald als die **Foresta Umbra** des Gargano!“

Natürlich werden waldverwöhnte Nordländer nicht so impulsiv von Bäumen schwärmen, dafür kommen sie aber schneller bei südländischen Temperaturen ins Schwitzen – und dagegen ist ein Waldspaziergang das beste Mittel!

Folgen Sie uns also in die **Foresta Umbra**, die wesentlich mehr bietet als Bäume!

Zurück an der Kreuzung überqueren wir die Ringstraße, folgen den Wegweisern "Foresta Umbra" auf breiter, bequemer Bahn zunächst durch Felder und Olivenhaine; schließlich umgibt uns dichter Wald (der letzte Rest des Urwaldes, der einst fast ganz Apulien bedeckte).

Zunächst sind es Eichen, unter denen am Straßenrand, in regelmäßigen Abständen, schön eingerichtete, schattige **Picknickplätze** warten. Dann übernehmen Hain- und Rotbuchen das Revier, unter ihnen herrscht wirklich eine geradezu unglaubliche Kühle.

Nach 19 km Bergfahrt stoppen wir bei einem **Damhirschgehege**, dahinter liegt rechts das kleine **"Museum naturale"**.

Von 9-19 Uhr erhält man dort einen Einblick in die Geschichte der Region, die nicht nur Flora und Fauna umfasst, sondern seit der Steinzeit

auch den Menschen mit einbezieht. Man kann auch eine Karte der Foresta Umbra mit eingezeichneten Wanderwegen (Carta dei Sentieri) erwerben.
Solchermaßen bestens pädagogisch vorbereitet, rollen wir 600 m zurück bis zum letzten Picknickplatz (Posto di restoro), wo auch das WOMO Schatten unter gewaltigen Rotbuchen findet. Leider ist der an dieser Stelle auf unserer Wanderkarte eingezeichnete Campingplatz schon lange nicht mehr in Betrieb. Von hier aus führen Wanderwege in alle Richtungen, zum Beispiel zum **Eibenwald Falascone** mit 1000-jährigen Baumahnen (Nr. 8), zum **Waldkoloss**, einer uralten Eiche mit 40 m Höhe und 5 Metern Umfang (Nr. 10) oder den **Lago d'Otri** und die 27 m tiefe **Schlucht von Marianna** (Nr. 14).

(074) WOMO-Wandertipp: Foresta Umbra (Wander-Tour 7/8/9)
GPS: N 41° 49' 08.6" E 15° 59' 51.9"; 810 m.
WOMO-Zahl: 1-2. **Ausstattung:** Bar, Wanderwege.
Gehzeit: 1 1/2 - 2 Std. **Schwierigkeit:** leicht. **Höhenunterschied:** 100 m
Strecke: Dem Forstweg rechts des Larghetto d'Umbra entlang (markiert "Falascone").
Sonstiges: Wanderkarte im "Museum naturale" und am "Posto di restoro" erhältlich.

Wir entscheiden uns für die 5,5 km lange Wanderwegskombination Nr. 7/8/9 (in der Natur nicht mit Zahlen markiert), deren Beginn zunächst gegenüber bei den Straßenhändlern vorbeiführt (der Honig stammt wirklich aus der Region, der alte Holzschnitzer jedoch aus dem Südtiroler Grödnertal!), dann geht's am rechten Ufer des künstlichen **Largetto d'Umbra** entlang,

dann folgen wir dem Wegweiser **"Falascone"**. Bevor wir auf die Asphaltstraße (mit Picknickplatz) stoßen, marschieren wir nach links weiter durch den dichten Wald (Foto) mit 1000-jährigen Eiben Richtung **"Murgia"**. Bei dieser (verschlossenen) Forstakademie nochmals links wieder Richtung **"Falascone"**. Nach 500 m stoßen wir auf eine schmale Asphaltbahn, auf der es links zurück zum WOMO geht. Verlaufen können Sie sich in der **Foresta Umbra** übrigens nicht, schon wegen der Zahl der Spaziergänger und Wanderer, die am Wochenende dramatisch ansteigt. Falls Sie lieber dem Gezwitscher der Vögel als menschlichem Geplapper lauschen, sollten Sie Mo-Fr wandern.

Ein schönes Übernachtungsplätzchen haben wir auch für Sie gefunden! Fährt man am Museum vorbei, so kommt man nach 400 m an eine Vorfahrtsstraße (>SS 528<). Hält man sich hier links, so findet man nach weiteren 300 m große, ebene Wiesenflächen links der Straße.

(075) WOMO-Picknickplatz: Foresta Umbra

GPS: N 41° 49' 03.6" E 15° 59' 18.8"; 812 m. **WOMO-Zahl:** >5.

Zufahrt: Vom Museum naturale bis zur >SS 528<, dort links noch 300 m.

Ausstattung: Liegewiese, Schattenbäume, Tisch & Bank.

Wir rollen auf der gleichen Straße zur Küste zurück, wobei pro 100 verlorene Höhenmeter das Thermometer wieder um 1°C ansteigt, nur die kühle Adria kann jetzt die Waldeskühle ersetzen! An der Küstenstraße zurück setzen wir unseren Gargano-Umrundungsweg nach rechts fort – und entdecken schon nach 1700 m (km 3,0) einen felsig/sandigen Weg, der nach 400 m die rechte Flanke der Scialmarina-Bucht erreicht (er führt zwischen den **Campingplätzen "Porticello"** und **"Baia Falcone"** hindurch zur Pizzeria "Il Tramonto"). Wer Glück hat, findet neben der Piste einen Parkplatz [N 41° 54' 44.7" E 16° 8' 07.4"] direkt oberhalb des Sandstrandendes.

Rechter Rand der Scialmarino-Bucht

150 m nach diesem Abstecher gibt es erneut eine "Strandnebenstrecke" (Wegweiser "Lido Molinella"). Das Wegle ist einbahnstraßenschmal; wir finden, vorbei am Camping "Molinella" aussichtsreiche Stellplätze auf den Felsklippen links des Sandstrandes [N 41° 54' 29.5" E 16° 9' 3.8"]. Die benachbarte Gaststätte "Mezzaluna" können wir gerne empfehlen.

Molinella-Klippen

Wir münden wieder in die "Haupt"straße nach VIESTE ein, der **"Lido San Lorenzo"** begrüßt uns. Dann kommt ein kleiner

Erster Teil des Lido San Lorenzo

Felssporn und hinter ihm entwickelt sich der San-Lorenzo-Strand zu seiner Höchstform: In einem schön geschwungenen Bogen führt er hinüber zum Hafen von VIESTE; selbst hunderte von

Sonnenschirmen könnten die riesige Sandstrandfläche nicht bedecken.
Rechts der Straße wurde ein Riesenparkplatz eingerichtet, die Parkgebühr bewegt sich (je nach Saison) mit max. 10 € pro Tag im mäßigen Rahmen (man kann auch stundenweise parken).

(076) WOMO-Stellplatz: Vieste (Großparkplatz)
GPS: N 41° 53' 10.4" E 16° 10' 06.8" **WOMO-Zahl:** >50.
Zufahrt: Von Rodi Gargánico über Péschici bis Vieste, Groß-P rechts der Strandstraße.
Ausstattung/Lage: Asphalt, Wasserhahn, Entsorgung möglich/Ortsrand.
Gebühr: 1,50 €/Std., max. 10 €/24 Std.

Vor uns sehen wir die lange Hafenmole, wo man auch das eine oder andere Plätzchen für einen Badestopp findet.
Aber VIESTE hat sich eigentlich einen anderen Namen gemacht: Von seinem Hafen aus starten Ausflugsbootchen (mehrere Anbieter; Preisvergleich!) zum fotogensten Teil der Gargano-Küste mit einer Unzahl von bizarren Steilwänden, Felstoren und Meeresgrotten.
Das optische Vergnügen dauert etwa 3 Stunden, kostet ca. 15 € (Kinder 4-10 Jahre halber Preis) und ist verbunden mit einem Badeaufenthalt in einer Traumbucht. Die Abfahrten sind unterschiedlich, meist gegen 9 Uhr und 14 Uhr, in der Hauptsaison häufiger.
Leider ist das Parkplatzangebot im Hafen dürftig (fast nur kostenpflichtige Parkplätze).
Wir lenken das WOMO zunächst um die Altstadt von VIESTE herum (Wegweiser: MATTINATA/Litoranea) und landen direkt beim Wahrzeichen des Ortes, dem felsigen Riesenei

Vieste, Pizzomunno

"Pizzomunno". Dieses einmalige Fotografierobjekt markiert gleichzeitig das südliche Ende der Altstadt und den nördlichen Beginn der **Spiaggia della Acialara**. Dieser südliche Strand ist im Gegensatz zu seiner nördlichen Schwester recht ruhig (kindergeeignet), während der nördliche wie für Surf-Fans gemacht ist.

VIESTE ist das touristische Zentrum des Gargano. Vom Parkplatz beim **Pizzomunno** kann man rechts bequem, am wuchtigen **Stauferkastell** vorbei, zum **"Centro storico"**, der Altstadt bummeln. Aus dem Häusergewirr ragt die einstmals romanische **Kathedrale Santa Maria Oreta** heraus, viele An- und Umbauten haben sie barockisiert.
Vom **Kloster San Francesco**, das die Spitze der Altstadthalbinsel markiert, hat man einen schönen Blick übers Meer und hinab zu einer der fast schon antiken Fischerplattformen namens **Trabucco**.
Angeblich gehen die Trabucchi auf phönizische Zeit zurück. Sie umfassen stets lange "Antennen", an denen waagerecht große, rechteckige Netze hängen, die bei Beginn der Arbeit ins Wasser abgesenkt werden. Sichtet der Ausguck auf der Plattform einen Fischschwarm, der sich unvorsichtigerweise übers Netz bewegt, so wird es schnellstens emporgekurbelt (wir haben einen Trabucco nie in Aktion geschweige denn mit "Inhalt" gesehen; vielleicht stehen sie nur noch für die Touristen herum).

Rollt man weiter nach Süden, so wird einem erst das Ausmaß des Strandes bewusst: Ein **Campingplatz** folgt auf den anderen (zunächst jedoch nur rechts der Straße).
Dann entfernt sich die Straße etwas weiter vom Ufer und macht Platz auf der Sonnen- bzw. Strandseite. Hier entdecken wir auch die Sosta Camper " Eden Blu" (2 km nach dem Ei).

(077) Off. WOMO-Badeplatz: Vieste (Sosta Camper "Eden blu")
GPS: N 41° 51' 35.2" E 16° 10' 26.0" **WOMO-Zahl:** >5.
Zufahrt: Von Rodi Gargánico über Péschici bis Vieste, am südlichen Acialara-Strand.
Ausstattung/Lage: Schatten, Wasser, Entsorgung, Strom, 15-28 €/Ortsrand.

Vieste; Felsszenerie bei der Gaststätte "Delle Sirene"

Das Ende des Sandstrandes wird von einer bizarren Felsfigur markiert. Man sollte (beste Fotozeit: Vormittag) bei der Gaststätte "Delle Sirene" parken ...

Kaum hat die Straße wieder die Höhe gewonnen, müssen Sie beim dicken Francesco anhalten! Er hält seit Jahr und Tag den Parkplatz links der Straße besetzt, verkauft dort Olivenöl und sauer Eingelegtes aus eigener Produktion.

Steigt man neben ihm über das Geländer, so findet man nicht nur die ultimative Stelle für das VIESTE-Sandstrand-Foto, sondern entdeckt auch einen zweiten Standplatz für das Sirene-Foto. Hier beginnt der fotogenste Abschnitt Gargano-Küste (nicht ohne Grund fahren die Ausflugsbootchen von VIESTE nach Süden).

Typische Szenerie der Garganoküste

Auch für den WOMO-Lenker ist das die schönste Strecke, kann er doch seiner liebsten Beifahrerin die bizarrsten Küstenabschnitte zeigen und dabei seine Fahrkünste beweisen. Nun, ganz so schlimm wird es nicht (und zwischen den Steilküstenabschnitten mit Ausguckplätzen) gibt es immer wieder Badebuchten!

Die erste heißt **Lido di Portonuovo** und ist unverwechselbar wegen der in der Buchtmitte "schwimmenden" Insel, die einer aufgeklappten Muschel ähnelt.

Leider gibt es Parkplätze nur bei den Bagnos, natürlich fehlen auch Campingplätze nicht!

Wieder hinauf und hinab, begleitet vom eintönig-durchdringenden Gezirpe der Zikaden, die in der Siestazeit zur Höchstform auflaufen.

Die Bucht "San Felice" ist wieder vollständig im Besitz eines Feriendorfes mit gleichnamigem **Campingplatz**.

Durch eine in den Fels gehackte, weiße Kalksteinschlucht kommen wir in die nächste Bucht, in der ebenfalls eine Felsenmuschel schwimmt. Hier gabelt sich die Straße; wir halten links Richtung **Pugnochiuso**.

Nach 900 m bietet sich links der Straße ein großer Schotterplatz mit einigen Pinien an, um die Aussicht in aller Ruhe und im Schatten zu genießen. Prima stehen sowie über die Küstenlinie und in die Ferne blicken kann man auch 2 km weiter beim viereckigen, aragonesischen **Torre Portogreco**. Da er etwas abseits der Straße liegt, wäre er auch als Übernachtungsplatz nicht zu verschmähen.

(078) WOMO-Stellplatz: Torre Portogreco

GPS: N 41° 48' 09.1" E 16° 11' 43.0"

WOMO-Zahl: 1-2.

Zufahrt: Von Vieste Richtung Pugnochiuso bis »km 6,6« (siehe Text).

Ausstattung/Lage: keine/außerorts, nachts einsam.

Fast ist uns das naturbelassene Idyll aus blauem Meer, weißen Felsen und grünen Pinien schon zur Gewohnheit geworden, da knallt die dichtbebaute **Bucht von Pugnochiuso** ins Bild. Schnell verlassen wir sie wieder und machen einen Abstecher zur kleinen Bucht **Cala della Pergola**.

Dort unten, nach 1200 m, gefällt es uns schon wesentlich besser, weil es weder Haus noch Gaststätte noch Camping-

Cala della Pergola

platz gibt – sondern nur einen kleinen Kiesstrand, idyllisch eingeschmiegt zwischen hohe Felsflanken. Leider müssten Sie für Ihren Nachtschlaf eine ganze Reihe von Unterlegkeilen mitbringen.

(079) WOMO-Badeplatz: Cala della Pergola

GPS: N 41° 46' 44.0" E 16° 11' 10.5" **WOMO-Zahl:** 1-2.
Zufahrt: Von Vieste nach Pugnochiuso, südlich davon 1200 m Abstecher (siehe Text).
Ausstattung/Lage: Mülleimer/außerorts. **Sonstiges:** Sehr abschüssige Parkplätze.

Unser Sträßchen verlässt die Küste und zieht, über die Höhen kurvend, ins Landesinnere, wo es sich mit der Hauptstraße vereinigt; wir rollen links nach MATTINATA.

Nach 5,5 km machen wir unseren nächsten Abstecher, um der **Baia dei Gabbiani** einen Besuch abzustatten. Nachdem wir steil hinabgeturnt sind und (natürlich) genau so steil wieder zurück, haben wir 6 km mehr auf dem Tacho und sind um eine Enttäuschung reicher: Kleine, schräge, staubige, schattenarme

Baia delle Zágare, Felstürme

Parkplätze, von denen aus man das Meer noch nicht sieht – und dafür auch noch bezahlen!?

Einen der spektakulärsten Blicke des Gargano bietet sich uns 1,9 km später: Links unterhalb stehen in der **Baia delle Zágare**, die für sich schon eine Augenweide ist, zwei Felsen, von denen der eine wie ein römischer Triumphbogen geformt ist.

Normalerweise kann man das Naturwunder nur aus der Ferne schauen, denn der Weg zur **Bucht von Zágare** wird von einem Hotel blockiert.

Langsam verlieren die Felsen des Gargano ihren blendend weißen Glanz, die Landschaft wird langweiliger. Man kann auch sagen: Die Natur hat uns eine Weile in Atem gehalten – jetzt kehrt sie zur Normalität zurück!

Die große Bucht von MATTINATA beginnt mit einem kleinen Jachthafen, dessen Parkplatz [**080:** N 41° 42' 40.8" E 16° 4' 42.7"] uns übernachtungsgeeignet erscheint, Gebühr.

1000 Meter später können wir nach links abbiegen und zwischen Olivenhainen zum Strand eilen

Das Strickmuster in der Mattinata-Bucht ist eigentlich ganz einfach: Die "Strandstraße" führt mindestens 100 m hinter dem Wasser vorbei, Stichstraßen führen zu **Campingplätzen** und **Bagnos** mit "Parcheggio custodito", wobei man unter "bewacht" immer gebührenpflichtig zu verstehen hat. Plätze dazwischen mit freien Strandabschnitten gibt es (natürlich) nicht.

Stellvertretend für viele nennen wir (mit deutschsprachigem Besitzer):

(081) Offizieller WOMO-Badeplatz: Sosta Camper "Eden Park"

GPS: N 41° 42' 20.9" E 16° 4' 7.6" **WOMO-Zahl:** >10.

Ausstg./Lage: Schattendächer, Kiesstrand, Ver-/Entsorgung, Mülleimer, Bar/Ortsrand.

Sonstiges: Gebühr ca. 15-25 € incl. Strom **Zufahrt:** Siehe Text.

Südwestlich von MATTINATA ragen schon die Anlagen der Petrolchemie MANFREDONIAS aus der Horizontlinie. Zeit, die Gargano-Erkundung wieder ins Landesinnere zu verlagern! Wir düsen also nicht südlich von MATTINATA in den (langen) Tunnel Richtung MANFREDONIA hinein, sondern biegen vor ihm nach rechts, schrauben uns ins Gebirge zum Pilgerort MONTE SANT'ANGELO.

Schon weit oben, etwa über der Mitte des Tunnels, gabelt sich nochmals die Straße: Links geht es wieder hinab nach MANFREDONIA, rechts weiter hinauf Richtung MONTE SANT' ANGELO. Während ich nach rechts kurbele, stelle ich den Tageskilometerzähler auf "0".

Zwischen gepflegten, mühsam auf Naturmauerterrassen angelegten Olivenbaumplantagen geht's Etage um Etage aufwärts, weit reicht schon der Blick über den Golf von Manfredonia, dessen flaches Hinterland im Dunst versinkt.

Der Tageskilometer zeigt gerade 5,5 km, da haben wir die erste Höhe erreicht (100 m nach einem kleinen, verschlossenen Kirchlein). Dort kann man rechts in eine felsige Piste einbiegen, die zwischen Wiesenflächen zum Rasten und Übernachten hindurchführt.

(082) WOMO-Stellplatz: Hügelkuppe vor Monte Sant'Angelo

GPS: N 41° 41' 44.2" E 16° 01' 19.5" **WOMO-Zahl:** 2-3.

Ausstattung: Liegewiese/außerorts.

Zufahrt: Von Mattinata Richtung Monte Sant'Angelo bis zur ersten Höhe.

Nach weiteren 6,5 km haben wir den **Monte Sant'Angelo** bezwungen; am Ortsbeginn kann man rechts zu den rot-weißen Gittermasten mit den Parabolantennen abzweigen. Dort findet man ebenfalls ruhige und ebene **Übernachtungsplätzchen**.

(083) WOMO-Stellplatz: Monte Sant'Angelo/Friedhof

GPS: N 41° 42' 21.7" E 15° 58' 27.4"; 746 m; Via Cimiterio. **WOMO-Zahl:** 3-4.
Zufahrt: Am Ortsbeginn rechts. **Ausstattung/Lage:** Kinderspielplatz/Ortsrand.

Rollt man ins Zentrum hinein, so braucht man nur dem Wegweiser "San Michele" zu folgen. Dabei passiert man den Rand der Altstadt mit der wohl ältesten Reihenhaussiedlung.

Monte Sant'Angelo, Reihenhäuser

Bald sehen wir **Kirche** und **Kastell** vor bzw. über uns, umrunden immer weiter die mauerumgürtete Altstadt. Schließlich haben wir den Eingang des Kastells erreicht, wo ein riesiger, bewachter Parkplatz [N41° 42' 24.9" E15° 57' 04.5"] (mit WC) auf zahlungswillige Pilger wartet.

Monte Sant'Angelo, Kastell

Ja, auch den Erzengel Michael darf man nicht so einfach kostenlos besuchen, da könnte ja jeder kommen!?
Nun, es kommt wirklich fast jeder: Pro Jahr sind es 5 Millionen, Tendenz steigend. Ein Wunder? Natürlich war es ein Wunder, als im Jahre 493 der Erzengel Michael vor einer Grotte auf dem Gargano erschien und diese zu seiner Kultstätte erklärte (ich kürze stark ab). Der zuständige Bischof besichtigte die Höhle und fand sie bereits in eine Kapelle verwandelt. Flugs wurde vor ihr eine Kirche errichtet – und das erste Pilgerzentrum im christlichen Mittelmeerraum war entstanden. Könige und sogar der Kaiser Otto III. besuchten die Kapelle des Erzengels (was ohne WOMO zweifellos mühselig war) und steigerten den Ruf des Wallfahrtsortes. Kein Wunder, dass man den Einwohnern von MONTE SANT' ANGELO nachsagt, sie hätten Haufen von Gold und Silber in der Erde vergraben ...
Nachdem wir deren Reichtum um 10 € Parkgebühr erhöht, unsere Kleidung auf "Kirchenbesichtigungsniveau" angehoben und nochmals die Aussicht über die Küstenlinie genossen haben, wenden wir uns den naheliegenden Sehenswürdigkeiten zu: Rechts der gewaltigen Burgmauern marschieren wir über einen Treppenweg hinab zum **Santuario di San Michele Arcangelo** (Foto).
Nach gebührender Bewunderung des achteckigen Glockenturmes aus dem Jahre 1273 durchqueren wir das schöne zweibogige Portal und steigen eine Treppe hinab zur Grotte des Erzengels (am Ende der Treppe eine wertvolle Bronzetür mit Szenen aus den vielen Legenden des Erzengels).

Dann stehen wir in der "Grotta delle Apparizione", der **Erscheinungsgrotte** (Foto), einem kirchengroßen Raum mit mehreren Altären und dem reliefverzierten Bischofsthron. Eine Marmorstatue des Erzengels und eine heilige Quelle sind weitere Höhepunkte.
Bitte beachten Sie, dass in der Grotte nahezu rund um die Uhr Messen abgehalten werden. Es ist meist nicht möglich, sich frei zu bewegen, um die Sehenswürdigkeiten zu betrachten.
Über einen schattigen Markt, wo die Gemüsehändler nur auf uns warten, bummeln wir zurück zum WOMO.

Zwischen Parkplatz (links) und Kastell (rechts) folgen wir dann dem Wegweiser nach SAN GIOVANNI ROTONDO, dem nächsten Pilgerort. In Serpentinen geht es hinab, wobei wir die Ausmaße der gewaltigen Burgmauern studieren können. Die Talsohle erreichen wir nach knapp 6 km und wenden uns links. Dem Boden, aus dem das bleiche Kalkgestein herausstarrt, sieht man förmlich seine Trockenheit an. Um so erstaunlicher ist die grüne Vegetation der Macchie, der Oliven, der Maronen und der Ginsterbüsche.

SAN GIOVANNI ROTONDO ist die Heimatstadt von **Pater Pio** (1887-1968). Dieser einfache Kapuzinermönch wurde durch zahlreiche Wunderheilungen weltbekannt.
Seine Seligsprechung durch den Papst erfolgte erst 1999, denn die Anerkennung der Wunder ließ auf sich warten. Waren es dem Heiligen Stuhl zu viele Wunder? Oder konnte man sich mit Pater Pios Gabe der Bilokation nicht abfinden? Immerhin war er in Rom vor der Kurie anwesend, während sein anderer Körper auf dem Gargano weilte!
Wie dem auch sei, jährlich besuchen 7 Millionen Pilger SAN GIOVANNI ROTONDO, die **Basilika Santa Maria delle Grazie** mit dem Grab des Paters und die neue **Basilika San Pio da Pietrelcina**.

San Giovanni Rotondo, Basilika San Pio da Pietrelcina (Foto: Karin Meisoll)

Wir folgen der südlichen Umgehungsstraße (Wegweiser "Chekpoint"), schwenken direkt vor dem "Chekpoint" (Busparkplatz) rechts zur ruhig gelegenen Sosta Camper "Coppa Cicuta" mit eigenem Busshuttle ins Zentrum. Das ist gut so, denn wer durchs Zentrum zur Basilika vordringen sollte, findet dort keinen Parkplatz und ist froh, dem Trubel wieder entronnen zu sein.

(084) Off. WOMO-Stellplatz: San Giovanni/S. C. Coppa Cicuta
GPS: N 41° 41' 45.6" E 15° 42' 15.6" **WOMO-Zahl:** >10.
Ausstattung: Ver-/Entsorgung, Schattendächer, Gaststätte/außerorts.
Zufahrt: In San Giovanni dem Wegweiser "Chekpoint" folgen, davor rechts.
Gebühr 12 € + 2 € Strom, Shuttle 6 €/2 Personen.

Am Ortsende sichten wir noch die **Sosta Camper "Parcheggio 4"** [085: N41° 42' 23.8" E15° 41' 53.2"] mit Camperservice, eigentlich der Parkplatz des Restaurants "Lo Chalet". Wer dort einkehrt, parkt kostenlos.
Richtung SAN MARCO IN LÁMIS fahren wir weiter zunächst bis BORGO CELANO. Am Ortsende, hinter dem kleinen Picknickpinienwäldchen, biegen wir rechts zum **Convento (Kloster) di San Matteo**, rollen jedoch zunächst an der Abzweigung zum Kloster rechts vorbei, das wuchtig auf einem Felsklotz thront wie eine Burg. Durch schönen Laubwald (wir sind immer noch bzw. wieder im Nationalpark des Gargano) geht's bergan, nach 1500 m liegt rechterhand ein gut eingerichteter Picknickplatz (eine kühle Oase, vergleichbar der bei der Foresta Umbra).

(086) WOMO-Picknickplatz: Montenero
GPS: N 41° 42' 50.6" E 15° 40' 11.0" **WOMO-Zahl:** 2-3.
Ausstattung/Lage: Tische & Bänke, Boccia-Bahn, Grillstelle, Schaukel/außerorts.
Zufahrt: Am Ortsende von Borgo Celano rechts am Kloster di San Matteo vorbei 1,5 km.

Ein weiterer Picknickplatz mit Tisch & Bank folgt nach 800 m und nach 1700 m zweigt nach rechts eine Forststraße ab, die mit einer soliden Schranke versperrt ist. Dies schadet aber nicht weiter, denn die Strecke, die wir jetzt zu Fuß zurücklegen müssen, führt durch dichten, kühlen Wald. Nach 5 min. endet der Weg an einem großen Wiesenplatz, dann kraxeln wir weitere 5 min. den Hang hinauf, um enttäuscht vor dem verriegelten Eingang der **Grotta di Montenero** zu stehen. Diese 200 m tiefe Höhle hat in der volkstümlichen Phantasie magische Kräfte. Wir hätten halt im Dezember kommen sollen, sagen wir uns beim Rückmarsch, denn am 27. Dezember wird in 100 m Tiefe die "Messa di Natale nella Grotta", die Weihnachtsmesse gehalten.

Kloster San Matteo

Der große Parkplatz vor dem **Kloster di San Matteo** hat einen schönen, handgemauerten, nur tröpfelnden **Brunnen** – und hinten rechts Toiletten. Beim Rundgang durch das Kloster bestaunen wir die reich ausgestattete Bibliothek und gleich hinter dem Hauptportal eine künstliche Grotte, deren Darstellung der Geburt Jesu eher bescheidenen künstlerischen Anspruch hat.

Erholsam ist die Ruhe hier im Convent der Franziskaner nach dem Trubel in den zwei überlaufenen Pilgerstädten.
Unterhalb der hoch aufragenden Mauern des Klosters rollen wir hinab nach SAN MARCO IN LAMIS und bereits am Ortsbeginn nach links Richtung RIGNANO. Vorbei an einem Schild, das uns auffordert, Winterreifen aufzuziehen oder Ketten aufzulegen, schrauben wir uns weiter in die Höhe und versuchen vergeblich, uns die hitzeflirrende Landschaft unter einem Schneekleid vorzustellen.
Ein Wegweiser schickt uns bei >km 7< nach rechts zu der "Dolina Cento Pozzi", einer großen Doline mit zehn Brunnen und einem **Picknickplatz** [**087:** N 41° 42' 3.0" E 15° 35' 48.6"; 629 m] in seiner Tiefe. Falls Ihrem WOMO die Abfahrt zu schmal sein sollte: Am oberen Dolinenrand finden sich schöne, ruhige Übernachtungsplätzchen auch für breite WOMOs – aber bereits bei der Zufahrt streifen Äste am Fahrzeug!

In der Doline mit den Cento pozzi (inzwischen alles vergammelt)

RIGNANO liegt präzise an der Hangkante des Gargano-Gebirges, das landeinwärts brutal abbricht. Bis zur Hangkante können wir noch eine Weile die ärmliche Bodenstruktur studieren. Wie viele Generationen waren wohl nötig, um die Steine von den Feldern zu lesen und sie zu Randmäuerchen oder den typisch-runden Hirtenhütten aufzuhäufen?
Am Beginn von RIGNANO folgen wir dem Wegweiser "Belvedere". Trotz Vorwarnung bremst man erschreckt ab: Die Welt hat eine Bruchstelle – sie beginnt hinter RIGNANO – und findet ihre Fortsetzung 500 m weiter unten. Der Blick reicht

infolgedessen weit über die Ebene von FOGGIA und bis zur Küste im Südosten.

Aber wir haben Sie nicht nur nach RIGNANO geschleppt, um in die Ferne zu gucken. Das ruhige Städtchen liegt weit abseits der Touristenströme. Hier gibt es keine Parkplatzprobleme und doch macht es Spaß, durch die schmalen Gassen mit den weißgetünchten Häusermauern zu schlendern. Blumenschmuck in Blechkübeln und ebenso bunt behangene Wäscheleinen setzen dazu die Farbakzente. Biegt man vor Beginn des Belvedere-Halbkreises in den gepflasterten Weg (gegenüber WC) mit den Kugellampen, so rollt das WOMO wie von selbst bis zu einem großen Platz mit einem Kreuz (zeitweise Schranke vor dem Kreuz geschlossen). Hier hat man den ultimativen Ausblick gepaart mit einem zwar windigen, aber absolut ruhigen Übernachtungsplatz (wenn nicht gerade ein Jugendtreff ist).

(088) WOMO-Stellplatz: Rignano

GPS: N 41° 40; 36.5" E 15° 34' 51.8"; 578 m.

WOMO-Zahl: >5.

Zufahrt: Am Ortsbeginn von Rignano (vor dem Belvedere) den gepflasterten Weg rechts.

Ausstattung/Lage: Steinbänke, Brunnen am Belvedere, WC vorher links/außerorts. Ruhiger Stellplatz am Ende des Belvedere.

Wir umrunden nun die Altstadt von RIGNANO im Uhrzeigersinn, folgen den Wegweisern SAN SEVERO/FOGGIA.

Hui, ist der Hang steil! Die Straße erinnert verblüffend an die Strecke vom Timmelsjoch nach Südtirol hinab. Aber es sind lange Geraden zwischen den Serpentinen – und diese sind zudem gut ausgebaut.

Rignano, von 578 m auf 30 m ü. NN in wenigen Minuten

Während uns am Hang nur Gestrüpp und Felsen begleiten, nimmt uns später ein uralter Olivenhain auf mit verknoteten Stämmen, dazwischen wuchern Feigenkakteen auf dem nackten Fels.

In der Ebene angekommen, vollzieht sich ein völliger Wechsel der Vegetation. Ein Landwirt würde sagen: „Ganz andere Bodenqualität! Hier gedeihen Weizen und Gemüse.“ Wir überqueren eine Vorfahrtsstraße, lassen uns zur >SS 16< leiten.

Jetzt hat die Landschaft andere Dimensionen. Die Straße eilt, wie mit dem Lineal gezogen, zwischen den Tomatenplantagen dahin. Nur ganz vereinzelt Gebäude, meist baumumringt: Masserien, die typischen Formen der italienischen Gutshöfe. Wir überqueren die Autobahn und die Bahnlinie, haben den direkten Weg nach LUCERA vor uns. Jetzt treffen wir auf die verkehrsreiche >SS 16<, reihen uns nach links ein (Richtung FOGGIA).

Genau 1000 m später werden wir wieder nach rechts gesandt (Wegweiser: LUCERA). Die völlig verkehrslose Straße ist in einem scheußlichen Zustand. Wir müssen so auf die Schlaglöcher aufpassen, dass wir weder ein Durchfahrtsverbotsschild noch einige auffällige "Damen" am Straßenrand registrieren. Erst als wir nach 1,8 km Geschaukel vor der eingestürzten Brücke über den **Fiume Sálsola** stehen, sind wir schlauer. Bleibt die Frage: Warum repariert man die Brücke nicht bzw. klebt nicht wenigstens die Verkehrsschilder zu?

Also wieder zurück, diesmal mit mehr Beachtung der afrikanischen Damen vom Straßenstrich, die gemütlich auf ihren Stühlchen sitzen, einen Sonnenschirm aufgespannt wie Ladies beim Picknick (junge Männer gibt's inzwischen auch).

Der Umweg ist gering: Die >SS 16< noch 5,5 km nach Süden, bei »667,5« unbeschildert rechts, nach 2,5 km halblinks (rechts ist die nächste eingestürzte Brücke) und nach nochmals 4 km auf der >SS 17< rechts nach LUCERA.

Kurzinfo: I-71036 Lucera (35.000 Einwohner)

i Touristen-Info: Piazza Nocelli, Tel.: 0881-522762 bzw. 800-767606

S Piazza Matteotti (direkt vor dem Kastell).

Staufer-Kastell (9-14, 15-20 Uhr, Mo zu), Amphitheater (9.30-13.30, 15-19 Uhr, Mo zu), Kathedrale Santa Maria Assunta (8-12, 16-19 Uhr), Chiesa di San Francesco (8-12, 16-19 Uhr), Museo civico, Via de Nicastri (9-13 Uhr, So 16-19 Uhr).

Dort stoßen wir auf einen Kreisverkehr, nehmen die erste Ausfahrt und werden bestens beschildert zum **römischen Amphitheater** (1. Jahr. n. Chr) geführt.

Es hat die zwei Jahrtausende gut überstanden bzw. ist wohlrestauriert, allerdings müssen früher die Parkplätze fürs Publikum umfangreicher gewesen sein. Jetzt finden höchstens 1-2 WOMO-Familien am Straßenrand [N 41° 30' 31.4" E 15° 20' 35.8"] Platz für ihr Gefährt (offen: 9.30-13.30/15.30-20 Uhr, Mo geschl.).

Lucera, Basilika Kathedrale M. S. Assunta in Cielo

Durch zwei prächtige, mit Reliefs verzierte Portale fanden ca. 18.000 Zuschauer Einlass in die 127 x 95 m messende Anlage. Einst fanden in der 75 x 43 m großen, ovalen Arena richtige Gladiatorenkämpfe statt (die Räume der Athleten sind noch erhalten). Links des Eingangs (dort Wasserhahn) bekommt man im Aufseherhäuschen einen schönen Übersichtsplan (auch mit deutscher Beschriftung).
Wir würden Ihnen empfehlen, vom Parkplatz vor dem **Amphitheater** aus zur **Kathedrale** in der Mitte der Altstadt zu spazieren, denn mit Parkplätzen sieht es dort schlecht aus. Zudem liegt alles Sehenswerte näher als 500 m!
Die Kathedrale wurde um 1300 im frühgotischen Stil begonnen, nachdem man an gleicher Stelle eine Moschee niedergerissen hatte.
Bereits die asymmetrische Fassade beeindruckt. Sie wird links flankiert von einem minarettartigen Türmchen, während sich rechts über dem quadratischen, vierstöckigen Turm die achteckige Glockenstube mit Pyramidendach erhebt.
Im Inneren sollte man vor allem nach der hölzernen Marienstatue (Madonna della Vittoria) Ausschau halten. Die Figur der Schutzpatronin Luceras stammt aus dem 13., vielleicht sogar aus dem 8. Jahrhundert. Auf der **Piazza duomo** sitzen die Rentner im Kreis auf ihren Stühlchen und genießen den Blick auf die vorbeiflutenden Touristen. Ansonsten präsentiert sich LUCERA als gemütliches, aufgeräumtes Städtchen, in dem man fein schlendern kann. Besonderes Lob gebührt den Damen vom Fremdenverkehrsamt mit ihrem reichlichen Info-Material (Piazza Nocelli, 100 m nördlich der Kathedrale).

Zurück 200 m zum Altstadtring, dort lassen wir uns von den vielen Wegweisern nach links zum **Kastell** leiten.

"Fortezza Svevo-Angioina" heißt das Kastell auf italienisch. Damit wird deutlich, dass zwar Kaiser Friedrich II. 1233 den Grundstein der Festung legte, um den treuesten seiner Treuen, seiner sarazenischen Reiterei, Kasernen – und sich einen sicheren Platz für den Staatsschatz zu schaffen. Nach dem

Lucera, Kastell (Fortezza Svevo-Angioina)

Sieg gegen die Staufer überfiel Karl I. von Anjou das Kastell, metzelte die Sarazenen nieder, ließ die Moscheen darin schleifen und "modernisierte" die Anlage. Noch heute können wir uns beeindrucken lassen von dem gewaltigen, 900 m langen Mauerring mit seinen 22 Türmen, zudem auf der "Landseite" geschützt durch einen tiefen Ringgraben. Dieser Teil der Festung ist links flankiert vom 25 m hohen Turm der Löwin (der Königin), der mit Zinnen gekrönt ist und rechts vom Turm des Löwen (des Königs) der schmaler und einfacher gebaut ist. Das Innere der Festung ist völlig leer. Um so mehr genießt man den Rundblick von den hohen Mauern (offen: 9-14/15-18 Uhr, Mo geschl.). Ein Teil des riesigen Parkareals vor dem Eingang hätten wir uns auch beim Amphitheater gewünscht. Hier könnte man problemlos ein WOMO-Treffen veranstalten.

(089) WOMO-Stellplatz: Lucera (Kastell)

GPS: N 41° 30' 33.1" E 15° 19' 26.4"; Via Suburgale Castello. **WOMO-Zahl:** >20.
Ausstattung/Lage: keine (Schotterplatz)/Ortsrand.
Zufahrt: Luceras Altstadt im Uhrzeigersinn umfahren, ausgeschildert.

LUCERA ist auch die Stadt der "dossi". Überall liegen die "schlafenden Polizisten" und sorgen dafür, dass spätestens bei 30 km/h das Plastikgeschirr aus den Fächern hüpft.
Wir verlassen LUCERA nach Süden Richtung TRÓIA. Dabei erspähen wir links einen großen Platz mit zwei überdachten Wandelwegen – die offizielle **Sosta Camper** mit Entsorgungseinrichtung gleich links im Eck [**090:** N 41° 29' 59.5" E 15° 19' 56.0"; Via Montello], verkehrumtost (Di Markt). 100 m weiter, am Ortsausgang, **Eurospar** mit preiswertem Mittagstisch
Die Straße nach TRÓIA ist wie mit der Schnur gespannt und führt durch eine öde Weizenstoppelfelderlandschaft. Auch die paar Tonhügel, die im Wege stehen, werden bald in den Brennöfen einer großen Ziegelei verschwunden sein. Dann erscheinen am Horizont die Ausläufer der **Monti della Daunia** – auf dem vordersten thront das über 1000 Jahre alte TRÓIA.
Wir rollen Richtung Zentrum und vor der Altstadt rechts (Tan-

genziale/Via Giacomo Matteotti). Vor einem weiteren Tor (vor ihm links **Brunnen**) führt uns der Wegweiser "Parcheggio Camper Service" rechts hinab zu einem großen, fast ebenen Asphaltplatz mit schöner Aussicht über die Ebene – und **Ver- und Entsorgungsstation**. Zur Altstadt mit der berühmten **Kathedrale** sind es nur wenige Schritte.

(091) Offizieller WOMO-Stellplatz: Tróia

GPS: N 41° 21' 41.3" E 15° 18' 23.5"; 420 m; Via Sant'Antonio. **WOMO-Zahl:** >5.
Ausstattung/Lage: Ver-/Entsorgung, Strom, wenig Schatten, etwas schräg/Ortsrand.
Zufahrt: Am Ortsbeginn von Tróia rechts, ausgeschildert.
Lesertipp: Lohnenswerte Abstecher (ca. 25 km nach Süden) zum Bergörtchen Bovino.

Eigentlich waren wir nach TRÓIA nur wegen dieser einmaligen, romanischen Kirche gekommen, deren Grundstein 1070 gelegt wurde. Konnten wir ahnen, dass wir uns in das kleine Städtchen geradezu verlieben würden? Vom WOMO-Stellplatz sind es nur wenige Schritte bis zu dem o. a. Tor mit dem **Brunnen**, vor dem links der Kirche **San Giovanni di Dio** ein schmales, gepflastertes Gässchen zur (einzigen) Hauptstraße TRÓIAS und zum Portal der **"Basilica Cattedrale"** führt. Sie brauchen sich nicht zu schämen, wenn Ihnen beim Anblick der geradezu unglaublichen Fensterrose über dem Portal ein Begeisterungsruf entweicht (das geht den meisten so!). Auch die meisterlich gearbeiteten Bronzetüren des Hauptportals und des (rechten) Seitenportals sind einmalige Kunstwerke aus dem 12. Jahrhundert.
Im harmonisch gegliederten Kircheninneren (offen: 9-13, 16-21 Uhr) gefällt besonders die alte Steinkanzel mit den kämpfenden Tieren und das Marienfresko.
Schlendert man die Hauptstraße Via Regina Margherita hinauf und hinunter, so entdeckt man (fast) alle Kunstschätze TRÓIAS: Herrenhäuser, Kirchen – und das **Museo Civico** mit Funden aus Tróia und Umgebung. Für die abendliche Einkehr empfehlen wir die Osteria "Fra due Terre" in der Via San Leonardo.
Nur die älteste Kirche TRÓIAS liegt etwas abseits der Hauptstraße – die kleine, dreischiffige **Chiesa di San Basilio**.

Tróia, Kathedrale S. Maria Assunta

Tróia, Kathedrale S. Maria Assunta, Bronzetür des Hauptportals, Detail

Wir sind auf der Rückfahrt zur Küste, vor unserer Nase liegt FOGGIA. Es gibt drei gute Gründe, die nördlichste Provinzhauptstadt Apuliens nicht zu betreten: Erstens zerstörte 1731 ein schweres Erdbeben nahezu alle historischen Bauwerke der Stadt, zweitens spricht man hinter vorgehaltener Hand von der erhöhten Kriminalitätsrate der Stadt (vergleichbar mit Bari) – und drittens führt eine bequeme Umgehungsstraße um FOGGIA herum Richtung MANFREDONIA ans Meer!

Wir kurven links um FOGGIA herum, die Hinweisschilder heißen der Reihe nach erst >SS 16/SS 673< Richtung PESCARA, dann >A 14< und schließlich >SS 89< Richtung MANFREDONIA, der Stadt, die vom (gleichnamigen) Sohn Friedrich II. im 13. Jahrhundert gegründet wurde. Eigentlich ist diese Stadt nur eine Ersatzgründung, denn im Jahre 1223 zerstörte ein Erdbeben den einstigen römischen Hafen SIPONTO. Da es aber einfacher ist, "Tabula rasa" zu machen und nach eigenen Vorstellungen "modern" zu bauen, ergriff Manfred die Initiative und siedelte die Bewohner Sipontos um.

Wir wollen MANFREDONIA links liegen lassen, direkt auf die Küste zueilen – und nur "am Wege" zwei Kleinode mitnehmen! Am ersten wären wir fast vorbeigerauscht, denn die vierspurige >SS 89< zieht kerzengerade nach Nordosten – und einen Vorwegweiser gibt es nicht!

Aber wir haben für Sie aufgepasst: Angesichts der ersten Garganohügel vor Ihnen links zieht die Straße nach 24 km auf einen flachen Hügel. Bei »km 175,7« stoppen wir rechts der Straße [N 41° 35' 49.3"; E 15° 48' 49.9"] (neben einigen Pinien) bei den unbedingt sehenswerten Resten des **Klosters San Leonardo di Siponto**, das vom 13.-16. Jahrh. dem Deutschritterorden gehörte.

Allein das herrliche **Löwentor** des eigenwilligen Bauwerkes beschäftigt den Besucher eine Weile. Nicht nur, dass die säulentragenden Löwen gerade dabei sind, Menschen zu futtern. Darüber wachen auch noch hochnäsig herabschauende Drachen mit Geierköpfen. Im Tympanon Jesus in der Mandorla, flankiert von zwei Engeln.

Rechts und links des Tores schön verschlungene geometrische Muster mit Drachen, Greifen, Kriegern und einem Drachentöter. Nicht übersehen sollte man die kleine Zisterne vor dem Seitenportal links.

Der eigentliche Kirchenbau ist eigentümlich zweischiffig, er besitzt zwei unterschiedliche, achteckige Turmstummel.

San Leonardo di Siponto

Knapp 4 km weiter haben wir den Ölhafen vor bzw. unter uns. So fällt es uns nicht schwer, bei »km 172« die Ausfahrt Manfredonia-Sud/Lido di Siponto zu benutzen. Genau 3,0 km folgen wir den Wegweisern Richtung MANFREDONIA (Achtung! Noch nicht zum Lido abbiegen!), bis wir rechts der Straße die Kirche **Santa Maria Maggiore di Siponto** (offen: 10-13, 17-21 Uhr) erspähen (neuer Parkplatz links der Kirche [N 41° 36' 34.0" E 15° 53' 23.3"]).

Santa Maria Maggiore di Siponto

Die Kirche war einst die Hauptkirche des alten Siponto. Unter der quadratischen Oberkirche liegt eine romanische Krypta. Links der Kirche wurden die Grundmauern einer frühchristlichen Basilika ausgegraben.

So, jetzt aber nichts wie ins Wasser!

Nach 500 m geht's vor der Ampel rechts, über die Bahnlinie, zum Strand. Dort sehen wir zunächst nur Mauern und Zäune vor uns; weiter rechts darf man immerhin (gebührenpflichtig) sein WOMO hinter der Pineta abstellen und zum Strand eilen. Zugegeben, das hatten wir uns etwas anders vorgestellt, weshalb wir auch flugs weiter nach Süden eilen auf einer schmalen Allee, die zur Küstenhauptstraße führt.

Zwei Strandzufahrten haben wir dabei entdeckt:

Eine sehr schmale Pinienalle neben einem müffelnden Kanal führt uns zum "Lido Taumante". Dort finden wir einen Schattenplatz [**092:** N41° 35' 54.7" E15° 53' 43.2"] unter Pinien und den Zugang zu einem freien, schönen Strand mit Blick auf MANFREDONIA.

900 m weiter holpern wir auf einer schmalen Piste (Wegweiser: Kartodromo) erneut durch eine eingezäunte Pineta zum Meer. Wer Sonne nicht scheut, steht direkt hinter dem Sandstrand [**093:** N41° 35' 19.0" E15° 53' 39.5"].

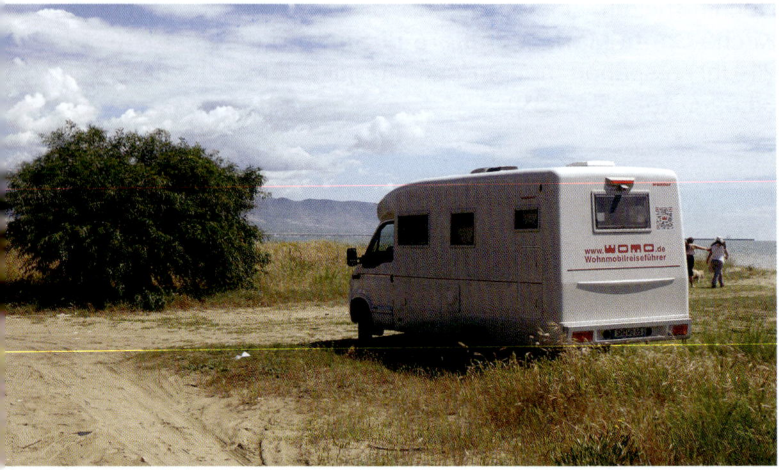

Badeplatz "Kartodromo"

Nach insgesamt 5 km stoßen wir auf die Küstenhauptstraße >SS 159<, ohne ein weiteres Badeplätzchen entdeckt zu haben, rollen weiter Richtung MARGHERITA.

1000 m später überqueren wir einen Fluss und biegen 1700 m dahinter links (bei »km 6,2«) zum **Campingplatz** "Lido Salpi" mit Camper Stopp und WOMO-Entsorgung.

(94) WOMO-Campingplatz-Tipp: Lido Salpi

GPS: N 41° 33' 19.1" E 15° 53' 44.2" **Öffnungszeiten:** ganzjährig.
Zufahrt: Von Manfredonia 7 km auf der >SS 159< Richtung Margherita.
Ausstattung/Lage: sehr schattig; Laden; Bar; am Strand; nächster Ort: 7 km.
Sonstiges: Camper Stopp 18 - 27 € incl.Ver- und Entsorgung.

Bei »km 6,5« kommt schon der nächste **Campingplatz**, bei »km 7,1« wieder einer, dann folgt ein großes Feriendorf – und alle anderen Zufahrten (selbst die Lehmpisten zwischen den Feldern) zum Strand in Sichtweite sind gemeinerweise versperrt.
Bei »km 12« ein "Acqua Park" mit riesiger Wasserrutsche und wieder eine ausgedehnte Feriensiedlung, dahinter Marschland mit Flamingos.
Am **Lido Torre di Rivoli** darf man sein WOMO für 3,50 € abstellen (Service irgendwelcher Art gibt es dafür nicht), die Abzweigung ist bei »km 14,8« [N41° 29' 11.7" E15° 55' 48.5"].
Bei »km 16,9« geht es links zum **Lido Valentino**, einem Ferienpark.
Hinter »km 18« sind wir in ZAPPONETA; links geht es zum "mare" und zur Bungalowsiedlung "Cervo", die schön schattig direkt am Meer liegt.
Fährt man davor rechts, so erreicht man 200 m weiter die Zufahrt zur Sosta Camper "Zapponeta Beach" mit deutsch sprechendem Besitzer.

(095) Offizieller WOMO-Badeplatz:
Sosta Camper "Zapponeta Beach"

GPS: N41° 27' 25.7" E15° 57' 41.9" **WOMO-Zahl:** >20.
Ausstattung: Ver-/Entsorgung, Trinkwasser, Dusche, Schatten, Grillstelle, Picknickplatz; Gebühr 17 € incl. Strom. **Zufahrt:** siehe Text.

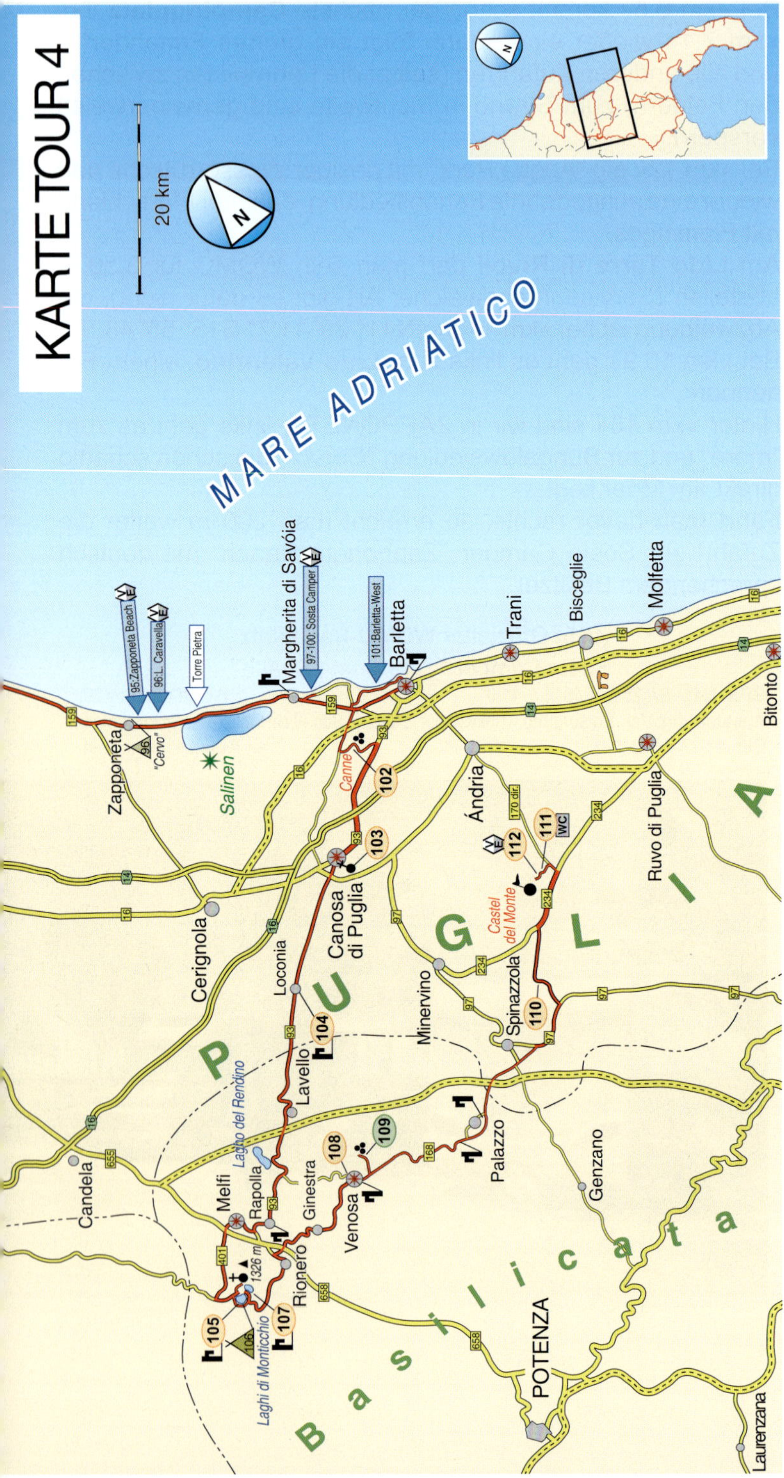

KARTE TOUR 4
20 km
MARE ADRIATICO
95:Zapponeta Beach
96:L. Caravella
Torre Pietra
97-100: Sosta Camper
101:Barletta-West
Zapponeta
"Cervo"
Salinen
Margherita di Savóia
Barletta
Trani
Bisceglie
Molfetta
Canne
Ándria
Bitonto
Ruvo di Puglia
Cerignola
Canosa di Puglia
Castel del Monte
Loconia
Minervino
Spinazzola
Lavello
Lago del Rendino
Candela
Melfi
Rapolla
Ginestra
Venosa
Palazzo
Genzano
Rionero
1326 m
Laghi di Monticchio
POTENZA
Laurenzana
PUGLIA
Basilicata

TOUR 4 (ca. 210 km / 2-3 Tage)

Margherita – Barletta – Canne – Canosa di Puglia – Lavello – Melfi – Laghi di Monticchio – Venosa – Castel del Monte

Freie Übernachtung:	Torre d'Ofanto, Barletta, Canne, Laghi di Monticchio, Venosa, Pinienwäldchen (östl. Spinazzola, Castel del Monte.
Ver-/Entsorgung:	Moby Dick (Sosta Camper), Laghi di Monticchio (Camping Europa), Castel del Monte (Sosta Camper).
Trinkwasserstellen:	Margherita di Savóia, Barletta, Rapolla, Laghi di Monticchio, Venosa, Palazzo.
Campingplätze:	u. a. Margherita di Savóia, Laghi di Monticchio.
Baden:	Margherita, Torre d'Ofanto, Barletta, Laghi di Monticchio
Besichtigungen:	Barletta, Canne, Canosa di Puglia, Melfi, Laghi di Monticchio, Venosa, Castel del Monte.
Wandern:	Laghi di Monticchio.

300 m hinter ZAPPONETA geht es links zum:

(096) Offizieller WOMO-Badeplatz:
Sosta Camper "Lido Caravella"

GPS: N 41° 27' 14.9" E 15° 57' 57.6" **WOMO-Zahl:** > 5.
Ausstattung: incl. Wasser, Entsorgung, Strom ca. 10 €.
Zufahrt: siehe Text.

An dieser Stelle ist es vielleicht angebracht, etwas über die Landschaft zu sagen: Sie ist flach, ja topfeben, rechts Tomatenfelder, links Tomatenfelder, mal mit, mal ohne Foliendächer. Hinter ZAPPONETA taucht eine neue Komponente im Landschaftsbild auf: Rechts der Straße liegen große Salinenfelder. In

den zum Teil stillgelegten Bereichen nistet eine ganze Reihe von Wasservogelarten, andere machen hier Station auf dem Zug nach Süden.

Wir haben's nicht so leicht wie die Vögel, auch weiter nach Süden sind alle Strandzufahrten versperrt oder gebührenpflichtig. Hinter »km 27« entdecken wir gleichzeitig zwei neue, auffällige Elemente in der sonst eintönigen Landschaft: Eine kleine Kapelle neben einem Eukalyptusbaum und den quadratischen Wachturm "Torre Pietra". Unter der Palme könnte man im Schatten auf dem Bänkchen sitzen – denn die Weiterfahrt zum Strand ist mit massiven Steinquadern versperrt

Der Badestrand selbst ist feinsandig, von Steinmolen flankiert und dem Reinlichkeitsbedürfnis seiner Besucher ausgesetzt [N41° 25' 15.6" E16° 02' 26.5"]...

Die Salinenbecken reichen jetzt bis zur Straße heran – und auch zum Meer ist es nur ein Katzensprung; man fährt wie auf einer schmalen Landzunge.

Am Ortsbeginn von MARGHERITA wird man aufgefordert, nach rechts zum Strand abzubiegen. Fahrzeuge über 2,80 m Höhe werden allerdings unter der Brücke hängen bleiben.

Aber auch für die Großen kommt 700 m später nach links die Abzweigung. Dann schwenken wir rechts zur **Sosta Camper "Lido Patrizia"** [N41° 23' 5.0" E16° 8' 7.0"], eigentlich ein Bagno mit Schattendächern für PKWs; aber es gibt auch einen kleinen Bereich für WOMOs.

Über den Kurort MARGHERITA ist zu sagen, dass er aus lauter rechtwinkligen Straßen besteht, die beidseitig zugeparkt sind. Die Pracht- und Flaniermeile an Strand ist stückweise nur als

Einbahnstraße zu befahren (falls der Verkehr rollt!).
Wir atmen auf, als wir am östlichen Ortsende herausquellen. Dort wenden wir am Kreisel, rollen ein Stück zurück, wo die nächste Sosta Camper wartet:

(097) Offizieller WOMO-Badeplatz: S. C. "Lido Valerio"

GPS: N 41° 21' 48.3" E 16° 10' 7.9" **WOMO-Zahl:** >10.

Ausstattung/Lage: Ver-/Entsorgung, Stom, 15-30 € all. incl., Sandstrand/Ortsrand.

Zufahrt: Von Manfredonia auf der >SS 159< bis Margherita, hinter dem Ort am Kreisel zurück.

Weiter die Strandstraße entlang folgt die Sosta Camper "Moby Dick":

(098) Offizieller WOMO-Badeplatz: Sosta Camper "Moby Dick"

GPS: N 41° 21' 48.2" E 16° 10' 10.7" **WOMO-Zahl:** >10.

Ausstattung/Lage: incl. Ver-/Entsorgung, Stom, Sonnenschirm, Liege usw. 10-15 € Sandstrand/Ortsrand.

Zufahrt: Von Manfredonia auf der >SS 159< bis Margherita, hinter dem Ort links.

200 m später schwenken wir links ein zur Sosta Camper "Miami Beach":

(099) Offizieller WOMO-Badeplatz:
Sosta Camper "Miami Beach"

GPS: N 41° 21' 46.0" E 16° 10' 20.9" **WOMO-Zahl:** >10.
Ausstattung/Lage: Ver-/Entsorgung, Strom, Liege, Sonnenschirm, Dusche, Restaurant, 20 € all. incl., Sandstrand, Gaststätte/Ortsrand.
Zufahrt: Von Manfredonia auf der >SS 159< bis Margherita, hinter dem Ort links halten.

Nochmals 100 m weiter ist "Baywatch" angezeigt.

(100) Offizieller WOMO-Badeplatz: Sosta Camper "Baywatch"

GPS: N 41° 21' 43.9" E 16° 10' 24.7" **WOMO-Zahl:** >10.
Ausstattung/Lage: Ver-/Entsorgung, Strom, Liege, Sonnenschirm, Dusche, Restaurant, 20 € all. incl., Sandstrand, Gaststätte/Ortsrand.
Zufahrt: Von Manfredonia auf der >SS 159< bis Margherita, hinter dem Ort links halten.

Zurück am Kreisel folgen wir den blauen Wegweisern Richtung BARLETTA.

Aufpassen! 300 m nach Überqueren des **Fiume Ófanto** passieren wir das Verkehrsschild, das den historisch Interessierten rechts nach CANNE schickt (wir werden an diese Stelle zurückkehren), rollen weiter ins Zentrum von BARLETTA, die Wegweiser Centro storico/Castello/Catedrale sind richtig.

Kurzinfo: I-70051 Barletta (80.000 Einwohner)

Touristen-Info: Corso Garibaldi, Tel.: 0883-331 331, Fax: 0883-531 170

Durch die Porta Marina (300 m westlich des Kastells) zum Hafen, dort rechts [N41° 19' 25.7" E16° 17' 8.7"]

Kastell mit Museo Civico (9-13, 16-20 Uhr, Mo zu), rom. Kathedrale Santa Maria Maggiore, rom. Kirche San Sepolcro, daneben der Koloss (am Corso Garibaldi).

Vor **San Sepolcro**, der ältesten Kirche BARLETTAS steht der größte (und älteste) Mann der Stadt – der **Koloss** [N 41° 19' 9.8" E 16° 16' 53.6"]. Diese größte Gussfigur Italiens steht "erst" seit 1491 an diesem Platz, denn sie ist ein Beutestück – der Kreuzritter!

Ursprünglich stand sie in Konstantinopel (dem heutigen Istanbul) und stellt mit Sicherheit einen spätrömischen Kaiser dar. 1204 eroberten die Kreuzritter Konstantinopel und beauftragen einen venezianischen Spediteur mit dem Abtransport ihres Beutestückes. Dieser erlitt Schiffbruch vor BARLETTA (unrecht Gut gedeihet nicht) und unser 5-m-Freund mit den halbmeterdicken Waden lag eine ganze Weile am Strand herum, bis er schließlich seinen Platz vor der **Kirche San Sepolcro** erhielt.

Barletta, Kastell

Dahinter schwenken wir links (Castello) und finden angesichts der Burg einen Parkplatz [N41° 19' 12.6" E16° 17' 14"] in der Mura San Cataldo. Die gewaltige quadratische Festung Barlettas entstand zwischen dem 13.- und 16. Jh., jede Herrscherfamilie baute daran herum, erst 1530 wurden die Eckbastionen angebaut.

Wendet man sich nach links, so blickt man auf die **Kathedrale Santa Maria Maggiore**. Direkt unter dem Campanile hindurch marschiert man links in die Kirche hinein oder geradeaus in die **Altstadt.** Der romanische Kirchenbau aus dem 13. Jh. hat drei Schiffe und fünf Chorkapellen.
Unsere Straße macht einen Knick um das Kastell herum (im Knick eine gut anfahrbare **Brunnensäule** [N 41° 19' 12.8" E 16° 17' 12.8"]).
Weiter der Straße folgend rollen wir (bescheiden, wie wir sind) nicht durch die barocke **Porta Marina**, sondern rechts vorbei, stoßen auf den Hafen. Wendet man sich hier nach rechts, so findet man viele Parkplätze.

Wir schlagen am Hafen einen Haken nach links: Baden ist wieder angesagt, denn BARLETTA hat einen Strand, und was für einen!
Zunächst passieren wir die üblichen Bagnos. Nach 1500 m viele Parkplätze links, die Strandstraße setzt sich fort. Nach

2,5 km endet die Bebauung, die Strandstraße setzt sich fort! Hilfe, gibt es hier viele Parkplätze!
Hunderte von Badeplätzen liegen jetzt direkt rechts der (Einbahn-)Straße (manche sind auch recht tiefsandig!), nur noch Sand ist zwischen Ihnen und dem Meer.

(101) WOMO-Badeplatz: BARLETTA-West

GPS: N 41° 20' 21.4" E 16° 14' 21.2" **WOMO-Zahl:** >100.
Ausstattung/Lage: Sandstrand, auch nachts Verkehr/außerorts.
Zufahrt: Vom Hafen Barlettas immer an der Küste entlang, nicht zu verfehlen.

Nach ausgiebigem Bad rollen wir weiter nach Norden, schwenken angesichts einer langen Reihe von nutzlosen Betonpfeilern mit "Eisengitterkapitellen" (vielleicht eine ehemalige Lorenbahn?) ins Landesinnere, zickzacken uns zur >SS 16<, schwenken nach links ein und verlassen sie nach 100 m wieder Richtung "Canne della Battaglia".

Man schreibt das Jahr 216 v. Chr., es ist ein heißer 2. August. Der römische Metzgermeister Terentius Varro hatte dank seiner plebejischen Schmähreden das Volk davon überzeugt, dass der karthagische Eindringling Hannibal unverzüglich anzugreifen sei – und das Volk wählte ihn zum ersten Konsul. Heute führt er ein römisches Heer mit 6.000 Reitern, 80.000 Fußtruppen und weiteren Hilfstruppen gegen die Stellungen Hannibals in der Nähe des Ortes Cannae, der dieser Übermacht nur 30.000 Soldaten entgegensetzen kann. Aber der Kriegskunst Hannibals ist er nicht gewachsen. Er tappt in eine kunstvoll getarnte Schlinge, hinter seinen Legionen schließt sich der Ring der Wüstenkrieger, ein fürchterliches Gemetzel setzt ein. Nur ein kleiner Teil der Römer vermag sich zu retten ...

Friedliche Weinfelder und Olivenhaine bedecken heute die Landschaft. Vom ehemaligen Platz der Schlacht weiß man nur so viel – dass man nichts genaues weiß!
Nach knapp 7 km passieren wir eine Bahnunterführung (max. 3,20 m Höhe) und stoppen links auf dem asphaltierten, ruhigen Parkplatz unterhalb der Ruinen von **Canne**.

(102) WOMO-Stellplatz: Canne della Battaglia

GPS: N 41° 17' 43.0" E 16° 09' 01.1"; 36 m; Via Veccia Canne. **WOMO-Zahl:** 2-3.
Zufahrt: 6 km westlich Barletta die >SS 16< nach SW verlassen (ausgeschildert).
Ausstattung/Lage: keine/außerorts.

Das "Antiquarium" genannte Museum neben dem Parkplatz birgt archäologische Keramikfunde und Bronzearbeiten. Funde, die auf die Schlacht von Canne hindeuten, sucht man jedoch vergeblich (Spötter behaupten gar, die berühmte Schlacht habe gar nicht vor Canne, sondern 100 km weiter nordwestlich bei Castellucio stattgefunden, wo man beim Pflügen regelmäßig Kriegsgerät zu Tage fördert).

Links des Museums führt ein Weg zum Ausgrabungsgelände der antiken Stadt **Cannae** auf einem Hügelsporn. Vom vordersten Punkt der Ruinen hat man einen weitreichenden Blick über das (vermutliche) Schlachtfeld (offen: 9.30-19.30).

Wir setzen unsere Fahrt bergan fort (nicht wenden), stoßen nach 4,5 km auf die >SS 93< nach CANOSA DI PUGLIA.

In dieser Kleinstadt (die mit dem Pilgerort Canossa unseres Kaisers Heinrich IV. nichts zu tun hat) wären uns fast graue Haare gewachsen, denn Wegweiser zu den (sehenswerten!) klassischen Stätten sind dort unbekannt. Sicher, im "Pro Loco" bekommen Sie einen schönen Stadtplan, aber wie finden Sie das "Pro Loco"?

Versuchen wir's so: Geradeaus in den Ort hinein (Via Giovanni Bovio), halb rechts in den Corso S. Sabino und, 100 m nach

Die Rentner von Canosa di Puglia vor dem Mausoleum des Bohemund

einem Kreisel, liegt links das "Pro Loco" in der Via Trieste e Trento, 20 [N41° 13' 29.2" E16° 3' 42.6"].
Unterwegs haben Sie linkerhand einen Park gesehen und in seinem Anschluss die **Kathedrale San Sabino**.

Haben Sie das "Pro Loco" und den Stadtplan? Dann besuchen wir nach gebührender Parkplatzsuche zunächst die Kathedrale. Vor ihr sitzen die Alten auf einem Mäuerchen und inspizieren die Vorübergehenden. Wir werden sofort als "Fremde" entlavt – und das heißt so viel wie Deutsche. In deren Sprache kann man sich gut verständigen, denn der eine hat in Geislingen/Steige, der andere in Recklinghausen seine Rente verdient.

Die einst romanische Kirche entpuppt sich erst im Inneren als Fünf-Kuppel-Bau (ein Erdbeben im 17. Jahrhundert machte Restaurationen notwendig, die man im "modernen" Stil ausführte). So beschränken wir uns mehr auf die Innenausstattung, die allerdings fünf Sterne verdient: Die steinerne **Kanzel** aus dem Jahre 1040 mit dem Adlersymbol des Evangelisten Johannes ist wohl die älteste Apuliens – und der ebenfalls steinerne, von Elefanten getragene, kastenförmige **Bischofsthron** zeugt von Macht und Einfluss (allerdings auch von der Last der Würde).

Durch einen Seitenausgang verlässt man die Kirche und steht vor dem **Mausoleum** des Bohemund (normannischer Kreuzritter, ältester Sohn des Normannenherzogs Robert Guiscard), einem kleinen Kuppelbau (wir hatten ihn schon vor der Kathedrale hinter den Rentnern erspäht). Dessen zwei berühmte Bronzetore (12. Jahr.) waren bei unserem Besuch leider durch einfache Holztüren ersetzt.
Ein gemütlicher Stadtbummel schließt sich an, der seinen Abschluss und Höhepunkt in einem Abendessen im Hotel "Principe Boemondo" gegenüber der Kathedrale findet. Genießen Sie das Ambiente des Restaurants im 1. Stock (es wird auch Pizza serviert...)!
Fährt man auf der **Via Santa Lucia** nach Südosten (Achtung, der Straßenverlauf ist nicht schnurgerade, aber "San Lucio" ist ausgeschildert), so erreicht man nach genau 1000 m seit

dem "Pro Loco" den ruhigen **Parkplatz** vor den Überresten der frühchristlichen **Basilika San Leucio** (offen: Di-So 9-13, 15-19 Uhr, Eintritt frei).

(103) WOMO-Stellplatz: Canosa (San Leucio)
GPS: N 41° 12' 40.2" E 16° 04' 13.2"; Strada Vicinale Santa Lucia. **WOMO-Zahl:** 2-3.
Zufahrt: 1 km südöstlich des Zentrums von Canosa, Zufahrt ausgeschildert.
Ausstattung/Lage: Beleuchtung/Ortsrand, nachts sehr einsam.

Der freundliche Führer freut sich mit uns über die bessere Ausschilderung der Sehenswürdigkeiten, zeigt uns die schönen Mosaikfußböden mit Kreuzen in den verschiedensten Variationen, Fischen, Vögeln (besonders schön ein Pfau) und natürlich auch den berühmten Minerva-Kopf. Schließlich wurde die Basilika, von der man außer den Grundmauern nur noch 5 Säulen sieht, im 5. Jahrh. auf den Überresten eines Minerva-Tempels errichtet (und vermutlich im 9. Jahrh. schon wieder von den Sarazen zerstört). Die fehlenden Säulen hatten Sie bereits in der Kathedrale San Sabino bewundert ...

Wir kehren nach CANOSA zurück, wenden uns nach links und stoßen (dank unseres Stadtplanes) auch gleich auf die >SS 98< Richtung LAVELLO/ POTENZA, von der wir auf die >SS 93< überwechseln. Diese ist in bestem Zustand und führt uns fast kerzengeradeaus nach Südwesten.
Nach 10 km könnte man einen Weiler namens LOCONIA ohne Stopp durchqueren. So klein er ist, bietet er doch dem Linksabbieger zunächst einen freundlichen **Wasserspender** direkt rechts des Weges und große, ruhige Plätze vor und besonders hinter der Kirche [**104:** N41° 09' 32.2" E15° 56' 21.6"].
Die Grenze zur **Basilicata** wird überquert. Bald werden wir sie anders kennenlernen, denn am Horizont steigen aus dem

Dunst richtig steile Berge.
In Schleifen steigen wir den ersten Hügel hinauf, links liegt, auf einen Bergsporn gespießt, das Landstädtchen LAVELLO. Sind wir zu früh gekommen (oder zu spät)?
Westlich LAVELLO haben wir uns auf den Anblick des **Lago del Rendino** gefreut. Der suchende Blick erspäht aber statt eines blauen Wasserspiegels nur eine grüne Wiesenfläche...
Ein fast schluchtartiges Tal mit vielen kühlen Felsenkellern links der Straße führt uns hinauf nach RAPOLLA (am Ortsbeginn links backsteingemauerter **Brunnen** mit drei Wasserhähnen [N 40° 58' 32.6" E 15° 40' 40.4"]).
In der Ortsmitte verlassen wir die >SS 93< nach rechts, kurven vorbei am Thermenhotel weiter hinauf nach MELFI. Mit einem Schlag ändert sich am freigesprengten Straßenrand die Gesteinsart: Jetzt führt sie durch Basaltgestein, das sichere Zeichen von Vulkanismus. MELFI liegt auf einem Vulkan!
In MELFI zum **normannischen Kastell** zu finden ist nicht schwer, man braucht nur den Wegweisern zum "Castello" zu folgen.
Dabei veranstalten die Verantwortlichen gleichzeitig eine Stadtführung für den Besucher, die auch vor schmalen Straßen nicht halt macht! Die letzten 500 Meter sind besonders schmal (werden aber auch vom Stadtbus befahren. Wir empfehlen, den großen **Parkplatz** [N 40° 59' 53.3" E 15° 39' 34.1"] rechts (erkennbar an einer großen Pinie und einer gekappten Lärche) zu beehren und zu Fuß weiter zu bummeln.

Melfi; Parkplatz 500 m vor dem Kastell

Vor dem Kastell [N 40° 59' 53.0" E 15° 39' 13.7"] parken wir in recht schräger Lage: Sieben Türme (drei rechteckige und vier fünfeckige) schauen auf uns herab, seit 900 Jahren nahezu unverändert. Im Inneren der Verteidigungsanlage wurde ein modernes Museum eingerichtet mit etruskischen, griechischen und römischen Funden (offen: 9-20 Uhr).

Melfi: Kastell, zu jeder Tages- und Nachtzeit ein Genuss

Nicht weit ist es hinab zur normannischen **Kathedrale** mit dem prächtigen Glockenturm, dessen gekoppelte romanische Fenster mit schwarz-weißen, geometrischen Mustern abgesetzt und von Fabelfiguren flankiert sind.
Der eigentliche Kirchenbau ist nach dem letzten Erdbeben von 1930 wieder restauriert worden. Hier fallen uns besonders die perfekten farbigen Steineinlegearbeiten auf.
Wir verlassen MELFI unterhalb des genannten Parkplatzes nach links (guter Brunnen bei der Stadtausfahrt [N41° 00' 02.8"

Melfi: Turm der nomannischen Kathedrale

E15° 39' 13.4"], folgen weiter den Wegweisern "Monticchio". Damit ist ausnahmsweise kein Ort gemeint, sondern eine Naturerscheinung, die in Süditalien ihresgleichen sucht!
Wie Sie bereits wissen, liegt MELFI auf einem Vulkan, einem Seitenkrater des **Monte Vulture**! Dieser dominiert die Region mit seinen sieben Gipfeln, die halbkreisförmig um zwei **Maare** angeordnet sind – die **Laghi Monticchio**!

Blick auf den Kegelstumpf des Monte Vulture

Diese sind nicht "nur" zwei Kraterseen, sondern gleichzeitig der Mittelpunkt einer natürlichen Oase, deren dichter Waldbestand (vor allem Edelkastanien, Zerreichen, Buchen; Robinien und Ahorn) ein für diese Region total unerwartetes Mikroklima schafft: Sommerfrische im heißen Süd-Italien!

Unsere Straße umrundet den 1326 m hohen Monte Vulture gegen den Uhrzeigersinn. Die breite, aber äußerst kurvige Straße schlendert mit uns zunächst recht ziellos durch die Hügellandschaft. In einer scharfen Rechtskurve passieren wir die Mineralwasserfabrik "Gaudianello". Wie zu erwarten war, sprudelt 100 m hinter der Kurve das kostbare Nass nicht mehr aus der Edelstahlsäule (vor der Pizzeria rechts, 2005 defekt, 2009 verschwunden).

Kurz darauf besinnt sich die Straße und beginnt, den Berg hinaufzukraxeln. Baum und Busch flankieren die Bahn, Vögel zwitschern – dann erspähen wir das tiefblaue Seeauge, zum Teil mit Seerosen bedeckt.

An der ersten Straßengabelung schwenken wir zunächst links und kurven hinauf zum **Kloster San Michele**. Wir passieren die Talstation der Seilbahn auf den Monte Vulture (seit geraumer Zeit stillgelegt) und parken auf einem Plätzchen [N 40° 56' 12.0" E 15° 36' 56.5"] mit trockenem Brunnen und Andenkenladen. Vor dem Brunnen rechts geht's zu einer Aussichtskanzel mit Panoramablick über die beiden Seen und einem Museum über Geologie und die Natur der Region.

Kloster San Michele

Links am Brunnen vorbei kommen wir zum Klosterhauptge-

Im Kloster San Michele

bäude, das einer Grotte in der Steilwand vorgesetzt ist. Diese kann besichtigt werden – und verblüfft den Nordeuropäer gleich mehrfach: In der "Chiesa e Grotta di San Michele" erfahren wir den Ursprung des Klosters, eine Mönchszelle erinnert uns daran, wie überladen unsere heutige Lebensweise ist – und eine Ausstellung von Kirchen- und Klostermodellen erfreut nicht nur den Gläubigen.

Am schönsten aber ist den Blick hinab zu den zwei Seen!

100 m zurück vom Klosterparkplatz beginnt rechts der erste Wanderweg (nur 1 km zum Belvedere) und nach weiteren 300 m

Laghi Monticchio vom Belvedere aus, Campingplatz rot markiert

kann man gut parken und der Wandertafel eine ganze Reihe von Wandervorschlägen entnehmen – vorbei an mehreren Brunnen und Aussichtspunkten – bis hinauf ins Gipfelgebiet des Monte Vulture.
Zurück an der ersten Gabelung geht es links zunächst zum größeren der beiden Seen.
Nach 500 m kommt links ein (trockener) Brunnen, eine Area Picnic nach 700 m, die mit einem großen Wiesenparkplatz nach 1000 m in Verbindung steht (dort zwei Zufahrten).

(105) WOMO-Stellplatz: Lagho Monticchio

GPS: N 40° 55' 53.3" E 15° 35' 57.6" **WOMO-Zahl:** 3-4.
Ausstattung/Lage: Liegewiese (aber keine Bademöglichkeit)/außerorts.
Zufahrt: Von Melfi (oder Rionero) je ausgeschildert "Laghi Monticchio".
Hinweis: 500 m weiter links Zugang zum See.

Nach insgesamt 2 km erreicht man die Einfahrt zum **Campingplatz** "Europa", der das wohl schönste Baum- und Wiesengelände am See besitzt. Vor der Campingplatzwiese plätschert das Wasser auf den kleinen Kiesstrand, flankiert von blühenden Seerosen, zwischen denen zufriedene Frösche

Badeplatz vom Campingplatz "Europa" am großen See

quaken; im Wasser schwimmen zwei Badeinseln. Hier könnte man Urlaub machen!

(106) WOMO-Campingplatz-Tipp: Europa

GPS: N 40° 55' 34.2" E 15° 36' 25.4" **Öffnungszeiten:** saisonal.
Zufahrt: Von Melfi (oder Rionero) je ausgeschildert "Laghi Monticchio".
Ausstattung: schattig; Bar; am Strand; Pedalovermietung; nächster Ort: 10 km.
Preise: 20-25 € incl.Ver- und Entsorgung, Strom und warme Dusche.
Beim Platzwart erhält man kostenlos das Büchlein "Streifzüge im Gebiet des Vulture" mit Wander- und Bikerkarte samt Wandervorschlägen (auf deutsch).

700 m nach dem Campingplatz stoßen wir auf den kleinen See, 100 m vorher links **[107:** N 40° 55' 45.7" E 15° 36' 39.6"] großer Parkplatz im schattigen Wald.

Badeplatz am kleinen See

Hier kann man ebenfalls baden, Tretboot fahren, einen Spaziergang um den kleinen See beginnen – Gaststätten gibt's, ein **WC** – und den einzigen **Brunnen** an den Seen im Hangwald! Die Straße gabelt sich: Links endet sie zwischen den Seen, nach rechts führt sie den Hang hinauf, die kühle Oase Richtung RIONERO IN VULTURE verlassend. 2 km später tauchen wir aus ihr auf – und die Hitze fällt wieder über uns her.
RIONERO liegt weit ausgebreitet im flachen Tal. An der Vorfahrtsstraße halten wir uns links bis BARILE, dort schwenken wir rechts und kurven 15 km über GINESTRA nach VENOSA.

In VENOSA wurde am 8.12. 65 v. Chr. Quintus Horatius Flaccus, genannt Horaz, der Lieblingsdichter der Römer, geboren. Am Hofe des Kaisers Augustus war er gerngesehener Gast. Die "griechischen" Oden zählen

zu seinen wichtigsten Werken. Auch in unserer Zeit wird der nimmermüde Zitate-Macher noch gern zitiert.
Nur seine Oden kennt wohl kaum noch jemand!?

Hier das wohl bekannteste Beispiel (Übersetzung H. Gassner, 1946):

Tu ne quaesieris scire nefas, quem mihi, quem tibi finem di dederint, Leuconoë, nec Babylonios temptaris numeros! Ut melius, quidquid erit, pati, seu pluris hiemes seu tribuit Iuppiter ultimam, quae nunc oppositis debilitat pumicibus mare Tyrrhenum: sapias! Vina liques et spatio brevi spem longam reseces! Dum loquimur, fugerit invida aetas: **carpe diem**, quam minimum credula postero!	Frag' nicht nach der Zukunft, Lieb! Frevel ist's zu wissen, wann es dir, wann mir bestimmt, dass wir scheiden müssen. Losorakel, Astrologen haben jeden noch betrogen. Trage, was da kommen mag, besser wird dies frommen, ob's der letzte Winter ist, ob noch viele kommen. Lass ihn stürmen übers Meer, an den Klippen schlagen schwer. Sei gescheit! Und bringe Wein! Torheit grübelnd Sinnen! Während wir hier schwatzen, flieht Jugend uns von hinnen. Auf das Morgen baut ein Tropf, fass das Heute fest beim Schopf!

Venosa, Castello

Wir halten es mit Horaz: „Carpe diem" („Nütze den Tag" oder auch „Genieße den Augenblick") rollen geradeaus durch das saubere, ja geradezu herausgeputzte Städtchen, dann links am **Castello** mit den wuchtigen Rundtürmen vorbei und schließlich links in ein schmales Einbahnsträßchen hinein (immer dem Wegweiser "Parco archeologico" folgend).

Das sorgsam gepflasterte Sträßchen ist so schmal, dass wir kaum einen Blick auf Horaz werfen können, der uns seine Oden entgegenstreckt. Dann passieren wir die **Kathedrale** mit dem massiven, quadratischen Glockenturm, vor dem gut anfahrbar ein **Brunnen** steht.

1000 m weiter stehen wir auf dem großen Parkplatz des archäologischen Parks (9.30-13.30 Uhr), vor uns rechts liegt die gewaltige Ruine der **Abbazia della Trinità**.

Hinweis: *Große WOMOs sollten die Altstadt links umgehen, indem Sie 200 m vor dem Castello nach links erst dem Wegweiser "Melfi", dann "Bari" folgen.*

Venosa, Kathedrale

(108) WOMO-Stellplatz: Venosa (Abbazia della Trinità)

GPS: N 40° 58' 05.3" E 15° 49' 34.1" **WOMO-Zahl:** >5.

Zufahrt: 1 km nordöstlich des Zentrum von Venosa. Wegweiser: Parco archeologico.

Ausstattung/Lage: keine/Ortsrand.

Der sehr sehenswerte Park präsentiert uns die Ausgrabungen von römischen Thermen, Wohnhäusern, einem Amphitheater, einer frühchristlichen Basilica – und schließlich, als Höhepunkt, die nie vollendete **Abbazia delle Trinità**. Benediktinermönche hatten bereits um das Jahr 1000 eine Kirche (Chiesa vecchia, links) auf den Ruinen eines römischen Tempels erbaut. Sie wurde zur Grabeskirche für den Normannenherzog Robert Guiscard, seiner ersten Ehefrau Alberada und zwei seiner Brüder.

1135 begannen die Benediktiner mit dem Bau eines größeren Gotteshauses. Praktisch, wie man dachte, wurde es rechts an die Apsis der alten Kirche angefügt. Diese sollte bis zur Fertigstellung der "Chiesa nuova" erhalten bleiben – und steht folglich immer noch, denn das Prestigeobjekt kam nur bis zu den hohen Außenmauern. Schuld war der wirtschaftliche Niedergang des Klosters (am Steinmangel konnte es nicht gelegen haben, denn die "borgte" man sich beim naheliegenden Amphitheater).

Wir verlassen VENOSA gen Süden Richtung PALAZZO. Nach 1,5 km zeigt ein freundliches Schild "Parco paleolithico" links in einen asphaltierten Feldweg. Wenn Sie wie wir 7 km durch die Weinfelderlandschaft gedüst sind, stehen Sie auf einem großen, einsamen Parkplatz – vor einem verschlossenen Tor.

(109) WOMO-Wanderparkplatz: Venosa (Parco paleolithico)

GPS: N 40° 58' 05.6" E 15° 53' 17.6" **WOMO-Zahl:** >5.
Zufahrt: 1,5 km südöstlich von Venosa links noch 7 km. Wegweiser: Parco paleolithico.
Ausstattung/Lage: Wandermöglichkeit (nur bei abgeernteten Feldern)/außerorts.

Nur nach telefonischer Anmeldung (Venosa 31960-36095) ist das eingezäunte Areal zu besichtigen.
Aber wir sehen bereits vom Parkplatz aus eine "altsteinzeitliche Reihenhaussiedlung" (Foto) am gegenüberliegenden Hang – und starten kurz entschlossen unsere Privatexpedition (links vorbei am Zaun). Bereits nach 5 min. haben wir den Felshang erreicht, unter dessen Kante uns eine ganze Reihe dunkler Höhlungen anstarrt, jede groß wie Doppelgaragen. Manche dieser Höhlungen sind offensichtlich auch später genutzt worden, wie uns Mauerreste verraten.

Zurück an der Hauptstraße setzen wir nach links unseren Weg Richtung PALAZZO fort (bei km 28,1 Brunnen rechts). Dieser Ort hält nicht, was der Name verspricht: Keine Burg, kein Palast.

Folglich nutzen wir die Umgehungsstraße (bei km 34,3 links zurück tolle Brunnenwand [N40° 55' 58.2" E15° 59' 57.5"] mit Picknickplatz) Richtung SPINAZZOLA, tauschen die **Basilicata** wieder gegen **Apulien** ein, das uns mit brenzlichem Geruch und schwarzen Rauchwolken begrüßt, die über die abgefackelten Stoppelfelder ziehen.

8 km weiter passieren wir die Abzweigung nach GENZANO, dann ziehen wir auch an SPINAZZOLA rechts vorbei. 1 km nach dem Ort stoßen wir auf die >ex SS 97/SP 230<, ordnen uns rechts ein. 6,5 km später verlassen wir sie wieder nach links, hier ist erstmals das **Castel del Monte** ausgeschildert – Abschluss und Höhepunkt unseres zweiten Inlandsabstechers!

Zwischen steilen Felsen und den aufgerissenen Flanken eines Steinbruches kurven wir auf die hitzeflimmernde Höhe. Jetzt ist es höchste Zeit für einen schattigen Siestaplatz.

Wir finden ihn 4,6 km hinter der Abzweigung von der >SP 230< am Beginn eines umfangreichen Aufforstungsgebietes. Bei einer verfallenden, trocken liegenden Brunnenwand schwenken wir nach links und genießen bereits am ersten Waldweg links Ruhe und Kühle.

(110) WOMO-Stellplatz: "Pinienwald"

GPS: N 41° 0' 9.2" E 16° 10' 10.6" **WOMO-Zahl:** >5.
Zufahrt: Östlich Spinazzola die >SS 97< verlassen Richtung Castel del Monte, noch 4,6 km.
Ausstattung/Lage: Baumschatten/außerorts.

Und dann entdecken wir es am Horizont! Zunächst wirkt es wie eine gedrängte Gruppe von Hochhäusern. Auch eine Schar von Getreidesilos sähe ihm ähnlich. Beim Näherkommen verstummen jedoch die Worte des Spötters: Das **Castel del Monte**, das Meisterwerk Friedrichs II. ist ein äußerst wohlgestaltetes Bauwerk, der gelungene Versuch einer Synthese aus göttlichem Kreis und weltlichem Quadrat.
Wir biegen links ab und werden auf den gebührenpflichtigen Parkplatz eingewunken (rechts hinten Parkbuchten für WOMOs). Es hat wenig Zweck, die freundliche Einladung zu ignorieren, denn die 500-m-Stichstraße ist für Privatfahrzeuge gesperrt.

(111) WOMO-Stellplatz: Castel del Monte

GPS: N 41° 4' 34.4" E 16° 16' 28.4" **WOMO-Zahl:** >20.
Zufahrt: Östlich Spinazzola die >SS 97< verlassen Richtung Castel del Monte, dann noch 12 km.
Ausstattung/Lage: Toiletten, Wasser, Strom/außerorts.
Sonstiges: Parkgebühr (incl. Strom & Wasser) 7 €, Shuttle 1 €.

Wir sind wirklich beeindruckt von der Harmonie des Bauwerkes aus acht völlig gleichartigen, achteckigen Türmen, die einen achteckigen Innenhof einschließen. Durch ein Tor, dass auch einem griechischen Tempel zur Zierde gereichen würde, treten wir in den Innenhof, nach oben öffnet sich das oktogonal eingefasste Himmelsblau.
Durch zwei Öffnungen gelangt man in die acht trapezförmigen Säle des Erdgeschosses, Wendeltreppen führen hinauf in das einzige Obergeschoss, das entsprechend dem Erdgeschoss ausgestattet ist. Zum Innenhof öffnen sich drei Fenstertüren, korallenrot umrahmt. Nach außen hat jede Längsseite nur ein Fenster pro Etage. Filigrane Kreuzrippengewölbe schließen die Räume nach oben ab, ruhen auf schlanken Säulenbündeln – der Rundgang ist ein Genuss.

Castel del Monte (Fotografierzeit: 16.30 Uhr, der Vormittag wäre ideal)

Nur 10 Jahre konnte sich Friedrich II. seines Repräsentationsbaues (Jagdschlosses?) freuen, am 12.12.1250 stirbt er.
Karl von Anjou siegt wenig später gegen Friedrichs Sohn Manfred, der in der Schlacht sein Leben lässt. Dessen Söhne, Friedrichs Enkel, lässt Karl von Anjou, der spätere König Karl I. – welche Ironie des Schicksals – lebenslänglich im **Castel del Monte** einsperren.

Übrigens: 100 m vor dem Stellplatz links großer (kostenloser) Platz bei der Chiesa S. Maria del Monte (nachts natürlich auch). Fährt man 400 m weiter Richtung Kastell, so findet man dort rechterhand die Sosta Camper "L'Altro Villagio" [**112:** N41° 04' 48.2" E16° 16' 30.2"], Gebühr 15 € (all. incl.).

Zufahrt zur Sosta Camper "L'Altro Villagio"

KARTE TOUR 5

20 km
Castel del Monte
Barletta
Andria
Trani
Corato
Bisceglie
Dolmen de Chianca
Ruvo di Puglia
Terlizzi
Il Pulo
Molfetta
119:Molfetta-Stadion
120 „La Baia"
Dolmen San Silvestro
Giovinazzo
Bitonto
Palo del Colle
Bitetto
BARI
Sannicandro
Cassano
Acquaviva
Casamassima
Rutigliano
Mola di Bari
Monte Sannace
Turi
Gioia del Colle
Conversano
Cozze
San Vito
Tropfsteinhöhle
Tropfsteinhöhle
Polignano
Putignano
Castellana
Noci
131:Torre Incine
132
Monópoli
Alberobello

TOUR 5 (ca. 165 km / 2-3 Tage)

Ruvo di Puglia – Trani – Biscéglie – Molfetta – Bitonto – Acquaviva – Gioia del Colle – Putignano – Castellana – Conversano – Cozze – San Vito – Polignano

Freie Übernachtung:	Ruvo di Puglia (2x), Dolmen de Chianca, Cala del Pantano, Pulo, Molfetta, Bitonto, Bitetto, Acquaviva, Putignano (Grotte), Castellana (Grotte), Cozze, östl. San Vito (Cala Ponte), Polignano.
Ver-/Entsorgung:	Ruvo di Puglia, Bisceglie, Gioia del Colle, Castellana.
Trinkwasserstellen:	Acquaviva, San Vito, Polignano.
Campingplätze:	Giovinazzo "La Baia".
Baden:	Molfetta, Giovinazzo, Cozze, Torre Incine.
Besichtigungen:	Ruvo di Puglia, Dolmen de Chianca, Trani, Biscéglie, Molfetta, Dolmen San Silvestro, Bitonto, Acquaviva, Gioia del Colle, Monte Sannace, Putignano (Tropfsteinhöhle), Castellana (Tropfsteinhöhle), Conversano, Polignano.
Wandern:	Il Pulo, Monte Sannace.

Die Wegweiser an der >SP 234< zeigen zunächst CORATO an, unser nächstes Ziel ist jedoch RUVO DI PUGLIA. Überall auf den Feldern stehen jetzt Rundbauten aus flachen Lesesteinen mit tütenförmigem Dach – die typischen Hirtenhütten, Schafställe und Geräteschuppen der Region. Sie existieren in verschiedenen Größen und unterschiedlichen Dachneigungen; manchmal ist es spitz, bei anderen gewölbt – offensichtlich gibt es keinen anerkannt einheitlichen Bauplan.

Nach 17 km haben wir RUVO vor uns. Es ist immer wieder verblüffend, wie klein ein solches Landstädtchen auf der Karte aussieht – und wie zersiedelt die Randbereiche sind. Gott sei Dank konzentriert sich das Sehenswerte stets im Zentrum, dem "Centro storico", der Altstadt.

Auch RUVO macht es dem Besucher leicht: Geradeaus über die Bahnlinie Richtung **Kathedrale** (Hinweisschilder beachten).

Aber da, welche Überraschung: Rechts des Weges eine piekfeine Sosta Camper, geschmackvoll eingerichtet, mit allem Komfort. Und als wäre das nicht genug, gibt es (an der ersten Sosta Camper vorbei und 500 m später links) noch eine zweite, genau so schön eingerichtet und nur noch 500 m von der Kathedrale entfernt.

(113 + 114) WOMO-Stellplätze: Ruvo di Puglia

GPS: N41° 06' 39.8" E16° 29' 16.5"; Via Alessandro Scarlatti. **WOMO-Zahl:** >10.
GPS: N41° 06' 51.8" E16° 29' 26.2"; Via Mario Minghetti. **WOMO-Zahl:** >10.
Zufahrt: In Ruvo di Puglia den Wegweisern "Centro" folgen, dann rechts (ausgeschildert).
Ausstattung/Lage: Ver-/Entsorgung, Wasser, Strom, WC; Gebühr/im Ort.
Hinweis: Beide Plätze waren bei unseren Besuchen verschlossen

Bald haben wir den romanischen Prachtbau mit dem schönen Vorplatz [N 41° 7' 0.8" E 16° 29' 10.0"] erreicht (der frei stehende Campanile ist eigentlich nicht Teil der Kirche, sondern war Teil des mittelalterlichen Verteidigungssystems). Das Hauptportal ist verziert mit säulentragenden Löwen, von den Kapitellen drohen uns Chimären an, Fabelkreuzungen aus Adler, Löwe und Drache (Foto).

Erhebt man den Blick ganz weit, so kann man über der zwölfstrahligen Fensterrose eine sitzende Figur erkennen. Sie wird unterschiedlich gedeutet (auch als Friedrich II.). Auf dem Giebel steht eine Statue des siegreichen Christus.

Der Giebel weist schon auf die Enge des Mittelschiffs hin, das wohl ursprünglich zweigeschossig geplant war.

Kunstgeschichtlich Interessierte seien noch auf die umfangreiche Vasensammlung des **Museo Jatta** (offen: 8.30-13.30 Uhr, Sa/So auch 14.30-19.30 Uhr) hingewiesen, über

2000 Einzelstücke sind ausgestellt. Es sind samt und sonders Funde aus der alten Nekropole von RUVO (VI.-III. Jahrh. v. Chr.).

Wir verlassen RUVO nach Nordwesten auf CORATO zu, biegen nach knapp 5 km nach NNO zum Meer hin ab (Wegweiser: BISCEGLIE).

Vor dem Badespaß liegen noch zwei interessante Häppchen am Wege. Nach 5 km, wir haben gerade eine breite Schlucht überquert, zeigt ein Wegweiser nach links zur "**Grotta Santa Croce**" (Foto). Nach 200 m parkt man rechts der Straße [N 41° 10' 44.8"; E 16° 28' 5.0"], marschiert links in das Tal hinab direkt unter die Straßenbrücke. Dort wendet man sich nach links und steht bald vor dem gähnenden Grottenschlund – der leider von einem ebenso riesigen Gittertor versperrt ist (Öffnungszeiten ließen sich nicht in Erfahrung bringen). 1700 m später überqueren wir die Autobahn und schwenken 1000 m danach rechts zum **Dolmen de Chianca**. Das 1300 m lange Stichsträßchen führt uns durch Olivenhaine (mit niedrigen Ästen) zu einem olivenbaumumringten Parkplatz vor dem Dolmengelände.

(115) WOMO-Stellplatz: Dolmen de Chianca

GPS: N 41° 11' 37.4" E 16° 29' 17.4" **WOMO-Zahl:** 2-3.

Zufahrt: Von der Straße Corato-Bisceglie 1000 m nach der >A 14< rechts (ausgeschildert).

Ausstattung/Lage: keine, Geräuschbelästigung Autobahn /außerorts.

Der Dolmen mit dem langen Dromos steht in einer gepflegten, von Natursteinmauern umgebenen Anlage. Die flache, jedoch zentnerschwere Deckplatte ruht auf nur drei ebensolchen, senkrecht stehenden Wandplatten.

Ob der Parkplatz übernachtungsgeeignet ist?
Setzen Sie sich mit geschlossenen Augen in Ihr WOMO und lauschen Sie auf die Autobahngeräusche. Falls diese Sie nicht stören, haben Sie Ihr Übernachtungsplätzchen gefunden!
TRANI ist einen Umweg wert!

Wir entern die >SS 16< für 8 km bis zur Ausfahrt "Trani Centro", haben auch mühsam den kostenpflichtigen Parkplatz [N41° 16' 54.4" E16° 24' 59.5"] zwischen der prächtigen romanischen **Kathedrale** (man beachte besonders die Bronzetore und die Krypta des Hl. Peregrinus!) und dem frisch restaurierten **Castello** am Hafen erreicht. Am "Lungomare" entlang rollen wir weiter nach Süden, werfen einen Blick auf das frühere **Kloster** Sta. Maria di Colonna.
BISCÉGLIE wird auf der >SS 16< ohne Stopp durchquert, 1200 m nach dem Ortsende sichten wir die große Tafel "Gasauto/ Camper-Service Valente" [**116:** N41° 13' 50.9" E16° 31' 59.4"]. Fährt man an der Sosta Camper vorbei, so landet man sehr schmal (?) an der "Cala del Pantano", einem kleinen Fischerhafen mit Geröllküste. Hier kann man bequem und ruhig am Ufer stehen, zum Baden ist der Platz nicht geeignet.

(117) WOMO-Stellplatz: Cala del Pantano

GPS: N 41° 13' 58.8" E 16° 32' 10.6"
WOMO-Zahl: 2-3.
Zufahrt: Von Bisceglie ca. 2 km nach Osten (ausgeschildert: "Gasauto").
Ausstattung/Lage: keine, Zufahrt sehr schmal/ Ortsrand.

Nach tollem Sonnenaufgang sausen wir auf der >SS16< weiter Richtung MOLFETTA (**mittwochs Markt**). Am Ortsschild, bei »km 774,5« machen wir nochmals einen "Strandversuch". Man kommt zu einer demolierten Parkanlage [N41° 12' 48.2" E16° 34' 28.9"] mit Sitzbänken, das Meer taugt immer noch nicht zum Bade.
Dann muss eben das "Kultur- und Naturprogramm" einspringen! 1300 m weiter folgen wir nach rechts dem Wegweiser "**Il Pulo**". Er führt uns nach 2000 m zu – einem Loch!
Allerdings ist das Wort geradezu nichtssagend im Gegensatz zur Realität, die uns einen der größten Einsturzkrater Süditaliens präsentiert. Der Karstboden der Region ähnelt ja dem Sloweniens, wo unterirdische Flüsse, Tropfsteinhöhlen und Dolinen allgegenwärtig sind. Auch der **Pulo** von MOLFETTA ist eine solche Doline. Das "Loch" ist auf Grund seines Mikroklimas eine botanische Oase. Dies erkannten bereits unsere steinzeitlichen Ahnen und ließen sich in den Grotten des Steilhanges häuslich nieder. Bei unserem letzten Besuch war die Anlage verlottert und der Eingang verschlossen. Andere Interessenten haben für Sie schon ein Loch im Zaun neben dem Tor hinterlassen...
Der Wanderparkplatz am Rande der Riesendoline ist sicher auch übernachtungsgeeignet.

(118) WOMO-Wanderparkplatz: Pulo di Molfetta

GPS: N41° 11' 41.8" E16° 34' 29.6"; Strada Vicinale Pulo. **WOMO-Zahl:** 2-3.
Zufahrt: Von der >SS 16< Bisceglie-Molfetta am Ortsbeginn von Molfetta rechts (ausgeschildert).
Ausstattung/Lage: Pulo-Besichtigung (Sa/So 9.30-12.30 Uhr)/Ortsrand.

Zurück in MOLFETTA folgen wir den Wegweisern zum "Centro", bzw. zum "Porto", denn der vorromanische **Duomo Vecchio San Corrado** prangt an der rechten Hafenseite [N 41° 12' 22.0" E 16° 35' 50.0"].

Leider ist die größte Kuppelkirche Apuliens wenig respektvoll eingeklemmt. Durch den Innenhof des Bischofspalastes betreten wir den gewaltigen Innenraum, dessen mächtige Pfeiler (mit Halbsäulen) den rechteckigen Innenraum in drei Schiffe unterteilen. Das Mittelschiff wird von Kuppeln gedeckt, die Seitenschiffe von Tonnengewölben. Hinter dem Dom beginnt die Altstadt, die die einen pittoresk nennen werden, die anderen verlottert. Machen Sie sich selbst Ihr Bild ...

100 m vor dem Dom (am rechten Eck des Hafenbeckens finden Sie eine **Wassersäule**. Weitere Wasserspender entdecken wir bei der Weiterfahrt Richtung >SS 16</BARI, außerdem ein weiß glänzendes "Calvario" (sicher nicht so alt, aber auch nicht so zugebaut wie der Dom, Foto).
Wo aber badet die Jugend von MOLFETTA?
Bereits nach wenigen hundert Metern, unmittelbar hinter den hohen Masten der Stadionbeleuchtung, kann man bei einer Ampel links zu einem kleinen **Kiesstrand** mit Tamariskenschatten abbiegen.

(119) WOMO-Badeplatz: Molfetta (Stadion)

GPS: N 41° 11' 50.9" E 16° 37' 01.4"; Via Giovinazzo.
WOMO-Zahl: >5.
Zufahrt: Auf der >SS 16< von Molfetta nach Osten bis hinters Stadion.
Ausstattung/Lage: Baumschatten, Mülleimer/Ortsrand.

3,8 km weiter begrüßt uns das Ortsschild von GIOVINAZZO, dahinter schwenken wir links zum **Felsstrand** mit dem **Campingplatz "La Baia"**.

(120) WOMO-Campingplatz-Tipp: La Baia

GPS: N 41° 11' 29.9" E 16° 39' 28.0"; Lungomare Marina Italiana. **offen:** 1.5. - 30.9.
Zufahrt: Von Molfetta auf der >SS 16< bis zum Ortsschild Giovinazzo, dort hinter dem Friedhof links.
Ausstattung/Lage: schattig; Laden; Bar; am Felsstrand/nächster Ort: 500 m.
Sonstiges: Fast nur Dauercamper.

An der Zufahrt zum **Campingplatz** findet man eine Unzahl von Parkplätzen (kostenpflichtig 9-21 Uhr). Die Badegäste lagern auf den flachen Felsen, nur wenige stürzen sich ins stürmische Meer.
Keine Lust aufs Felsenmeer?
Dann biegen Sie 500 m hinter dieser Abzweigung mit uns rechts (Wegweiser: **Dolmen San Silvestro**/TERLIZZI). Nach 1000 m überqueren wir die Bahnlinie, nach 2000 m die >SS 16 bis<,

nach 4300 m die >A 14< und nach genau 5000 m liegt völlig unerwartet rechts der Straße der **Dolmen-Parkplatz**.

Die Anlage ist mit einem massiven Eisenzaun umgeben, Bauarbeiten sind im Gange. Nach Abschluss soll es geregelte Öffnungszeiten geben. Wir dürfen die Ausgrabungen und den **Dolmen de San Silvestro** (ca. 1500 v. Chr.) besichtigen. Rechts der Anlage kann man bequem im Olivenbaumschatten rasten [N 41° 9' 8.3" E 16° 38' 11.8"].

Dolmen de San Silvestro

Es handelt sich um zwei Dolmen, die durch einen Gang miteinander verbunden und durch dicke Kalkplattenmauern fast verdeckt sind. Offensichtlich hatten (neuzeitliche) Bauern die Dolmen als stabilen "Basisbau" für Hirtenhütten mit Handlesesteinplatten überbaut.

An der nächsten Kreuzung, 1400 m nach der Dolmenanlage, schwenken wir links, zwischen tausenden und abertausenden von uralten Olivenbäumen rollen wir gen BITONTO (das "Cima di Bitonto" gehört zu den besten Olivenölen Italiens!). Wir wühlen uns ins Innerste der Stadt hinein, finden an der **Piazza Marconi** [N 41° 6' 27.5" E 16° 41' 30.2"] vor dem alten Stadttor **"Porta Baresana"**, dem Zugang zum "Borgo Vecchio", einen "italienischen Parkplatz" (auf dem man bei uns nach kürzester Zeit einen saftigen

Strafzettel hätte; in Italien parkt man überall dort, wo man nicht unmittelbar den Verkehr zum Stillstand bringt).

Neben dem dicken **Rundturm** schlendern wir in die Altstadt hinein, bestaunen alte Renaissancepaläste, von denen einige leer stehen.
Im Gegensatz zur etwas heruntergekommenen Altstadt präsentiert sich die romanische **Kathedrale San Valentino** in "unvergänglichem" Glanz.

Diesen verdanken wir aber nicht dem harten, weißen Kalkstein, sondern der jüngsten Restaurierung.
An zwei kantigen Pfeilern gleitet der Blick die Domfassade hinauf, macht Station an den das Portal flankierenden Säulen (mit Löwen und Greifen), den beiden doppelbogigen Fenstern und der 16-strahligen Fensterrose im Giebel. Rundbogenfriese schließen sowohl die Giebelfront als auch die Längsschiffe noch oben ab. Fachleute bezeichnen Bitontos Domfassade als die schönste Apuliens, wir werden dem nicht widersprechen.
Durch die Altstadt ziehen verzweigte Gässchen, die oft in Sackgassen münden. Als wir schließlich ins "Freie" treten, ist unser WOMO verschwunden! Nein, die Polizia hat nicht zugeschlagen – wir haben nur die Orientierung verloren und müssen einen langen Trab um die Altstadt herum einlegen ...

Wesentlich bequemer umrunden wir im WOMO die Altstadt im Uhrzeigersinn, finden im Süden den Absprung Richtung PALO DEL COLLE. Am Ortsende sind es nach rechts bis zum "Piscina Comunale", dem Schwimmbad mit riesengroßem Parkplatzareal davor, nur wenige Meter.

(121) WOMO-Stell-/Badeplatz: Bitonto/Schwimmbad
GPS: N 41° 6' 00.9" E 16° 41' 36.8"; Via Palo del Colle. **WOMO-Zahl:** >10.
Zufahrt: Am Ortsrand von Bitonto Richtung Palo del Colle (ausgeschildert).
Ausstattung/Lage: Schwimmbad, öde/außerorts, 600 m bis zur Altstadt.

Wieder begleiten uns endlose Olivenhaine. Die alten Bäume sind so verschnitten, dass die obersten Äste nach unten hängen, um bequemer ernten zu können.
PALO DEL COLLE wird umfahren. Auch BITETTO hat eine Um-

gehungsstraße. Diese sollten Sie aber verschmähen und lieber den Wegweisern zum (sehenswerten) **Santuario Beato Giacomo** folgen. Dort finden Sie nicht nur einen großen Parkplatz [**122:** N41° 02' 18.9" E16° 44' 17.9"], sondern auch eine Klosteranlage vom Feinsten, die allen offen steht: Kirche, Kreuzgang und vor allem der romantische Klostergarten...
Um SANNICANDRO herum nutzen wir wieder die Umgehungsstraße, erst in ACQUAVIVA (nicht die Umgehungsstraße nehmen) wissen wir wieder etwas für Sie!
Kaum in den Ort hineingestroßen, geht es (270 m nach dem Kreisel) rechts zum großen Marktplatz (**mittwochs Markt**, sonst fast leer), wo am Rande Pinien, Palmen und ein paar Bänke auf Sie warten [**123:** N40° 54' 05.6" E16° 50' 22.0"].

Marktplatz von Acquaviva (Piazzale Madre Teresa)

Einen Brunnen gibt es hier nicht. Den finden Sie 300 m nach der Abzweigung zum Marktplatz am Ende des Pinienplatzes [N 40° 53' 57.7" E 16° 50' 34.2"]).
Dieser liegt am Nordrand der Altstadt, zur Kathedrale sind es 300 m nach Süden. Falls Sie hier keinen Parkplatz finden, rollen Sie links um die Altstadt herum bis zum eigentlichen Stadtpark mit Pinien, Palmen, Hibiskus und Ruhebänken im Schatten, vor ihm geht es rechts zur **Kathedrale** (Parrocchia Sant'Eustacchio) [N40° 53' 48" E16° 50' 32"]. Auch hier besticht die wunderschön stilisierte Fensterrose über dem Portal mit den

beiden schönen Säulen. Das jüngst renovierte Kirchenschiff werden Sie in strahlend neuem Glanz vorfinden! Im alten **Normannenkastell** gegenüber der Kirche residiert inzwischen der Bürgermeister. Die Bauweise eignet sich vorzüglich, um im Falle des Bürgerzorns lange ausharren zu können ...

Die nächste Station machen wir in GIOIA DEL COLLE. Besonders stolz ist man in der Stadt auf das **Stauferkastell** (offen: 8.30-19.30 Uhr), eines der am besten erhaltenen in Apulien [N 40° 48' 1.1" E 16° 55' 22.1"; Piazza Dei Martiri].

Dank guter Beschriftung (erst "Centro", dann "Castello") finden wir es gleich und werden schon am Straßenrand vom Kustos persönlich begrüßt. Der quadratische Bau mit den zwei Ecktürmen beherbergt im Erdgeschoss ein kleines **Museum**, in dem schöne Funde aus der peuketischen Stadt am **Monte Sannace** ausgestellt sind (erkennen Sie den Helm von Brad Pitt als Achilles wieder?).

Links daneben bestaunen wir die Küche des Kastells, in dessen Herd man einen Ochsen hätte braten können.

Ob die Kerkerinsassen darunter wohl Hunger gelitten haben? Eine Außentreppe führt in den ersten Stock – und dort gleich in den Thronsaal. Auch hier fragt sich der verwöhnte Mensch des dritten Jahrtausends: Muss man auf dem Steinthron winters nicht jämmerlich gefroren haben?
Links am Kastell vorbei werden wir automatisch richtig Richtung PUTIGNANO auf die <SS 100< geführt (aber auch der Wegweiser zur "Zona archeologica" ist richtig!).
Nach 1,5 km schwenken wir rechts in die Via Filippo Gisotti. An ihrem linken Ende finden wir links einen öden Platz mit ein paar vertrockneten Bäumchen – aber immerhin mit einer **Ver-/ Entsorgungsstation**. Das Wasser muss gut sein, ein Anwohner füllt gerade zig Kanister und lädt das Auto voll damit **[124:** N40° 48' 49.1" E16° 55' 48.2"].
300 m weiter verlassen wir am Kreisel die >SS100< nach rechts und am nächsten Kreisel nach links zur "**Zona archeologica Monte Sannace**" ab (offen: Mi-So 8-15 Uhr, zur Not am großen Tor läuten [N 40° 50' 3.2" E 16° 57' 39.1"]).
Die Anlage besteht grob gesprochen aus zwei Teilen: Der **Unterstadt** und der **Akropolis**. Ein vorbildlich angelegter Lehrpfad führt uns an den (für Laien wenig aufregenden) Ausgrabungen vorbei. Erst in der **Akropolis** staunen wir über die riesigen Kastensteinsärge. Die Altersbestimmung einiger Grabungsfunde ergab ein Alter von 2500 Jahren. Warum und wann die Stadt aufgegeben wurde, blieb bisher ein Rätsel.

Zona archeologica Monte Sannace, Kastensteingräber

Wir setzen unseren Weg auf dem Nebensträßchen fort, um 2 km später rechts Richtung PUTIGNANO einzuschwenken – wir sind auf dem Weg in die Unterwelt Apuliens!

In PUTIGNANO folgen wir zunächst nach links den Wegweisern zum Zentrum und nochmals links Richtung TURI.
200 m hinter einem Bahnübergang überqueren wir einen zweiten Schienenweg und stehen äußerst komfortabel unter Schattenpinien direkt neben dem Trulli-Gebäude mit dem Eingang zur Unterwelt (9.00-12.30, 14.30-18.30 Uhr; 5 €/2,50 €).

(125) WOMO-Picknickplatz: Putignano (Grotte)
GPS: N 40° 51' 26.3" E 17° 06' 35.9" **WOMO-Zahl:** 3-4.
Ausstattung/Lage: Liegewiese, Picknickplatz, toller Kinderspielplatz/Ortsrand.
Zufahrt: In Putignano Richtung Turi. 200 m nach dem Bahnübergang rechts.

Wir bekommen natürlich keine Gangster (auch keine Untoten), sondern die sehr, sehr schöne Tropfsteinhöhle "**Grotta del Trullo**" gezeigt, in die wir per Wendeltreppe (Foto) hinuntersteigen. Während der halbstündigen Führung (englisch und italienisch) bekommt der Neuling auch alle notwenigen Erklärungen über die Entstehung von Tropfsteinhöhlen, das Wachstum der Tropfsteine und ihre Farben erklärt. Aber auch ohne Worte ist die kleine, aber feine Höhle eine Reise wert.

Wer möchte, kann neben dem anliegenden Park im WOMO übernachten – ist das kein Angebot!?
Wir kehren zurück nach PUTIGNANO und biegen am Ortsbeginn links Richtung CASTELLANA – vor uns liegt die größte (und am besten vermarktete) **Tropfsteinhöhle** Italiens (die Höhle ist so attraktiv, dass sich das benachbarte Dorf flugs in CASTELLANA GROTTE umbenannte).
Verirren kann sich der anreisende Tourist nicht, an jeder Kreuzung hängen Hinweisschilder. Vor dem Begrüßungsportal wird man nach links zum kostenpflichtigen Parkplatz geschickt, einem freundlichen Olivenhain (Übernachtung im Preis inbegriffen).

(126) WOMO-Picknickplatz: Castellana (Grotte)

GPS: N 40° 52' 31.5" E 17° 09' 06.1"; Via Matarrese. **WOMO-Zahl:** >20.
Ausstattung/Lage: Schattenbäume, Tisch & Bank, Gebühr 5 €/Ortsrand.
Zufahrt: siehe Text.

Foto: Marcok - it.wikipedia.org

Zwei unterschiedlich lange Führungen werden angeboten (50 min. bzw. 2 Std.), wobei nur die große (15 Euro/ 6-14 J. 10 Euro) die berühmte "weiße Grotte" einschließt (offen: 9-19 (20) Uhr), auch deutschsprachige Führungen. Der erste Höhlenraum ist meines Erachtens die größte Attraktion, auch im wörtlichen Sinne, denn in ihr hätte ein Hochhaus Platz gefunden. Erstaunlich ist, dass man die Höhle bereits seit Jahrhunderten kannte, aber nie erforschte, denn dieser erste Höhlenraum ist eine Art Doline – und durch das Einbruchsloch, so groß wie ein Scheunentor, warf man seit Generationen Abfälle und Tierkadaver (können Sie sich vorstellen, wieviel Spaß die "Aufräumarbeiten" gemacht haben?).
In der Folge wird das komplette Programm abgewickelt, das eine jede Tropfsteinhöhle zu bieten hat, wobei die Vielfalt der Tropfsteinformen und -farben sowie die geschickte Wahl der Beleuchtung immer wieder beeindrucken.

Die Ver-/Entsorgungsanlage neben dem Grotteneingang wurde verlegt, wir finden sie (mit separatem Trinkwasserhahn) auf einem öden, schatten-, aber kostenlosen Stellplatz 1200 m weiter Richtung Zentrum [**127:** N40° 53' 08.1" E17° 09' 25.2"].

An ihm vorbei und nach 500 m beim Kreisel links geht's weiter nach CONVERSANO. Nach 10 km rollen wir schnurstracks in den Ort hinein (Brunnensäule links), den hohen Turm des **Kastells** sieht man schon von weitem – wir halten direkt darauf zu! Auf dem Vorplatz konnte man bequem parken – und alles war in Sichtweite: Das normannische **Kastell** mit dem prägnanten Rundturm, die romanische **Kathedrale** mit der typischen Fassade, deren Gliederung uns schon so vertraut ist – und das Benediktinerkloster mit dem **Museo Civico** (offen: 9-12, 16-19 Uhr, Mo geschl.), in dem Funde aus der Region ausgestellt sind. Diese reichen von Tongeschirr der jüngeren Steinzeit bis zu römischer Keramik.

Conversano, Kastell mit Museum

Jetzt hat man den Vorplatz zur Fußgängerzone gemacht und die Autos stauen sich vor der Absperrung. Wir raten Ihnen dringend, nicht die Stichstraße zum Kastell hinaufzufahren, sondern an der Durchgangsstraße zu parken oder 400 m weiter rechts Richtung COZZE.
Vom Burgberg spazieren wir wieder hinab, links geht's 400m Richtung BARI – und dann rechts zum Meer bei COZZE.
COZZE heißt auf deutsch "Miesmuschel", was das auch immer bei einem Küstenort für den WOMO-Touristen bedeuten mag. Nach 9 km sind wir schlauer! Am Kreisverkehr vor dem Ort waren wir nach links geschwenkt (Wegweiser: Parkplätze/Mola) und nach 700 m rechts zum brandenden Meer gerollt, wo sich die Miesmuscheln an die Klippen klammern und eine Menge **freier Stellplätze** warten. Der einzige, kleine Sandstrand ist von einem Bagno besetzt.

(128) WOMO-Stellplatz: Cozze

GPS: N 41° 2' 22.8" E17° 08' 14.2"; Lungomare Zara. **WOMO-Zahl:** >5.
Zufahrt: Vor Cozze am Kreisverkehr links und nach 700 m rechts.
Ausstattung/Lage: keine, Klippenküste (Bademöglichkeit gegen Gebühr)/Ortsrand.

Unsere altbekannte >SS 16< bzw. die Service-Straße (viabilitá di servicio) parallel zu ihr führt uns weiter nach Südosten Richtung SAN VITO. Vielleicht hatten sich die Benediktiner des dortigen Klosters einen besseren Badeplatz ausgesucht? Nun, ein winziges Sandsträndchen – und einen Brunnen – haben wir schon entdeckt, aber an Parkraum mangelt es so gewaltig, dass wir gezwungenermaßen weiterrollen.

San Vito, Platz nur in der Nebensaison

Gerade als vor uns das auf der Steilküstenkante balancierende POLIGNANO auftaucht, kann man links zu einem Jachthafen abzweigen, an dessen linkem Ende ein Strandrestaurant/Pizzeria ("Cala Ponte") seine Dienste anbietet. Davor kann man sich mit dem WOMO einrichten.

(129) WOMO-Stellplatz: "Cala Ponte"

GPS: N 41° 0' 24.7" E 17° 12' 06.8" **WOMO-Zahl:** 2-3.
Ausstattung/Lage: Klippenküste, Pizzeria, Mülleimer/außerorts.
Zufahrt: In Cozze Richtung Polignano. 1700 m vor dem Ort links.

Erwartungsfroh begeben wir uns am Abend in das rustikale Schilfhüttenrestaurant, auf dass Frisches aus dem Meer auf unserem Teller lande. Aber die gemischte Fischplatte entpuppt sich als Plastikteller, auf dem sich zwischen den "pommes" ein paar Tintenfischringe und Gambas aus der Tiefkühltruhe fürchten (Sie werden vernünftigerweise eine Pizza aus dem Holzofen bestellen und diese zufrieden im WOMO verspeisen!). Erster Klasse war unser Nachtschlaf, der durch keinerlei Geräusche gestört wurde.
„Morgenstund' hat Gold im Mund!“ sagen wir uns, als wir schon gegen 7 Uhr nach POLIGNANO rollen und nach links (Brunnensäule) dem Wegweiser "Mare" folgen. Man landet zwar nicht am Meer, sondern auf einem großen, ebenen Platz [N 40° 59' 50.1" E 17° 13' 01.8"], von dem aus eine Prachttreppe hinab zum Felsufer führt. Aber er bietet einen schönen Blick auf die Altstadt, deren vorderste Häuser auf den senkrecht abfallenden Klippen stehen.

Polignano, die Altstadt auf der Klippe

Stetig nagt das Meer an der Steilwand, Brecher auf Brecher senden Wasserzungen zwischen die Steinplatten, laugen die Zwischenräume aus, nagen immer größere Hohlräume in die Bastion. Im Laufe der Jahrhunderte lernten die Einwohner, mit der Gefahr zu leben, ja sie nutzten die Arbeit des Meeres für ihre Zwecke.
Wir fahren weiter bis zum Zentrum, wo das alte Stadttor durch die hohe Stadtmauer ins "Centro storico" führt.
Rollt man noch 200 m weiter und findet einen Parkplatz an der

Durchgangsstraße, so ist der Weg zum Hotel "Grotta Palazzese" besonders kurz (aber auch beim Bummel durch die Altstadt findet man dank guter Beschriftung problemlos hin).

„Frühstück?" empfängt uns der Oberkellner viersprachig.
„Grotta?" fragen wir freundlich – und werden wie selbstverständlich in den "Keller" geschickt. Die Treppe endet jedoch nicht zwischen Kartoffeln und Weinregalen, sondern inmitten der Steilwand, wo das Hotel einen geradezu unwirklichen Speisesaal in, über und zwischen einer der Meeresgrotten eingerichtet hat (Foto). Hier hätten wir wie die Seefahrer geschmaust, mit schwappenden Wellen unter der Tafel. Aber auch ohne Menü ist die Besichtigung ein (Augen-)Schmaus.
Ein Aufenthalt in dieser Grotte sollte der Höhepunkt jedes POLIGNANO-Stadtbummels sein, aber auch die sauberen Plätze und Gässchen, die häufig in malerischen Winkeln und an spektakulären Aussichtspunkten über der Steilküste enden, erfreuen den Besucher. Weniger gut sieht es mit Parkplätzen aus. Nur beim Stadion (am Ortsende links) können wir Ihnen was Vernünftiges anbieten [**130:** N40° 59' 34.2" E17° 13' 55.2"].
Weiter führt uns unsere Tour Richtung MONOPOLI, wobei wir wieder eine Service-Straße finden, die links parallel der >SS 16< entlangführt. Auf der Höhe der Ausfahrt "Monopoli-Nord" schwenken wir links zu einem Wachturm ab.
Dies ist ein feines Plätzchen zu Füßen des **Torre Incine**!
Man steht nicht nur malerisch direkt über den Klippen auf einem schönen, ebenen, ruhigen Platz, man hat in der tief ins Land hineingewaschenen Bucht auch Plätzchen zum Sonnen und Baden am kleinen Kiesstrand. Betrachtens- und fotografierenswert sind die Meeresgrotten in der Bucht!

(131) WOMO-Badeplatz: Torre Incine

GPS: N 40° 58' 45.9" E 17° 15' 31.1"
WOMO-Zahl: 3-4.
Zufahrt: Von Polignano Richtung Monopoli die Service-Straße links der >SS 16< bis zur Ausfahrt Monopoli-Nord, dort links.
Ausstattung/Lage: Felsküste, kleiner Kiesstrand, Mülleimer/außerorts.
Leserinfo: Nachts Liebestreff.

KARTE TOUR 6
20 km
Trulli - Land
Itria - Tal
Alberobello
141
140
139
Selva di Fasano
138
Zoo-Safari
Egnazia
Fasano
Lama d'Antico
Locorotondo
WC
172 dir.
Martina Franca
Cisternino
142
Monópoli
131:Torre Incine
132
133
134 „San Stefano"
135:Capitolo-Torre
136:Millenium
137:Egnazia
Savelletri
Torre Canne
143:Fiume Piccolo
144 „Le Dune"
145:Tavernese
146 „Pilone"
Rosa Marina
Villanova
147:Monticelli
148:Diana Marina
149:Villanova
150:Ostuni
151
152:Gorgognolo
153
Ostuni
„Costa Merlata", „Cala dei Ginepri"
„Lamaforca"
154:Torre Pozzelle
Ceglie
Torre S. Sabina
Specchiolla
155:Pantanagianni
156 „Pineta al Mare"
San Vito
NSG Torre Guaceto
Francavilla
Apani
157:Apani
158:Punta Penne
159
Mesagne
BRINDISI
San Pietro
Torre S. Gennaro
Squinzano
Casalabate
Santa Maria di Cerrate
Torre Rinalda
160:Sp. Bella
Torre Chianca
161
162
N

TOUR 6 (ca. 220 km / 3-5 Tage)

Monópoli – Egnazia – Fasano – Selva di Fasano – Alberobello – Locorotondo – Martina Franca – Torre Canne – Brindisi – Torre Rinalda – Torre Chianca

Freie Übernachtung:	östl. Monopoli, Egnazia, Zoo-Safari, Alberobello, Monticelli, Diana Marina, Gorgognolo, Costa Merlata, Torre Pozzella, Lamaforca, Pantanagianni, Morgicchio, Punta Penne, Torre Rinalda, Torre Chianca.
Ver-/Entsorgung:	Capitolo (Camper Stopp), Zoo-Safari (WC), Alberobello (Camping "Dei Trulli", Sosta Camper), Torre Canne (Fiume Piccolo, Tavernese), Ostuni (Sosta Camper).
Trinkwasserstellen:	Monópoli-Ost, Alberobello, Monticelli, Diana Marina, Torre S. Sabina, Pantanagianni, Morgicchio.
Campingplätze:	Monopoli ("San Stefano"), Alberobello ("Dei Trulli"), Torre Canne ("Le Dune", "Pilone"), "Costa Merlata", usw.
Baden:	östl. Monopoli, Egnazia, Monticelli, Diana Marina, Gorgognolo, Costa Merlata, Torre Pozzella, Lamaforca, Pantanagianni, Morgicchio, Punta Penne, Torre Rinalda, Torre Chianca.
Besichtigungen:	Egnazia, Zoo-Safari, Selva di Fasano, Alberobello (Trulli), Locorotondo, Martina Franca, Ostuni, Brindisi.
Wandern:	Egnazia, Zoo-Safari, Selva di Fasano, Alberobello.

1000 m östlich des **Torre Incine** rollen wir ins Zentrum von MONÓPOLI hinein, folgen 1500 m nach dem LIDL dem Hinweisschild "Mare" – und landen nach langem mal wieder an einer kleinen **Sandbucht**, eingefasst von Felsklippen mit Grotten (Foto).

Der Parkplatz ist so riesengroß, dass Flugzeuge landen könnten. Am linken Rand steht eine Doppelreihe von Tamarisken für Schattenhungrige; besonders ruhig steht man in der Nähe der Klippen. Am linken Ende der "Flugzeuglandebahn" liegt nochmals ein kleiner Sandstrand; weiter nach Nordwesten, in der zerfransten Klippenküste, findet man da und dort weitere, intime Sandfleckchen.

(132) WOMO-Badeplatz: Monópoli-West

GPS: N 40° 57' 43.8" E 17° 17' 15.7"
WOMO-Zahl: >5.
Ausstattung/Lage: Felsküste mit Sandbuchten, Mülleimer, wenig Schatten/außerorts.
Zufahrt: Von Polignano nach Monopoli, dort links Richtung "Mare".

Monópoli, Schiffsbau nach Väterart

Um die stillgelegte Zementfabrik herum erreichen wir nach 2 km den Hafen, wo noch nach alter Väter Sitte in Holzbauweise die Fischkutter auf Kiel gelegt werden; selbst das "heiße Biegen" der Planken kann man noch lernen. Das Material müsste Generationen halten – es ist beste Eiche!
Am rechten Ende des Hafenbeckens kann man mit Blick auf das **Castello** (16. Jahrh.) parken und durch die Altstadt bummeln. Am Südende des Hafens liegt die **Kathedrale Madonna della Madia**, ein überladener Barockbau aus dem 18. Jahrhundert. Größte Attraktion (nicht nur für Touristen) ist das Einlaufen der Fischerboote und der anschließende Fischverkauf ...
Durch quirlige Geschäftsstraßen suchen wir ein Durchkommen nach Südosten zum **Oststrand**. Wenn Sie zu den Mehrfamilienhäusern kommen, die ein Hundertwasserschüler angepinselt hat, sind Sie schon zu weit vorgeprescht. Kurz vorher geht es links wieder zu einem kleinen **Sandstrand** zwischen Klippen mit Blick auf die mauerumgürtete Stadt. Wer rechtzeitig kommt, kann seine Campingliege sogar im Schatten einer kleinen Grotte aufstellen! Das Fischrestaurant "Porto Rosso" über den Klippen bietet von der Speiseterrasse nicht nur einen schönen Blick, sondern auch Frischfisch in vielen Variationen zu normalen Preisen.

(133) WOMO-Badeplatz: "Porto Rosso"
GPS: N 40° 56' 45.4" E 17° 18' 29.8" **WOMO-Zahl:** 2-3.
Zufahrt: In Monópoli nach Südosten bis zum Ortsende.
Ausstattung/Lage: Sandbucht 200 m, Sitzbänke, Gaststätte, WC, Wasserhahn/Ortsrand.

An den nächsten 1800 m passieren wir noch einen weiteren freien Parkplatz bei [N40° 56' 40.9" E17° 18' 39.0"] und mindestens vier "Parcheggio custodito".

Schließlich endet die Küstenstraße am **Lido San Stefano** (Parcheggio custodito) mit dem gleichnamigen **Campingplatz**.

(134) WOMO-Campingplatz-Tipp: San Stefano

GPS: N 40° 55' 35.7" E 17° 19' 56.6" **Öffnungszeiten:** 1.6. - 15.9.
Zufahrt: Von Monopoli die Strandstraße nach Südosten, nach ca. 2500 m links.
Ausstg.: schattig; Laden; Bar; nur kleine Hunde; am Sandstrand; nächster Ort: 2500 m.

Die nächste Küstenberührung haben wir 2500 m später in CAPITOLO. Der eigentliche "Ort" ist nur ein Feriendorf. Dahinter geht es links zum Strand mit einer quadratischen Turmruine, einem holprigen Parkplatz und den wohl eigenwilligsten Bademöglichkeiten des ganzen Küstenabschnitts. Nachts steht man am ruhigsten hinter dem Wachturm (wenn nicht Angler stören).

(135) WOMO-Badeplatz: Capitolo/Wachturm

GPS: N40° 54' 54.8" E17° 20' 37.7" **WOMO-Zahl:** 3-4.
Ausstattung/Lage: Restaurant, nach 200 m Sandbucht zwischen Klippen, Brunnen 1200 m weiter rechts unter Pinien [N40° 54' 19.8" E17° 20' 56.2"]/Ortsrand.
Zufahrt: Von Monópoli nach Südosten; Wegweiser "Capitolo".

Capitolo, Küstenkunst mit Badespaß

Als hätte ein Künstler (kubische Periode) mit der Kettensäge den Strand gestalten dürfen, fallen die Klippen in künstlichen Terrassen ab, dazwischen erheben sich "Maya-Tempel" aus der See. Im Schutz dieser Steinbruchreste liegen feine Sandplätzchen, ruhige Plätscherpfützen für die Kleinen und Sprungtürme für die Mutigen.

Auf den nächsten paar hundert Metern folgen einige Sandsträndchen mit freien Parkmöglichkeiten an der Straße, dazwischen gebührenpflichtige Parkplätze auf Wiesen, schließlich rechts der Straße der **Camper Stopp "Lido Millenium"** mit WOMO-Entsorgung.

(136) Offizieller WOMO-Badeplatz: Camper Stopp "Millenium"

GPS: N 40° 54' 11.6" E 17° 21' 07.6" **Öffnungszeiten:** 1.6.-10.9.

Zufahrt: Von Monópoli nach Südosten; Wegweiser "Capitolo".

Ausstattung/Lage: Sandstrand, WOMO-Ver- und Entsorgung, hohe Schattendächer, Toilette, Dusche: 15-20 € alles incl.; nur Entsorgung: 5 €/außerorts.

Weiter geht es an endlosen Reihen von gebührenpflichtigen Parkplätzen vorbei, bis gewaltige, sicher nicht neuzeitliche Mauern unseren Blick fesseln – die Stadtmauern der antiken Stadt **Egnazia**.

Der neue Eingang zum Ausgrabungsgelände liegt bereits 700 m vor der Stadtmauer und führt zu schattigen **Picknickplätzen** [N 40° 53' 11.8 E 17° 23' 14.8"] (mit kleinen Pavillons und Wasserhahn) vor dem Museum (8.30-19.30 Uhr).

Dort beginnen wir unsere Besichtigung mit einem Museumsrundgang, wo uns besonders die schönen Mosaikfußböden begeistern. Dann fahren wir zum nächsten Parkplatz beim Ausgrabungsgelände und folgen dem gekennzeichneten Rundweg mit den Hinweistafeln. Die Via Traiana führt mitten durch die Stadt, vorbei am Amphitheater, zwei Basiliken und messapischen Gräbern. Die Besiedlung reicht zurück bis in die Bronzezeit (XII. Jahrh. v. Chr.); die Messapier (V. Jahrh. v. Chr.) bauten die bis zu 7 m hohe Stadtmauer. Nach einer hellenischen Zeit erlebte Egnazia seine Blüte ab dem III. Jahr. v. Chr. bis ins V. Jahrh. nach Chr. Die Ostgoten unter Totila (545) zerstörten die Stadt vollständig, die Ruinen dienten als bequemer "Steinbruch" beim Bau der Stadt MONÓPOLI...

Die **Akropolis** (auf der anderen Seite der Küstenstraße) war bei unserem Besuch nicht zugänglich – aber sie interessiert uns doch, denn hinter ihr gibt es Stellplätzchen! Die erste Zufahrt findet man nach 800 m (mit kleinem Sandsträndchen), die zweite 1100 m nach der Abzweigung zum Museum. Von hier aus spaziert man nur 50 Schritte hinüber zum nächsten **Sandstrand**, dessen direkte Zufahrt gesperrt ist.
Beachtenswert ist auch die Straßenbeleuchtung: Jede Straßenlaterne hat ihre eigene Solaranlage mit Akku!

(137) WOMO-Badeplatz: Egnazia + 1100 m

GPS: N40° 53' 06.9" E17° 23' 48.1" **WOMO-Zahl:** >5.
Zufahrt: Von Monópoli nach Südosten bis Egnazia, dann links (siehe Text).
Ausstattung/Lage: Nach 50 m rechts Sandbucht zwischen Klippen/außerorts).

Am rechten Rand der zum Meer hin fast völlig geschlossenen Sandbucht ist aus Felsklippen und einem künstlichen Mäuerchen ein Badebecken entstanden, das der (männlichen) Jugend nicht endende Möglichkeiten gibt, sich mit elegantem Sprung der (nur scheinbar gelangweilten) Weiblichkeit zu präsentieren. Vorbei am "Lido Ottagono" und dem neuen Golfplatz von Egnazia kommen wir nach SAVELLETRI. Man sollte keinesfalls versäumen, nach links dem kleinen Fischerhafen einen Besuch abzustatten. Der angelandete Fisch wird in zwei kleinen **Pescherias** (Fischgeschäfte) verkauft, die als Zusatzservice gern ihren langen Wasserschlauch bis zum WOMO-Tank ausrollen.
Am Ortsende von SAVELLETRI biegen wir rechts ins Landesinnere, durch einen uralten Olivenhain geht es auf FASANO zu. Kurz vor der Bahnüberführung liegt links ein Parkplatz mit

der zunächst unverständlichen bezeichnung "Parco rupestre Lama d'Antico" [N40° 51' 03.9" E17° 23' 24.2"].
Nach der umständlichen Entzifferung der Tafeln sind wir schlauer: Der "historische Park" ist eine der umfangreichsten Felssiedlungen Apuliens mit Höhlenwohnungen, wohl von der Urzeit bis zum Beginn der Neuzeit bewohnt. Eine Höhlenkirche, ebenfalls in den Tuffstein gehauen, besitzt Fresken aus dem 11. Jahrhundert.
Geöffnet in der Hauptsaison 9.30-13.30 / 16-20 Uhr, sonst nur sonntags (siehe: www.lamadantico.it, auch auf deutsch)

Im Parco rupestre "Lama d'Antico"

Wir durchschreiten ein kleines Tal mit trockenem Bachlauf, zu dessen beiden Seiten sich Tuffwände erheben, die sämtlich als Höhlen, Kammern, ja ganze Wohnungen ausgehöhlt wurden; eine unbedingt sehenswerte "Wohnsiedlung".

Der weitere Weg ist wohl kaum zu verfehlen – man braucht nur den immer häufiger auftauchenden Hinweisschildern zur **Zoo-Safari** (offen: 9(10)-18(17) Uhr) zu folgen.
Für die jährlich 700.000 Besucher dieser Kreuzung aus Vergnügungspark, Zoo und Safaripark stehen zwei riesige Parkplätze zur Verfügung. WOMO-Besuchern, die nach 17 Uhr kommen, wird ein besonderer Service geboten: Unmittelbar rechts des Einganges mit den zwei Trulli-Häusern zieht man die zwei rotweißen Pfosten aus dem Boden – und rollt auf einen beschaulichen **Übernachtungsplatz** mit **Toilette** (und gelegentlichem Löwengebrüll).

(138) WOMO-Stellplatz: Zoo-Safari

GPS: N 40° 50' 03.8" E 17° 20' 27.5"; Contrade Sant' Elia. **WOMO-Zahl:** 3-4.
Ausstattung/Lage: Toilette, Mülleimer, Eintritt 26 €/außerorts.
Zufahrt: Von Egnazia Richtung Fasano, dann immer ausgeschildert.

Eingang zur Zoosafari (Übernachtungsplatz rechts der Blumenkübel)

Zoosafari, Sicherheitsschleuse

Der Zoo-Safari-Spaß ist nicht billig! Der Besichtigungsteil mit WOMO-Fahrt zwischen Löwen, Tigern usw. sowie einem zweiten Eintritt zu Fuß zu den anderen zoologischen Attraktionen kostet 26 €, die Attraktionen des Vergnügungsparks schlagen zusätzlich mit je 2 € zu Buche, die Delphin-Show gar mit 5 €! Aber es ist ein besonderer Spaß, im WOMO zwischen wilden Tieren herumzukurven (auch wenn diese keine Notiz von uns nehmen). Der restliche Tier- und Vergnügungspark reißt uns nicht vom Hocker (wenn man von der Delphin-Show absieht), für Kinder bleibt er jedoch sicher unvergesslich!

Die Straße zur Sommerfrische SELVA DI FASANO ist leicht zu finden: Man rollt von der Zoo-Safari zurück zur Hauptstraße >SS 172 dir<, schwenkt rechts nach TARANTO/ALBEROBELLO ein, kurvt den Hang hinauf und verlässt die Hauptstraße auf halber Höhe (bei einer Ampel) scharf nach rechts.

Auf der Höhe angekommen, folgen wir dem Wegweiser zur "Strada panoramica". Dort bieten Parkbuchten die Möglichkeit, in Ruhe den phänomenalen Blick über das gesamte Küstenland zu genießen.

Weiter geht's bis TORTORELLA. Dort kann man nochmals zu zwei Aussichtspunkten abzweigen, es sind die **Kirche San Michele** und **"Loggia di Pilato"**, eine Pizzeria mit grandiosem Blick, dahinter finden sich auch schöne Parkbuchten [N 40° 52' 13.3" E 17° 17' 22.8"].

Die >SP 113< führt uns, an der Abzweigung vorbei, weiter auf ALBEROBELLO zu – ins **Trulli-Land**.

Sie haben die eigentümlichen Zipfelmützenhäuser schon eine

Die ersten Trulli-Bauten

Weile bestaunt und sich sicher gefragt: Warum gibt es diese kuriosen Behausungen überhaupt – und warum nur hier? Eine der Antworten ist ganz einfach: Um Geld zu sparen!

Man ärgerte sich über die Grundsteuer, die an den König abgeführt werden musste. Da "richtige" Häuser besonders hoch besteuert wurden, nicht aber die in der Region bereits üblichen Hirtenhütten, schlugen manche den Steuereintreibern ein Schnippchen und bauten so viele Rundhütten aneinander, wie sie für die Größe ihrer Familie brauchten. Dieses Baukastenprinzip (und die Geldersparnis) bewährten sich offensichtlich so sehr, dass es immer mehr nachgeahmt wurde ...

Die Straße schlendert durch das fruchtbare **Itria-Tal**, nach 9 km haben wir ALBEROBELLO vor uns, das anerkannte Zentrum der Trulli-Kultur, links geht's zum Campingplatz "Dei Trulli".

(139) WOMO-Campingplatz-Tipp: "Dei Trulli"

GPS: N40° 48' 06.5" E17° 14' 58.8" **Öffnungszeiten:** 1.4. - 31.10.

Ausstattung: Sehr schattig; Laden; Gaststätte; Pool, WOMO-Ver- und Entsorgung; nächster Ort: 2,5 km, Gebühr: 17-23 €, Camper-Stopp: 15 €, Strom 3 €.

Zufahrt: Ca. 2,5 km vor Alberobello, siehe Text.

Sonstiges: Shuttle-Service ins Zentrum (9, 12, 16, 20 Uhr) für 1 €.

1000 m weiter haben wir die "Capitale dei Trulli" erreicht, schwenken am monumentalen Friedhofsportal links zur "Zona monumentale a Trulli" bis zu einer Kreuzung, an der es rechts zu den Trulli, links 900 m zum **"Bosco selva"** mit dem namensgleichen **Campingplatz** geht.

Der Abstecher nach links führt uns am **Campingplatz** vorbei zu einem schattigen **Stellplatz** am Beginn des naturgeschützten Eichenwaldes (mit **Brunnensäule** an der Abzweigung). Dort kann man herrlich ruhig Siesta halten oder ebenso beschaulich im schattigen Wald spazieren gehen.

(140) WOMO-Wanderparkplatz: Bosco selva

GPS: N 40° 46' 8.0" E 17° 14' 11.4" **WOMO-Zahl:** 3-4.
Ausstattung: Schattenbäume, Picknickplatz, Kinderspielplatz, Brunnen, Wanderweg.
Direkte Zufahrt: Von Fasano aus >SS 172 dir< Richtung Taranto, dann rechts Richtung Putignano und links nach Alberobello.

Auf dem gleichen Wege zurück an der Hauptstraße überqueren wir diese und biegen links zum **Hotel "Dei Trulli"** ein. Dort kann man bequem im Schatten neben einem kleinen **Picknickplatz** parken [N40° 46' 48.4" E17° 14' 06.5"] und hat nur wenige Schritte bis ins Märchenland der Trulli.

300 m weiter liegt die schattige, z.T. recht schräge **Sosta Camper "Nell verde"** (18 € incl. Strom, nur Ver-/Entsorgung 4 € [**141:** N 40° 46' 56.9"; E 17° 14' 3.2"]).

Einen weiteren, völlig öden Stellplatz für Wohnmobile findet man am südöstlichen Ortsrand Richtung LOCOROTONDO beim Palazetto delle Sport [N40° 46' 49.0" E17° 14' 42.8"]. Er kostet 8 €/Tag.

Es macht mächtigen Spaß, durch die Trulli-Gassen zu schlendern, denn alles ist piekfein herausgeputzt und blumengeschmückt (wegen dem blendenden Weiß der Häuserwände ist eine Sonnenbrille angebracht!).

Was es nicht alles für Andenken ans Trulli-Land gibt! Am passendsten erscheinen uns noch die kleinen Trulli-Häuschen im

Maßstab 1:100, die aus dem gleichen Kalksteinmaterial wie die großen zusammengeklebt sind.

Haben Sie sich schon Gedanken über die eigentümlichen Symbole auf den Trulli-Dächern gemacht? Eigentlich sind es magische Zeichen, die Haus und Bewohner vor Ungemach schützen sollen. Aber dem Briefträger dienen sie auch als Hausnummern!

Alberobello, magische Zeichen oder Hausnummern auf den Dächern?

Auf schnurgerader Straße geht es zwischen Oliven, Trulli und Weinreben nach LOCOROTONDO, der Stadt des Weißweines. Schon haben wir am Ortsbeginn nach rechts den Wegweiser zur **"Cantina sociale"** entdeckt. Damit ist kein Mittagstisch für Bedürftige gemeint, sondernd er Weinverkauf der Genossenschaftskellerei in der Via Montello 25 [N 40° 45' 19.0" E 17° 19' 31.0"]).

Leider gibt es keine Verkostung, erst im WOMO wissen wir: Bereits der "normale" Weiße schmeckt uns gut, aber die "Reserva del Presidente" (ausgereift im Barrique-Fass) ist etwas ganz Besonderes!

Dann folgen wir hügelan dem Wegweiser "Centro storico", können rechts auf der **Piazza Aldo Moro** (direkt vor dem

Bürgermeisteramt, mit Stadtplan) parken [N40° 45' 15.9" E17° 19' 37.1"]. Falls nicht, folgen wir der Straße weiter, vorbei an einem kleinen Park (Villa comunale) mit Aussichtsterrasse aufs Itria-Tal [N40° 45' 8.9" E17° 19' 41.8"], wo aus dem Grün der Landschaft die weißen Trulli-Mützen herausragen. Dann erreichen wir den großen, recht schrägen Parkplatz an der Piazza Antonio Mitrano [N40° 45' 11.0" E17° 19' 51.5"] mit **Brunnen**. Nach links beginnen wir unseren Altstadtbummel durch schön gepflasterte Gassen zwischen weiß getünchten Häusern, von denen da und dort ein Bogen zum Nachbarhaus führt, als wolle er es stützen.

Links des Parkplatzes steht die kleine **Kirche Madonna della Greca** mit schöner Fensterrosette. Ihre Schätze im Inneren sind mehrere Reliefs und Skulpturen in strahlend weißem Marmor: Madonna mit vier Heiligen, betender Ritter, Heiliger Georg, Christi Auferstehung ...

Unsere nächste Station heißt MARTINA FRANCA, nach Süden sind es nur 6 km.

Kurzinfo: I-74015 Martina Franca (48.000 Einwohner)

i Touristen-Info (Pro Loco): Piazza Roma 37 (Stadtplan), Tel./Fax: 080-480 570 2; eMail: martinafranca@pugliaturismo.com

S Via Bellini (westl. der Altstadt), Piazza Maria Pagano (südl. der Altstadt).

u. a. Basilica di San Martino, Palazzo Ducale, Porta di San Stefano, La Lama, barocke, palastartige Bürgerhäuser (Palazzi) auf Schritt und Tritt.

Die stolze Altstadt liegt ebenfalls auf einem Hügel. Zu seinen Füßen leitet man uns nach links und dann rechts (Abzweigung nach CISTERNINO beachten und merken!) zum **"Centro storico"**. Wenn man in der **Via Bellini** einen Parkplatz [N 40° 42' 28.6" E 17° 20' 3.5"] findet, steht man direkt neben der Altstadt und kann sich hindurchtreiben lassen bis zu ihrem nordöstlichen Ende, wo an der **Piazza Roma** im **Palazzo Ducale** das Rathaus mit dem **"Pro Loco"** (Stadtplan) wartet.

Auch in MARTINA FRANCA besteht die Altstadt aus Gassen,

Gässchen und Sackgassen – aber es gibt auch eine "Hauptstraße", die **Via Vittorio Emanuele**, die sich hinter der **Piazza Plebiscito** (mit der **Barock-Basilica** di San Martino) und der **Piazza M. Immacolata** (mit dem Feinschmeckerlokal "Ai Portici") im Straßengewirr verliert. Eigentliche Hauptanziehungspunkte der Altstadt sind die vielen **Palazzi**, barocke Bürgerpaläste (Foto), deren Formen und Farben stets neuen Einfallsreichtum präsentieren.

Bei der Zufahrt zur Altstadt hatten wir links die Abzweigung nach CISTERNINO gesehen. Zu dieser kehren wir zurück und biegen scharf rechts ein. Noch einmal geht's durchs grün-braun-grauweiße Trulli-Land, grün die Pinien, rotbraun die Erde, grau und weiß die steuerfreien (?) Trulli-Bauten. Nach 9 km liegt der Cisternino-Hügel vor uns, links dröhnt man steil hinauf ins **Centro**. Den riesigen, aber öden Centrums-Parkplatz mit VE findet man nördlich der Altstadt [**142:** N40° 44' 41.0" E17° 25' 34.0"].

Nach einem kleinen Altstadtbummel durch Labyrinthgässchen bis zur Piazza Vittorio Emanuele drehen wir das Steuer nach rechts (Nord-Nord-Ost). Dort liegt bei TORRE CANNE das Meer! Die Hinweisschilder verwirren! Erst folgt man "FASANO", dann >SS 16<, schließlich ist auch "TORRE CANNE" angezeigt.

Mühsam haben wir den Badeort erreicht, da bleiben wir zur Belohnung auch noch im Verkehr stecken. Ihnen raten wir, am

Sosta Camper "Fiume Piccolo"

Ortsbeginn (beim Kreisel mit den vier künstlerischen Lampen) gleich rechts Richtung BRINDISI abzudrehen. Nach 500 m passiert man das Thermengebiet mit dem Grand Hotel und erreicht 900 m später den Camper Stopp "Lido Fiume Piccolo".

(143) Offizieller WOMO-Badeplatz: "Lido Fiume Piccolo"
GPS: N 40° 49' 44.5" E 17° 28' 38.9" **Öffnungszeiten:** Hauptsaison.
Ausstattung/Lage: Pizzeria; Ver-/Entsorgung, kaum Schatten/nächster Ort: 1500 m.
Zufahrt: Von Torre Canne 1,5 km Richtung Brindisi.
Sonstiges: 17 - 24 €/Tag (incl. Strom, Ver-und Entsorgung).

500 m später rollen wir am Campingplatz "Lido verde" vorbei, gefolgt vom hochpreisigeren Camping "Le Dune".

(144) WOMO-Campingplatz-Tipp: "Le Dune"
GPS: N 40° 49' 30.4" E 17° 29' 02.8" **Öffnungszeiten:** Mitte Mai - Ende September.
Ausstattung: schön schattig; Laden; Gaststätte; Hundeverbot; Pool/nächster Ort: 2500 m.
Zufahrt: Von Torre Canne 2 km Richtung Brindisi. **Sonstiges:** 29 - 55 €/Tag (incl. Ver-/Entsorgung, Pool, Strom, Strandservice).

Dann kommen 1000 m Ackerland, gefolgt vom **Lido Tavernese**. Auf ihm kann man ebenfalls schattig (und gebührenpflichtig) stehen – oder links vor ihm vorbeifahren und dann, wieder links hinter den Dünen entlang ein (kostenloses) Plätzchen suchen.

(145) Off. WOMO-Badeplatz: Sosta Camper "Lido Tavernese"
GPS: N 40° 49' 10.9" E 17° 29' 53.7" **Öffnungszeiten:** Hauptsaison.
Ausstattung/Lage: Sandstrand, Schattentamarisken/außerorts.
Zufahrt: Von Torre Canne 3,5 km Richtung Brindisi.
Sonstiges: 16 - 24 €/Tag (incl. Strom, Ver-und Entsorgung).

Wir müssen hinzufügen, dass wir uns wieder auf der linken Parallelstraße zur vierspurigen >SS 379< befinden, von der wir am besten die Stichstraßen zur Küste abfahren und die Strände begutachten können; die Abfahrten von der >SS 379< sind wesentlich seltener!

Wieder wechseln Grünland, Ödland und Felder (mit versperrten Zufahrten) mit gebührenpflichtigen Parkplätzen ab. Nach 3000 m passieren wir den "**Lido Bosco verde**", schließlich stehen wir vor dem **Campingplatz** "Pilone".

(146) WOMO-Campingplatz-Tipp: "Pilone"

GPS: N 40° 48' 11.6" E 17° 32' 20.5" **Öffnungszeiten:** 15.4. - 15.9.
Ausstattung: sehr schattig; Laden; Gaststätte; Pool; Sandstrand 200 m; WOMO-Ver- und Entsorgung; nächster Ort: 2,5 km. **Sonstiges:** 23 - 38 € (incl. Ver-/Entsorgung).
Zufahrt: Von Torre Canne ca. 5 km Richtung Brindisi.

Weiter geht es Richtung ROSA MARINA – und plötzlich stehen wir vor einem Zaun, einer Schranke – und einem Uniformierten! „Privato!" ist die knappe Auskunft, die uns aber völlig ausreicht. Schnell sind wir auf der >SS 379<, düsen an ROSA MARINA vorbei; schon sind wir wieder herunter und in MONTICELLI. Am linken Rand dieser Feriensiedlung sichten wir eine **Wassersäule** und rollen an ihr vorbei zum Meer. Hier wenden wir uns links, holpern eine **felsige Piste** hinauf – und haben mit einem Schlag ein Gefühl der Zufriedenheit: Riesiges Parkplatzangebot mit Wiesenstreifen längs der Piste oberhalb des Klippenstrandes, der in zwei schöne Sandstrandbuchten mündet.

(147) WOMO-Badeplatz: Monticelli

GPS: N 40° 47' 51.1" E 17° 33' 58.7" **WOMO-Zahl:** >5.
Ausstattung/Lage: Zwei Sandstrandbuchten, zwei alte Betonbunker; an der Abzweigung Mülleimer und Brunnen; Zelte & Wohnwagen verboten/außerorts.
Zufahrt: Auf der >SS 379< bis Monticelli; links der Feriensiedlung zum Meer und nochmals links.

Hinter MONTICELLI rollen wir weiter nach Osten, biegen nach 1 km wieder links (Wegweiser: DIANA MARINA).

Dies ist eine kleine, verschlafene Feriensiedlung. Man fährt geradeaus bis zum Wasser, schwenkt links und steht recht malerisch auf einer kleinen Felszunge neben einem schönen Sandstrand (am Beginn der Felszunge **Wasserhahn**).

(148) WOMO-Badeplatz: Diana Marina

GPS: N 40° 47' 33.6" E 17° 34' 36.9" **WOMO-Zahl:** 3-4.
Zufahrt: Auf der >SS 379< bis Monticelli; rechts der Feriensiedlung noch 1000 m.
Ausstattung/Lage Zwei Sandstrände, Mülleimer, Wasserhahn; Zelte & Wohnwagen verboten/Ortsrand.

Von DIANA MARINA nach VILLANOVA sind es gerade einmal 500 m. Dort gibt es Fischgeschäfte und Restaurants im kleinen Hafen. Rechts des Hafens beginnt erst der eigentliche Ort mit einem recht großen, freien Sandstrand, dahinter ein Parkplatz mit Tamariskenschatten und rechts die **Sosta Camper** "Getsemani".

(149) WOMO-Badeplatz: Villanova

GPS: N 40° 47' 14.7" E 17° 35' 53.2"
WOMO-Zahl: 3-4.
Zufahrt: Auf der >SS 379< bis Villanova; rechts der Feriensiedlung zum Meer.
Ausstattung/Lage: Etwas Schatten, Sandstrand, Mülleimer; Zelte & Wohnwagen verboten/Ortsrand.

Weiter nach Südosten hören dann bald die Häuser auf, die Asphaltstraße geht in Schotter über und führt schier endlos weiter hinter dem Strand entlang, der sich uns in einer Mischung aus Felsriffs und kleinen Sandbuchten präsentiert. Rechts von uns, auf einem Hügel,

liegt weiß glänzend, das Zentrum der Region, OSTUNI.
Wir holpern so lange weiter, bis uns der Pistenzustand nicht mehr behagt...

(150) WOMO-Badeplatz: Marina di Ostuni

GPS: N 40° 47' 6.5" E 17° 36' 42.6" **WOMO-Zahl:** 3-4.
Ausstattung/Lage: Sandstrand, Wohnwagen- und Zeltverbot/außerorts.
Zufahrt: Auf der >SS 379< bis Villanova; rechts der Feriensiedlung 3 km.
Hinweis: Evtl. Lärmbelästigung möglich durch nahegelegenen Schießplatz.

Wir kehren zurück nach VILLANOVA, denn OSTUNI ist unbedingt einen Besuch wert!

Kurzinfo: I-72017 Ostuni (35.000 Einwohner)

i Touristen-Info (IAT-Büro): Corso Mazzini 6/ Ecke Piazza della Libertá (Stadtführer auf deutsch), Tel./Fax: 0831-301 268.

S Südöstlich der Altstadt (Contrada Madonna della Grata, ausgeschildert).

u. a. Kathedrale (XV. Jahrh.), Museo Archeologico (8.30-13 Uhr, So 10-12.30/15.30-19 Uhr, Mo geschl.), Obelisk (Piazza della Libertá).

Ostuni, Parkplatz mit WOMO-Entsorgung

Nach 7 km haben wir das "Centro storico" mit der weißen, scheinbar uneinnehmbaren Stadtmauer direkt vor uns, schwenken vor ihr links (Wegweiser "Parcheggio) und landen nach 800 m auf einem großen, leicht schrägen Parkplatz mit Schattenkiefern, Wasserhahn und WOMO-Entsorgung **[151:** N40° 43' 58.0" E17° 34' 51.4"; saisonale Gebühr].
Durch die schmalen, blendend weißen Altstadtgässchen (die Farbe liegt stellenweise zentimeterdick auf den Mauern) kommen wir bis zur **Kathedrale**, deren Baustil sich nur schwer einordnen lässt: Über den drei spätgotischen Portalen drei romanische Fensterrosen, von denen die große, mittlere symbolhaft die Zeit darstellt (24 Strahlen mit 24 Außenbögen für die Stunden des Tages, 12 Innenbögen für die Monate; die Christusfigur im Zentrum ist von 7 Engelsköpfen entsprechend der Zahl der Wochentage umgeben).

Ostuni, Kathedrale

Außergewöhnlich präsentieren sich auch die Giebel mit konkaven und konvexen Bögen. Die Innenausstattung prunkt mit einer ganzen Zahl von Ölgemälden.

Aber es sind gar nicht so sehr die kulturellen Höhepunkte, die den Zauber OSTUNIS ausmachen, sondern die kleinen Lädchen und stillen Winkel, die weiß übertünchten Palazzi-Mauern – aber auch der fröhliche Trubel östlich der Altstadt bei der Piazza della Libertá mit dem **21-m-**

Obelisken, von dem der Hl. Oronzo herabblickt.

Schnell sind wir (gleiche Straße) wieder zurück am Meer, überqueren die >SS 379<, um dahinter auf der Servicio-Parallelstraße weiter längs des Strandes nach Südosten zu fahren. Der nächste Wegweiser zur Küste heißt GORGOGNOLO. Dies ist auch nur eine Feriensiedlung. Ob die hohen Mauern die oft leerstehenden, zum Teil sehr schönen Gebäude wohl hinreichend schützen?

Vorn am Strand wartet eine kleine Sandbucht, von Felsen flankiert – mit reichlich Stellfläche für den Camper.

(152) WOMO-Badeplatz: Gorgognolo

GPS: N 40° 46' 54.8" E 17° 37' 30.7" **WOMO-Zahl:** 2-3.
Ausstattung/Lage: Sandstrand, Rasenflächen, Mülleimer, nebenan Disco/außerorts.
Zufahrt: Auf der >SS 379< bis Gorgognolo; durch die Feriensiedlung zum Strand.

1500 m weiter liegt die COSTA MERLATA mit dem gleichnamigen **Campingplatz**.

(153) WOMO-Campingplatz-Tipp: "Costa Merlata"

GPS: N 40° 46' 36.0" E 17° 38' 22.4" **Öffnungszeiten:** 1.5. - 15.9.
Ausstattung/Lage: 18 - 37 € je nach Saison; schön schattig; Laden; Gaststätte; Hundeverbot; am Sandstrand/nächster Ort: 5 km.
Zufahrt: Auf der >SS 379< bis Gorgognolo; 1,5 km südöstlich.

Am Ende der Straße, am Strand von MERLATA, drängen sich die PKWs. Wer hier verweilen möchte, schwenkt nach links und findet dort viel Platz an der Klippenküste (kleiner Sandstrand). Als nächstes ist die "Cala dei Ginepri" angezeigt; die Zufahrt ist nur für die Gäste des Feriendorfes mit Campingplatz gestattet.

(153a) WOMO-Campingplatz-Tipp: "Cala dei Ginepri"

GPS: N 40° 45' 47.8" E 17° 38' 59.7" **Öffnungszeiten:** 15.4. - 15.9.
Ausstattung: schön schattig; Laden; Gaststätte; Pool; am Sandstrand; n. Ort: 6 km.
Zufahrt: Auf der >SS 379< bis Gorgognolo; 2 km südöstlich; 20-30 € all inclusive.

Nun geht es zum **"Torre Pozzelle"**. Dort sind die Campingplatzgäste schlecht dran, denn ihr Domizil liegt 300 m im Hinterland. Die freien Camper rollen bis vor und stehen am bequemsten rechts des Strandes auf dem großen Parkplatz.

(154) WOMO-Badeplatz: Torre Pozzelle

GPS: N 40° 46' 13.6" E 17° 39' 45.1" **WOMO-Zahl:** >10.
Ausstattung: Sandstrand, Mülleimer, versteckte Badebuchten (z. T. enge Zufahrt!).
Sonstiges: Campingplatz "Torre Pozzelle" 300 m hinter dem Strand, Zelt und Wohnwagen verboten.
Zufahrt: Auf der >SS 379< bis Ausfahrt Torre Pozzelle; links zum Strand.

Torre Pozzelle im Juni und im August

Besonders schön sind die versteckten, kleinen Sandbuchten links des Turmes, zu denen man auf verschlungenen, zum Teil schmalen Pisten (?) kurven muss. Nach links sind es gar 800 m bis zur letzten, versteckten Sandbucht.
500 m weiter im Südosten kommt wieder ein Touristendorf und 1000 m südöstlich der nächste **Campingplatz** "Lamaforca", der den größeren Abstand zum Strand durch einen Pool mit Riesenwasserrutsche ausgleicht.

Torre San Sabina

2,5 km später passieren wir die Feriensiedlung TORRE SAN SABINA; auf dem nächsten Wegweiser (nach 1,5 km) steht PANTANAGIANNI. Hinter diesem griechisch klingenden Namen verbirgt sich – hätten Sie's geahnt – wiederum eine Feriensiedlung. Aber vor ihr führt ein Schotterweg nach links zu mehreren Sandstränden (freie und zwei gebührenpflichtige) bis man wieder in Torre S. Sabina landet mit Duschen und Wasserhähnen.

(155) WOMO-Badeplatz: Pantanagianni

GPS: N 40° 45' 17.0" E 17° 42' 48.6" **WOMO-Zahl:** 2-3.
Ausstattung/Lage: Sandstrand/außerorts; (Wasserhahn, Duschen, Restaurant 300 m).
Zufahrt: Auf der >SS 379< bis Ausfahrt Torre Pozzelle; links zum Strand.

Am Strand der Feriensiedlung MORGICCHIO, ebenfalls nur 1,5 km weiter, kann man nach links oder nach rechts abbiegen. Links wartet ein gebührenpflichtiger Bagno (Le Dune), daneben findet man auch freie Stellplätze.

Fährt man rechts, so kommt man nach SPECCHIOLLA, ein richtiges Dorf mit kleinem Hafen, Kirche, Bäcker, Pizzeria, Supermarkt – und mehreren **Wassersäulen**. Der **Campingplatz** direkt gegenüber dem Sandstrand hat den Namen **"Pineta al Mare"**.

(156) WOMO-Campingplatz-Tipp: "Pineta al Mare"
GPS: N 40° 44' 28.4" E 17° 44' 11.2" **Öffnungszeiten:** saisonal.
Ausstattung/Lage: sehr schattig; Laden; Gaststätte; zwei Pools; am Sandstrand; WOMO-Ver- und Entsorgung/Ortsrand.
Zufahrt: Auf der >SS 379< bis »km 18« (Lido di Specchiolla); dort abzweigen.

Südöstlich des Ortes, wohl 800 m nach dem Campingplatz, großer Schotterplatz [N40° 44' 12.7" E17° 44' 32.4"] über der Klippenküste, dann kommen wir wieder an drei "Sonnenschirmstränden" vorbei. Beachten Sie auch die "volkstümliche Kunst", 1900 m nach dem Campingplatz mit zwei Weihnachtsgrotten und einer Märchenhöhle.

Danach knickt die Straße ins Landesinnere ab (eine Schotterpiste führt für Entdecker weiter am Strand entlang).
Bis zur nächsten (und zunächst letzten) Abzweigung zum Strand müssen wir diesmal immerhin 2000 m warten, denn hinter der "Punta Penna Grossa" beginnt die **Riserva naturale Torre Guaceto**, ein geschütztes Feuchtgebiet.
Deshalb drängen sich die Touristen auf dem lauten, öden, staubigen, schattenlosen, gebührenpflichtigen (7 € für WOMOs) Parkplatz [N40° 43' 03.1" E17° 46' 13.4"] als sei es der letzte bis Sizilien und marschieren zu dem schönen Sandstrandbo-

Letzter Badestrand vor dem NSG Torre Guaceto

gen, der den Beginn des NSG markiert (**Wasserhahn** an der Zufahrt links). Ein Touristenbähnchen fährt Fußfaule die 500 Schritte bis zum Meer.

Nach Besichtigung des Strandes kurven wir in die >SS 379< ein, sehen nach 2 km links am unerreichbaren Strand den **Torre Guaceto** und verlassen die Schnellstraße erst wieder Richtung **Litoranea Apani/Punta Penne** nach 5,5 km.

Am Meer angekommen, würden uns parkende Autos und gebührenpflichtige Parkplätze begrüßen!

Folglich schwenken wir nach Überqueren der Schnellstraße links (Wegweiser: Riserva di Torre Guaceto Area Servici Apani Boa Gialla) und erreichen nach 1500 m das angekündigte Areal, das zwar auch keine Schattenbäume besitzt, aber immerhin grünen Rasen, Ruhe und nur 100 Schritte bis zum schmalen Sandstrand unter einer roten Abbruchkante. Das ist der erste Badeplatz hinter (südöstlich) dem NSG.

(157) Offizieller WOMO-Badeplatz: Area Servici Apani Boa Gialla
GPS: N 40° 41' 23.9" E 17° 50' 28.4" **WOMO-Zahl:** >10.
Ausstattung/Lage: Info-Stelle, Duschen, Sandstrand 100 m, 8 €/außerorts.
Zufahrt: Auf der >SS 379< bis zur Abfahrt Apani, hinter der Schnellstaße links

Zurück an der Abzweigung rollen wir weiter auf BRINDISI zu. Bereits nach 1200 m könnte man links in ein Wiesen-/ Macchiegelände einschwenken. Im vorderen Teil sind tiefe Erosionsfurchen aus dem lehmigen Erdreich gewaschen, steil bricht die Kante 10 Meter tief zum Meer hin ab, wo unten zwar ein schmaler, jedoch völlig vermüllter Sandstrand wartet. Aber riesige Warntafeln sorgen dafür, dass wir respektvoll Abstand nehmen ...

Auf den nächsten 2,5 km bis zum folgenden Küstenwachturm

Erster Badestrand nach dem NSG Torre Guaceto (Apani Boa Gialla)

gibt es noch eine ganze Reihe von Zufahrten zu umfangreichen Stellplätzen oberhalb des Strandes, sie sind aber alle mit Warntafeln versehen.

Auch auf den 6 km danach – und selbst zwischen den Felsklippen der **Punta Penne**, dem weitesten Ausläufer an der linken Flanke der Bucht von BRINDISI, findet man eine ganze Reihe von Stellplätzen. Allerdings haben sie nicht mehr die Attribute "idyllisch+ruhig+sauber", sondern eher "hektisch+voll+dreckig".

(158) WOMO-Badeplatz: Punta Penne

GPS: N 40° 40' 57.3" E 17° 56' 7.9"

WOMO-Zahl: >10.

Ausstattung/Lage: Klippen- und Sandstrand, stark vermüllt/außerorts.

Zufahrt: Auf der >SS 379< bis zur Abfahrt Litoranea Apani/Punta Penne, dort Richtung Brindisi am Ufer entlang ca. 9 km.

Hinweis: Günstiger Übernachtungsplatz für Fährenfahrer nach Griechenland!

Weiter geht es am Ufer entlang in die Brindisi-Bucht hinein. Auch auf den nächsten Kilometern gibt es noch **Sandbuchten**, selbst gegenüber dem Militärflughafen; geparkt wird jedoch am Straßenrand.

Achtung! Die Straße führt unter dem Militärflughafen hindurch; Durchfahrtshöhe nur 3,30 m!

BRINDISI ist sicher eine sehenswerte Stadt – aber auch eine gefährliche, wie alle größeren Hafenstädte!

Folglich nehmen wir uns viel Zeit für eine ***Attraktion, die weit außerhalb (und doch an unserem Wege liegt) – der romanisch/gotischen **Klosterkirche Santa Maria del Casale**. Nach dem

Militärflughafen erkennt man das Stadion an hohen, grauen Mauern und einem Triumphbogen-Portal rechts der Straße. 500 m nach diesem Sportplatz biegt man zweimal rechts und zur Kirche zurück (Wegweiser: Mare) [N 40° 39' 15.0" E 17° 56' 5.3"] Zufahrtsänderung duch Straßenbau?

Klosterkirche Santa Maria del Casale

Die Kirchenfassade bestiсht mit ihrem anmutig verzierten Äußeren, das Portal besitzt ein Vordach mit lombardischen Arkaden. Das Innere der Kirche ist fast vollständig mit byzantinischen Fresken ausgemalt: Szenen des Jüngsten Gerichtes an der Fassadenrückseite und ein

Apfel-Lebensbaum mit dem Gekreuzigten in der Mitte fesseln uns am meisten.

Dann folgen wir weiter der Hauptstraße ins "Centro", lassen uns links zum "Porto" leiten.

Kurzinfo: I-72100 Brindisi (95.000 Einwohner)

Touristen-Info (IAT-Büros): Viale Regina Margherita 5 (am Hafen); Via C. Colombo 88, Tel.: 0831-523 072, Fax: 0831-562 149.

Am Hafenkai oder genau nördlich davon beim Marinedenkmal (Monumento al Marinaio d'Italia, von dort aus Bootstransfer zum Hafen).

u. a. Piazza del Duomo (mit ehem. rom. Dom), Museo Archeologico (offen: 9.30-13.30 Uhr, Di auch 15.30-18.30 Uhr, So geschl.), Kirche San Giovanni al Sepolcro, Kirche San Benedetto, Monumento al Marinaio.

BRINDISI (in römischer Zeit: Brundisium = Hirschgeweih nach der Form des Hafenbeckens, das in zwei Armen die Altstadt umfängt) ist die Hauptstadt der nach ihr benannten Provinz. Im westlichen Teil des Hafens (Seno di Ponente = westlicher Busen) findet man einen Badestrand und Werften, im östlichen Teil (Seno di Levante = östlicher Busen) legen die Fähren und anderen großen Schiffe ab. Nur ein schmaler Kanal verbindet die Hafenbecken mit dem Außenhafen und der offenen See.
Über dem westlichen Hafenbecken erhebt sich das Castello Svevo, ein weiterer Festungsbau von Friedrich II. aus dem Jahre 1227.
Genau zwischen den beiden Hafenarmen führt die Via Colonne in Form einer prächtig breiten Treppe hinauf zu den 1 1/2 Säulen, die den Endpunkt der Via Appia markieren und weiter durch einen Torbogen des Campanile zur Piazza Duomo mit dem Dom, der, erbaut im 12. Jh., später gründlich barockisiert wurde. Erhalten sind die schönen Fußbodenmosaike.
Auf der nördlichen Hafenseite erhebt sich das Monumento al Marinaio.
Unsere zwei Parkplätze liegen direkt westlich des Seno di Ponente bzw. östlich der Altstadt am Seno di Levante.

Dort schwenken wir rechts zum schön angelegten, blumengeschmückten **Parco del Cillarese** [**159:** N40° 38' 23.8" E17° 55' 33.9"], wo man in seinem hinteren, ruhigeren Teil auch an eine Übernachtung denken könnte; am Beginn Fahrradausleih.

Brindisi, Parco del Cillarese

Falls man nur an einem Besichtigungsrundgang interessiert ist, rollt man weiter Richtung "Centro", umrundet nach 1200 m die Altstadt gegen den Uhrzeigersinn, schwenkt nicht nach rechts zu den Fähren ("Imbarco") ab sondern folgt weiter der Altstadtmauer bis zur Via del mare [N40° 38' 20" E17° 56' 55"], wo man für 1 € bis zu 6 Std. parken darf!

Zu Fuß geht's die Viale Regina Margherita am Hafenbecken entlang, wo von der Nordseite das **52-m-Marinedenkmal** in Form eines Ankers (mit Fahrstuhl und phantastischer Aussicht) herüberschaut. Es wurde von Mussolini in Auftrag gegeben und 1932 gebaut. Es erinnerte an die 6000 gefallenen Seeleute des I. Weltkrieges, 1965 kamen noch Gedenktafeln für die 34.000 Gefallenen des II. Weltkrieges hinzu.

Brindisi, Monumento Al Marinaio d'Italia

Wir steigen die Via Colonne hinauf und bewundern die schöne, restaurierte Säule. Bereits im 1. Jh. v. Chr. errichtet, markierten sie nicht nur den Endpunkt der Römerstraße Via Appia (heute SS 7) von Rom nach Brindisi, die bereits 312 v. Chr. begonnen wurde (für die 560 km lange Strecke veranschlagte man damals eine Reisezeit von 14 Tagen). Diese hatte nicht nur den Beinamen "Reginas Viarum" = Königin der Straßen, sie erlangte auch traurigen Ruhm, als nach dem Spartacusaufstand 6000 aufständische Sklaven an ihr entlang gekreuzigt wurden.
Die Säulen waren auch Teil eines Ehrenmales, wo, mit Blick auf das Meer, religiöse und weltliche Feiern abgehalten wurden. Besonderes Augenmerk sollte man auf das korinthische Kapitell richten, Es besteht aus zwölf Figuren, von denen die Seegottheiten Neptun, Amphitrite, Okeanos und Thetis (Mutter von Achilles) größer dargestellt sind.
Durch den Durchlass unter dem Campanile (vorher rechts gutes Chinarestaurant) spazieren wir weiter auf den Domplatz und bummeln durch die Altstadt...

Wir verlassen BRINDISI Richtung LECCE, wobei wir auf die "Tangenziale" geleitet werden. Die vierspurige >SS 613< nehmen wir nach Südosten nur bis zur Ausfahrt Tuturano, um ja keinen schönen Strandabschnitt zuverpassen.
Aber wir haben die Rechnung ohne den Wirt gemacht: Erst stoßen wir auf das umstrittene Kraftwerk BRINDISIS – und dann landen wir einen Flop nach dem anderen. Folglich raten wir Ihnen zu Geduld und zur **zweiten** Ausfahrt Squinzano bei »km 23« (25 km südlich Brindisi), von der aus Sie direkt zu schönen Badeplätzchen rollen können!

Brindisi, Via Colonne mit den Via-Appia-Säulen

Richtung TREBUZZI/TORRE RINALDA geht's zum Strand – und vorher liegt, direkt zum Pflücken am rechten Straßenrand, das ehemalige Kloster **Santa Maria di Cerrate** mit seiner romanischen Kirche (XII. Jahrh.). Zahlreiche Fresken leuchten aus dem Dunkel der dreischiffigen Basilika mit der seitlichen Arkadenhalle. In den Nebengebäuden hat das "Museo delle arti e delle tradizioni popolari del Salento" umfangreiches Exponatenmaterial zur Schau gestellt (wie es bei der Länge des Namens zu erwarten ist). Das Spektrum reicht von Keramiken und Ölmühlen bis zu vollständig eingerichteten Räumen (offen: Juni-Aug: 9-13/15.30-20 Uhr, Sept-Okt. 10-18 Uhr, Eintritt).

Kloster Santa Maria di Cerrate

Neben dem Areal kann man unter Schattenpinien prima picknicken [N 40° 27' 28.6" E 18° 6' 53.9"].

An der nächsten Kreuzung, nach 3 km, fahren wir nicht geradeaus nach CASALABATE, sondern rechts Richtung SAN CATALDO. Nach 1500 m passieren wir die Einfahrt zum **Campingplatz** "Torre Rinalda" (mit lautstarker Disco und Camperservice), nach 2600 m fahren wir an der Zufahrt zum **Torre Rinalda** vorbei, dann kommen ein paar ganz kurze, sandige Stichstraßen zum Dünenstrand und nach 3500 m sind wir in SPIAGGIA BELLA. Bereits 100 m vor dem Ortsschild biegen wir links und rollen 300 m später auf einem großen, festen Sandplatz direkt hinter dem feinsandigen Dünenstrand aus – hier gefällt es uns!

(160) WOMO-Badeplatz: Spiaggia Bella

GPS: N 40° 28' 49.3" E 18° 09' 59.5"

WOMO-Zahl: > 5.

Ausstg./Lage: Fester Sandplatz direkt hinter dem Dünensandstrand, Toilette/Ortsrand.

Zufahrt: Auf der >SS 613< bis Abfahrt Squinzano. Links bis Torre Rinalda, dort rechts noch 3,5 km bis Spiaggia Bella.

Der nächste Ort heißt TORRE CHIANCA. Am Meer wenden wir uns bei der Polizei rechts (Wegweiser: Spiaggia libera). Nach 100 m geht die Straße in eine Sandpiste über, die sich 800 m weiter hinter dem Dünenstrand entlang zieht; Parkmöglichkeiten gibt es reichlich. Dann müssen wir wieder 1000 m durchs Landesinnere ziehen (mit Stichstraßen zum Strand). Wir wählen diejenige zum **Torre Chianca** aus.

(161) WOMO-Badeplatz: Torre Chianca

GPS: N 40° 27' 33.8" E 18° 12' 50.2"
WOMO-Zahl: 3-4.
Zufahrt: Auf der >SS 613< bis zur Abfahrt Squinzano. Links bis Torre Rinalda, dort rechts bis Torre Chianca.
Ausstattung/Lage: Dünensandstrand, Mülleimer, Brunnen: 250 m/außerorts.

300 m sind es vom **Torre Chianca** zur asphaltierten Küstenstraße (gegenüber der Einmündung linkerhand ein **Brunnen**). Bereits 500 m später kann man schon wieder abbiegen zu einem ruhigen Plätzchen hinter dem Sand-Kies-Felsstrand. Wir aber fahren noch 1000 m weiter bis zu einer Rechtskurve, wo scharf nach links zurück eine Schotterpiste zum Strand führt. Nach 300 m dampfen wir auf einen Miniwiesenhügel direkt hinter dem Sandstrand hinauf, schaukeln uns sorgfältig in die Waagerechte (das benachbarte Tamariskenwäldchen bietet feinen Liegestuhlschatten unter tiefhängenden Ästen).

(162) WOMO-Badeplatz: Tamariskenwäldchen

GPS: N 40° 27' 05.0" E 18° 13' 31.7" **WOMO-Zahl:** 1-2.
Ausstattung/Lage: Sandstrand, Wiesenflächen, Tamariskenwäldchen, Mülleimer an der Straßeneinmündung, Bagno und Bar 100 m/außerorts.
Zufahrt: Auf der >SS 613< bis zur Abfahrt Squinzano. Links bis Torre Rinalda, dort rechts bis Torre Chianca. Noch 1500 m bis zur Rechtskurve. In ihr links 300 m zum Strand.

Am späten Abend bekommen wir Besuch – von einem blauen Auto mit der Aufschrift "Guardia di Finanza". Mit einem Nachtsichtgerät suchen die drei Insassen die Horizontlinie ab (Albanien ist nur 90 km entfernt), wünschen uns "buona notte" und lassen uns allein mit dem Plätschern der Adriawellen, dem leisen Rauschen der Tamarisken, dem Funkeln tausender Sterne; weit draußen ziehen die Positionslampen der Fischerboote vorbei ...

KARTE TOUR 7
20 km
N
Torre Rinalda
Torre Chianca
Frigole
San Cataldo
LECCE
Lequile
Acája
Vanze
WWF „Le Cesine"
Torre Specchia Ruggeri
San Foca
Roca Vécchia
Melendugno
griech. Stele
Calimera
Saurierpark
Torre dell'Orso
Sant' Andrea
„Frassanito"
Borgagne
Martano
Laghi Alímini
Galatina
„Mulino d'Acqua"
177:Otranto Nord
Otranto
Máglie
östlichster Punkt Italiens
Porto Badisco
Santa Cesárea
Castro
178:T. Miggiano
Grotta Zinzulusa
Castro Marina
Acquaviva
Marina d'Andrano
179:»km 28«
Taurisano
Tricase Porto
Marina Serra
San Giovanni
Alessano
Torre Mozza
Marina di Nováglie
Torre Pali
Pescoluse
Posto Vecchio
Baia del Ciolo
Leuca
Santa Maria di Léuca
Capo Santa Maria di Léuca
Grotta del Diavolo
Punta Ristola
160
161:T. Chianca
162:Tamariskenw.
163
164:T. Veneri
167
169:Ultimaspiaggia
170:L. Estate
174:T. S. Andrea
181
182
183
184:Lido Marini
185
186
MARE ADRIATICO
MARE IONIO

TOUR 7 (ca. 185 km / 3-4 Tage)

Frigole – San Cataldo – Lecce – Acája – Roca Vecchia – Melendugno – Sant' Andrea – Otranto – Castro – Leuca – Torre Pali – Torre Mozza

Freie Übernachtung:	Torre Veneri, Lecce, L. Estate, Torre Specchia Ruggeri, Torre dell'Orso, DolmenPlaca, Torre Sant' Andrea, Miggiano, Pescoluse, Torre Pali, Lido Marini, Torre Mozza.
Ver-/Entsorgung:	Torre dell'Orso, Sant' Andrea, Otranto (Camping "Mulino d'Acqua"), Torre Mozza.
Trinkwasserstellen:	bei Torre Specchia Ruggeri, Sant' Andrea, Santa Cesárea, Santa Maria di Leuca.
Campingplätze:	Sant' Andrea: "Frassanito", Otranto: "Mulino d'Acqua".
Baden:	u. a. Frigole, Torre Veneri, Torre Specchia Ruggeri, San Foca, Roca Vecchia, Sant' Andrea, nördl. Otranto, Porto Badisco, Acquaviva, Torre Pali, Lido Marini, Torre Mozza.
Besichtigungen:	Lecce, Acája, Dolmen bei Melendugno, Otranto, Grotta Zinzulusa, Santa Maria di Léuca, Grotta del Diavolo.
Wandern:	WWF "Le Cesine".

300 m rechts unseres Tamariskenplätzchens führt die nächste Stichstraße zum herrlichen Sandstrand [**163:** N40° 26' 55.4" E 18° 14' 0.0"]. Allerdings beginnt gleich rechts davon ein Lagunengebiet (Mückengefahr!). Diese Lagune liegt dann zwischen unserer Straße und der Küste. Erst nach 2500 m, am Ortsbeginn von FRIGOLE, kann man wieder links abschwenken. Wendet man sich am Strand links, so findet man ein Asphaltstraßenstück, an dem man parken und über den Sandstrand zum Meer eilen kann (Spiaggia libera). Fährt man rechts, so rollt man hinter Ferienhäusern, Fischgeschäften, ja einer ganzen Feriensiedlung mit einer Rot-Kreuz-Station vorbei – um schließlich ohne Strandberührung wieder ins Landesinnere geführt zu werden.

1 km südöstlich von FRIGOLE zeigt ein Schild mit der Aufschrift "Poligono A" nach links (gleichzeitig beginnt die "Area di Torre Veneri"). Ahnungslos folgen wir dem Wegweiser in eine sehr, sehr schmale, felsige Piste (max. VW-Bus) und stehen 1,5 km später in einer unberührten Küstenpineta, durch die man noch bis zur quadratischen Turmruine **"Torre Veneri"** (Foto) weiterrollen kann. Der goldgelbe Sandstrand ist menschenleer.

(164) WOMO-Badeplatz: Torre Veneri

GPS: N 40° 25' 08.7" E 18° 15' 59.8" **WOMO-Zahl:** 2-3.
Ausstattung/Lage: Küstenpineta, Liegewiesen, Sandstrand, einsam/außerorts.
Zufahrt: Von Frigole 1 km nach Südosten, dann 1,5 km links zum Torre Veneri.

Wenige Meter später auf der Hauptstraße wissen wir, warum es am **Torre Veneri** so einsam war: "Poligono A" ist der erste, inzwischen wohl völlig aufgegebene Abschnitt eines stacheldrahtumzäunten Militärareals, das wir im Halbkreis landwärts umfahren müssen. Aber wenn die Militärs dort nicht mehr 'rumhüpfen, können es doch die Badegäste tun!?
2,5 km später stoßen wir auf die vierspurige Rennstrecke, die LECCE mit dem Badeort SAN CATALDO verbindet. Wir schlagen zunächst einen Haken nach links, um das WOMO-Angebot am Strand zu begutachten; am Leuchtturm geht's nochmals links. Eine autobahnbreite Avenue führt hinter dem Sandstrand zum Jachthafen. Am Straßenrand kann man parken und ins Wasser hüpfen – das ist alles!
Genau 10 km surren die Reifen schnurgerade nach Südwesten, dann liegt das "Centro" von LECCE, der wohl berühmtesten Barockstadt Süd-Italiens, vor uns.

Kurzinfo: I-73100 Lecce (95.000 Einwohner)

Touristen-Info (APT): Via Monte S. Michele 20, Tel.: 0832-314117, Fax: 310238; (IAT): Via Vittorio Emanuele 24, Tel.: 0832-248092 bzw. 800-242815, Info-Stand auch im Eingang zum Kastell (Stadtplan).
eMail: urp.prov.le@mail.clio.it; Net: www.provincia.le.it

Friedhofsparkplatz (nordwestl. der Altstadt, vor dem Obelisk rechts, Gebühr).
Lequile, Sosta Camper 6 km südwestlich von Lecce.

Stadtrundgang: Obelisk, Porta Napoli, Palazzo dei Celestini, Kirche Santa Croce, Giardini Pubblici, Sedile (Palazzo del Seggio) Säule des Hl. Oronzo, Amphitheater, Castello, Dom Santa Maria dell' Assunta, Friedhof mit Kirche SS. Niccolo .

LECCE (aus dem Lateinischen: Lupiae) ist die Hauptstadt der Provinz Lecce. Im Umland von Lecce wird ein weicher Tuffstein abgebaut (Pietra Leccese), der die rasche Ausbreitung des Lecceser Barocks ermöglichte, dessen zahlreiche Bauwerke in der Stadtmitte zu bewundern sind. Wegen des der Stadt eigenen barocco leccese wurde sie auch das „Florenz des Barock“ oder „Florenz des Südens“ genannt. Eines der berühmtesten Beispiele des Barockstils von Lecce ist die Fassade der Basilika Santa Croce.
Ihre wirtschaftliche und künstlerische Blütezeit erlebte die Stadt zwischen 1550 und 1750. Damals erhielt die Altstadt von Lecce auch ihr heutiges charakteristisch-barockes Aussehen. Obwohl sich Lecce den Errungenschaften der Neuzeit keineswegs verschloss, hat sie doch ihr ursprüngliches Aussehen weitgehend beibehalten. Das römische Amphitheater wurde zur Zeit Mussolinis teilweise freigelegt, wobei wertvolle ältere Gebäude abgerissen wurden.
Wichtige Wirtschaftszweige der heute noch wohlhabenden Stadt sind Weinhandel und Tabakverarbeitung. In der Umgebung hat sich ein intensiver Agritourismus entwickelt.

Vor dem Stadion schwenken wir rechts Richtung TARANTO/ BRINDISI ein, dann wieder rechts in die Ringstraße SS 16/ "Viale Giacomo Leopardi", später "Via Ugo Foscolo".
Nach 1,4 km kommen wir bei Resten der Stadtmauer an ein Stopp-Schild mit Kreisverkehr. Hier schwenkt die SS 16/ BRINDISI nach rechts ab, wir folgen geradeaus noch 500 m der Richtung TARANTO/GALLIPOLI, bis wir bei dem schön verzierten Obelisken vor dem Kreisel scharf rechts fahren bis zum Parkplatz vor dem Friedhof [N 40° 21' 35.0" E 18° 09' 59.3"].
Unser Besichtigungsparkplatz liegt (einigermaßen) ruhig und doch so zentral, dass man bis zur Altstadt gerade mal 300 Schritte zu gehen hat – und er kostet nur 2 €/Tag!

(165) WOMO-Stellplatz: Lecce (Friedhof)

GPS: N 40° 21' 31.6" E 18° 10' 07.9"; Via F. Calasso. **WOMO-Zahl:** >20.
Ausstattung/Lage: keine (Altstadt von Lecce: 300 m)/im Ort.
Zufahrt: In Lecce die Ringstraße bis zum Obelisk, dort rechts zum Friedhofsparkplatz, Gebühr 7-12 Uhr 2 €).

(166) Offiz. WOMO-Stellplatz: Lecce/Lequile (Sosta Camper)

GPS: N40° 16' 55.8" E18° 07' 52.4" **WOMO-Zahl:** >20.
Ausstattung/Lage: Ver-/Entsorgung, Strom, Baumschatten, 15 €/ruhiger Ortsrand.
Zufahrt: Tangentiale Est südlich um Lecce herum bis Ausf. 13 A, dann SS 101 bis Lequile zur Zona artigianale, Via Preti di Campi. Shuttleservice 15 €/2 Personen.

Wir beginnen unsere Stadtbesichtigung, vorbei an den Friedhofsblumengeschäften, am **Obelisken**. Dieser lenkt seit dem Jahre 1822 den nicht endenden Verkehrsstrom um sich herum und trägt die Embleme der Provinzen Brindisi, Taranto und Lecce (ein Delphin, der in einen türkischen Halbmond beißt?).
Eine Oleanderallee führt uns zum 20 m hohen Stadttor "Porta Napoli" (mit korinthischen Säulen und den Wappen Karls V.), das den Beginn des **Centro storico** markiert.
Entlang der Via Principe di Savoia erspähen wir bereits einige Kirchen und Adelspaläste, die der Reiseführer gar nicht erwähnt. Wir erkennen aber schon das bevorzugte Baumaterial für den Lecceser Barock: Gelber, weicher Tuffstein, der in der Region reichlich vorkommt, wird gleich

Lecce, Stadttor "Porta Napoli"

im Steinbruch zu handlichen Quadern gesägt. Seine leichte Bearbeitung macht erst die barocken Formen möglich, denen wir nun auf Schritt und Tritt begegnen.
Rechts biegen wir in die Via Umberto I. ein und verharren vor dem **Palazzo dei Celestini** (heute Sitz der Stadtverwaltung) mit der **Basilika di Santa Croce.**

Lecce, Basilika di Santa Croce

Unglaublich! Auch wer sich für den Schnörkelbarock nicht so recht erwärmen kann, muss den Einfallsreichtum, die Formenvielfalt bewundern! Man betrachte nur die Fensterrose ...
Links angebaut ist das Kloster "dei Celestini", heute Sitz der Präfektur (durch deren Innenhof kann man spazieren und

weiter in die "Giardini pubblici" mit Kinderspielplatz, Springbrunnen, Schattenbänken und einem Parkcafé).
Vor dem Kirchenportal wenden wir uns nach rechts, überqueren die Piazetta G. Riccardi, schwenken an ihrem Ende links ein und landen auf der **Piazza Sant' Oronzo**. Von ganz oben grüßt er zu uns herab, der 5 m große Schutzheilige der Stadt.
Er steht auf einer Kopie der Endsäulen der Via Appia, die in BRINDISI nachgebaut wurde. Falls er (weil er dauernd auf McDonald's gucken muss) nach hinten umfallen sollte,

Lecce, Sant'Oronzo und römisches Amphitheater

käme er mitten im Oval des **römischen Amphitheaters** aus dem II. Jahrhundert zu liegen.
Ein Teil der erst 1930 entdeckten Arena ist immer noch nicht ausgegraben. Das ist schon deshalb nicht möglich, weil weitere historische Gebäude darauf stehen. Eines davon, der **Palazzo del Seggio** (auch Sedile genannt), ist der Rest des alten Rathauses aus dem Jahre 1590 und wurde 1937 fast völlig abgerissen.

Wirft man beim Umrunden des Amphitheaters einen Blick nach links, so entdeckt man die vorderste Ecke vom **Kastell** Karl V. Diese annähernd quadratische Festung mit den "modernen" Eckbastionen wurde Mitte des XVI. Jahrhunderts auf den Resten normannischer Ruinen erbaut, um die Türkengefahr zu bannen. Im Eingang wartet eine Außenstelle des Tourismusamtes darauf, Ihnen einen schönen Stadtplan zu überreichen, im (sicheren) Inneren steht der **Burgpalast**, ein Gebäude im Renaissancestil.
Zum Hl. Oronzo zurückgekehrt, marschieren wir am **Palazzo del Seggio** vorbei in die **Via Vittorio Emanuele** hinein, die Straße der **Cartapesta**, der Pappmaché-Künstler.

Es lag wohl an der Gläubigkeit armer Leute, die in der Adventszeit auch eine Krippe aufstellen wollten, aber das Geld für geschnitzte Figuren nicht besaßen.
Not macht bekanntlich erfinderisch – und die ersten Figuren aus Pappmaché entstanden. Dabei wird aus Stroh und Draht ein "Kern" produziert, auf den die Papiermasse aufgetragen wird (Papier wird zerrissen und in Wasser so lange geknetet, bis eine zähe Masse entsteht).
Dann ist der Künstler gefragt, der die feinsten Formen und Falten modellieren muss. Schließlich werden die Figuren angemalt und leicht gebrannt, was ihnen den typischen Lecceser Glanz verleiht.

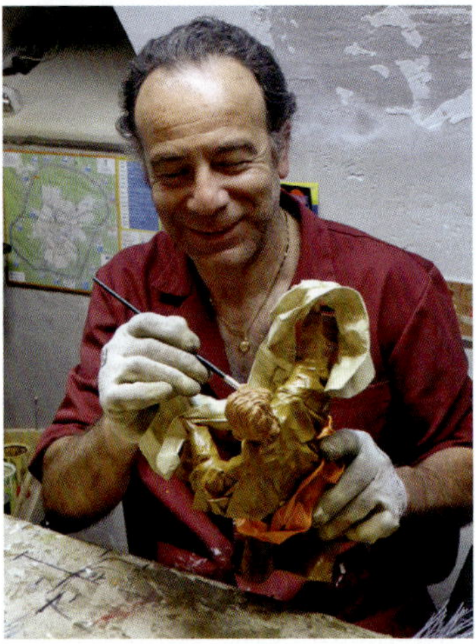

Versäumen Sie keinesfalls, bei Claudio Riso in der Nr. 27 ins Kellergeschoss hinab zu steigen. Dort können Sie den Künstlern über die Schulter schauen – und natürlich eines (oder mehrere) der Produkte kaufen. Aber was heißt schon Pappmaché? Jeder Mensch, der die Produktionstechnik nicht kennt, würde beim Ausgangsstoff eher auf zartestes Meissener Porzellan tippen als auf Abfallprodukte unseres Publikationszeitalters!
Am Ende der Straße schwenken wir links in die (etwas sterile) **Piazza del Duomo** ein (die völlige Leere wird praktischerweise für häufige Freiluftveranstaltungen genutzt).

Aber der Blick erhebt sich ohnehin sofort zu dem 70-m-**Campanile**, der sich nach oben in fünf Etagen verjüngt und verweilt schließlich auf der Hauptfassade des **Domes**, deren zentrale Figur ebenfalls der Hl. Oronzo ist. Sehenswert ist auch das neue Bronzetor aus dem Jahre 2000 (rechter Seiteneingang). Im Inneren weiß man nicht, ob man sich zunächst auf die prachtvolle Kassettendecke konzentrieren oder von Altar zu Altar eilen soll. Versäumen Sie nicht, einen Blick auf die farbenfrohen Steineinlegearbeiten zu werfen.

Die Via Giuseppe Palmieri soll Sie wieder zurück zur **Porta Napoli** tragen. Niemand kann es Ihnen verdenken, wenn Sie auf halbem Wege links in der Pizzeria Station machen (Tische im Freien, große Pizza-Auswahl, Bier vom Fass).

Zurück am WOMO rasten wir eine Weile, denn Friedhof und Friedhofskirche **SS. Niccolo e Cataldo** kann man nicht auslassen! Die Fassade der 1180 errichteten, romanischen

Lecce, Friedhofskirche SS. Niccolo e Cataldo

Kirche (der einzigen in LECCE) wurde im 18. Jahrhundert barock umgestaltet und erhöht. Dadurch muss man sich fast verrenken, um die orientalisch anmutende, achteckige Kuppel seitlich vorbei zu erspähen.
Welche Freude, dass sich die Barockkünstler nicht an das einmalige Portal mit den Pflanzenarabesken und dem Madonnenfresko im Tympanon herangewagt haben.
Der Friedhof von LECCE ist nicht nur ein Ort der Ruhe und Besinnung. Er zeigt uns, dass auch die ewige Ruhe unterschiedlich bequem sein kann: Zwischen palastartigen Grabkapellen liegt man bescheiden unter einfachen Steinplatten.
Auf dem gleichen Weg kehren wir vierspurig ans Meer nach SAN CATALDO zurück, dem Haustrand von LECCE; dessen Pracht sich nur im breiten Sandstrand spiegelt.
Der Andrang der vielen PKWs zeigt uns sofort: Keine Region für Wohnmobile!
An der südlichen Fortsetzung des Strandes, wo wir uns auch in der Hauptsaison weniger Publikum erhoffen, entdecken wir (nach 1900 m, hinter einem Eukalyptuswäldchen) einen großen Kiesplatz [**167:** N 40° 22' 27.4" E 18° 18' 52.0"] direkt hinter dem Strand (saisonale Gebühr).

San Cataldo, freier Badeplatz mit Blick auf den Leuchtturm

Dann beginnt die Reserva naturale **"Le Cesine"** und alles, was motorisiert ist, wird landeinwärts herumgeführt.
Wir nutzen die Gelegenheit, nach rechts einen Umweg über das Wehrdorf ACÁYA zu machen. Durch ein schmales Tor rollen wir in die quadratische Anlage hinein, die eher einer Festung als einem Dorf gleicht. Die hohen Mauern sind noch vollständig erhalten, die Restauration ist in vollem Gange. Beachtenswert sind die **Porta terra** (südliches Stadttor) mit der Statue des Hl. Oronzo und das **Kastell** daneben mit dem dicken Rundturm

und der spitzen Kanonenbastion. Aber auch die **Pfarrkirche** mit dem schön verzierten "Wildwest"glockenturm und die Ruine des **Klosters** sind einen Bummel wert.

Acáya, südliches Stadttor und Kastell

Acaya ist verschwistert mit Kato Achaia auf der Peloponnes (wen wundert's). Falls Ihnen jetzt nach einem Bad dort im griechischen Meer gelüstet – hier sind die Koordinaten [N38° 9' 11.9" E21° 33' 28.9"].

Wir verlassen ACÁJA durch die **Porta terra** (dahinter **Brunnen**), kehren über VANCE (**Brunnensäule** in der Ortsmitte rechts) zur Küste zurück. Dort müssen wir einen 2-km-Haken nach links schlagen, um dem NSG "Le Cesine" einen Besuch abzustatten (nur für kleine WOMOs). An der Station des WWF kann man sein WOMO abstellen und zu Vogelexkursionen aufbrechen.

(168) WOMO-Wanderparkplatz: WWF "Le Cesine"
GPS: N 40° 21' 00.1" E 18° 20' 12.6"
WOMO-Zahl: 2-3.
Direkte Zufahrt: Von San Cataldo ca. 3 km nach Süden, dann links (ausgeschildert).
Ausstattung/Lage: WWF-Infostation (geführte Wanderungen nur sonntgs 16.15 Uhr, sonst wird der Zugang zu den Wanderwegen nur geduldet)/außerorts.

Zurück auf der Hauptstraße, sollten Sie sorgfältig auf die Kilometersteine achten!
Bei »km 8,4« gibt es die erste Abzweigung zum Surfersandstrand (Wegweiser: Ultimaspiaggia) zu einem schattenlosen Strandparkplatz nach 400 m löchriger Piste.

(169) WOMO-Badeplatz: Lido Vivi l'Estate/Ultimaspiaggia
GPS: N 40° 20' 09.3" E 18° 21' 55.0" **WOMO-Zahl:** 2-3.
Ausstattung/Lage: Dünensandstrand/außerorts.
Zufahrt: Von San Cataldo nach Süden bis »km 8,4«, dann links.

Bei »km 8,9« kann man bereits wieder zum Strand hin abbiegen, unter Pinien parken und durch die Dünen zum Wasser stapfen.

(170) WOMO-Badeplatz: Lido Vivi l'Estate/Buena Ventura
GPS: N 40° 20' 09.0" E 18° 21' 59.2" **WOMO-Zahl:** 2-3.
Ausstattung/Lage: Küstenpineta, Liegewiese, Beachbar, Dünensandstrand/außerorts.
Zufahrt: Von San Cataldo nach Süden bis »km 8,9«, dann links.

Auch der "Lido Buena Ventura" wartet mit Bagno-Sonnenschirmen auf. An den nächsten 1000 m bis zum TORRE SPECCHIA RUGGERI gibt es eine ganze Reihe von Parkbuchten vor bzw. hinter dem schönen Sandstrand (aber nicht weit von der Straße entfernt).
Der Badeort TORRE SPECCHIA RUGGERI gehört eigentlich zu MELENDUGNO, was man auch auf dem Ortsschild zu lesen bekommt; lassen Sie sich nicht verwirren!

Links von den paar Ferienhäusern bieten sich klassische Sandstrände an, umringt von Felsen, in die von der Brandung Grotten hineingewaschen wurden. Die Plätzchen hier sind herrlich, die Zufahrten manchmal ziemlich holprig (?). Eine Unmenge von Verbotsschilder (Wohnwagen, Zelte und LKWs über 2,5 t verunsichert aber den gesetzestreuen, deutschen Urlauber). Bei »km 10,8« passieren wir einen **Wasserhahn** rechts der Straße und bei »km 10,85, 11,1; 11,3 und 12,1« sichten wir weitere Zufahrten zu schönen Sandbuchten am Felsklippenstrand, die bei unserem letzten Besuch für WOMOs verboten waren. Eine letzte Zufahrt – dann sind wir bereits in SAN FOCA. Italiener lieben die Nähe von Italienern!

Rocca Vécchia, "km 15"

Und so ist SAN FOCA mit Sicherheit kein Ruheplätzchen für WOMO-Urlauber, denn hier drängt sich plötzlich wieder alles an einem Strand, als gäbe es in der Nähe nichts vergleichbares. Sogar die italienischen WOMO-Freunde zwängen sich zwischen die PKWs am Straßenrand (hinter dem kleinen Jachthafen mit Wachturm eine öffentliche **Toilette**).

Der Ort ist nahtlos mit ROCA VÉCCHIA zusammengewachsen. Am Ortsbeginn, bei »km 15,0«, scharf nach links ein Fahrweg zu einem großen, aber öden Platz neben dem Sandstrand [N40° 17' 50.8" E18° 24' 44.2"].

Bei "km 16,6" sichtet man links Reste der messapischen Siedlung aus dem IV. Jahrh. v. Chr. Die **antike Stätte** ist nur zum Teil gesichert. Badegäste krabbeln auf und zwischen den Kastengräbern und Grabkammern herum.

Messapische Reste und die Grotta della Poesia

Ein in den Fels gemeißeltes Treppengewirr und tiefe, senkrechte Schächte, in denen unten das Meer schwappt, geben dem Betrachter Rätsel auf. Aber der Besucherstrom strebt weiter von der Straße weg zu einer eingestürzten Karsthöhle (**Grotta della Poesia**), nun ein bezauberndes Schwimmbecken.
In TORRE DELL'ORSO tanzt im Sommer der Bär. Deshalb wird der Verkehr gleich mal durchs Landesinnere um den Ort herumgeleitet. Wir nutzen die Gelegenheit und machen einen Abstecher ins Landesinnere. Schnell entdecken wir an der Umgehungsstraße einen riesengroßen Parkplatz, der sich für eine küstenferne, und damit sicher ruhigere Übernachtung eignen würde [**171:** N40° 16' 31.9" E18° 25' 23.2"].
1000 m weiter, an einem Kreisel, geht es rechts zum

(172) Offizieller WOMO-Stellplatz: Parco Camper La Torre
GPS: N40° 16' 40.8" E18° 24' 52.1"; Via Dubrovnik. **WOMO-Zahl:** >20.
Ausstattung/Lage: Ver-/Entsorgung, Strom, Duschen, Sanitärgebäude, Grillstellen, viel Schatten, Gebühr (alles inclusive) 15 - 35 €/außerorts.
Zufahrt: Von San Foca ins Landesinnere Richtung Melendugno (ausgeschildert).

800 m später nochmals eine Sosta Camper mit dem schönen Namen Gran Pasha [N40° 16' 38.0" E18° 24' 18.3"].
Nach 6,5 km kurven wir auf der Umgehungsstraße links um MELENDUGNO herum, rollen weiter Richtung CALIMERA (offensichtlich eine griechische Gründung, die auf gut deutsch "Guten Tag" heißt).
400 m nach Verlassen der Umgehungsstraße machen wir eine Notbremsung, nachdem wir im letzten Moment das Schildle **Dolmen Gorgulante** entdeckt haben. Rechts geht's in einen schmalen Asphaltweg, auf dem wir uns kilometerlang die Augen wund suchen (einen Dolmen kann man doch nicht übersehen!!!?). Auch die auskunftsbereite Landbevölkerung schüttelt

nur hilflos den Kopf. Wir geben auf und kehren zur Hauptstraße zurück. Plötzlich ein Schrei von der Beifahrerseite, gefolgt von einer mir zunächst völlig unverständlichen Lachsalve.

Erst der Anblick des "Zwergendolmen" (100 m nach der Abzweigung links im Olivenhain) [N40° 16' 06.3" E18° 19' 16.6"] bringt auch mich zum Schmunzeln: Vielleicht ist er nicht der kleinste **Dolmen** der Welt, aber er ist mit knapp einem Meter Höhe sicher rekordverdächtig!

Hinweis: Sie sollten am Rand der Hauptstraße parken, der Fahrweg ist sehr schmal und hat lange keine Wendemöglichkeit!

Nach 1500 m weiter auf der Hauptstraße geht es links zum **Dolmen Placa**. Sie werden das Schild nicht erkennen, weil es Ihnen die Rückseite zuwendet, aber die breite Asphaltstraße mit separater Abbiegespur ist nicht zu übersehen. Nach 400 m passieren wir die Zufahrt zu einem Firmengelände, dann führt die Asphaltbahn schmal 300 m weiter bis zu dem (erwachsenen) weißen Kalksteindolmen im Olivenhain, der auch ein ruhiges Picknick- und Übernachtungsplätzchen abgeben würde.

(173) WOMO-Stellplatz: Dolmen Placa

GPS: N40° 15' 31.3" E18° 18' 33.4" **WOMO-Zahl:** 2-3.
Ausstattung/Lage: Olivenbaumschatten/außerorts.
Zufahrt: Von Melendugno Richtung Calimera. 1900 m nach Verlassen der Umgehungsstraße nach links noch 700 m.

Was wird es wohl in CALIMERA geben außer dem griechischen Namen?
Wir finden schnell die **Piazza del Sole** mit dem Bürgermeisteramt (Palazzo comunale), wo man über einen Journalistenbesuch total überrascht ist. Aber schnell wird eine Fotokopie des einzigen Stadtplanes gemacht und uns der Weg zu den **Giardini pubblici** eingezeichnet. Dort steht sie, eine griechische Stele aus dem 4. Jh. v. Chr. Wie die untere Inschrift sagt, ein Geschenk der Stadt Athen aus dem Jahre 1960.
"Zeni sù en ise ettù ‘sti Kalimera" lesen wir, "Du bist keine Fremde hier in Kalimera"...
Aber auch Bänke, Liegewiesen, einen Ententeich, ein bizarres Taubenhaus und eine (fast) perfekte Nachbildung unseres Dolmen Placa sowie die Trommeln einer zusammengestürzten Säule gibt es zu begucken bzw. zu benutzen.
Ein Stück Umgehungsstraße Richtung MARTANO, dann finden wir den Absprung nach BORGAGNE. Nach knapp 1000 m könnten Sie rechts der Straße auf einen großen Schotterplatz einschwenken und ein Museum [N40° 15' 00.3" E18° 17' 54.0"] besuchen. Die Exponate sind so groß, dass sie über die (hohe) Mauer schauen können.

Über BORGAGNE erreichen wir wieder die Küste bei SANT'ANDREA. Beim Überqueren der >SS 611/SP 366> sehen wir das Hinweisschild nach links zur Area Camper "S. Andrea Salento" links der Straße hinter einem Lebensmittelladen [N40° 15' 19.8" E18° 26' 14.9"].
Wir rollen geradeaus weiter und nach 500 m links in die Sosta Camper "I Faraglioni" hinein.

(174) Offiz. WOMO-Badeplatz: Sant'Andrea/I Faraglioni (S. C.)
GPS: N40° 15' 18.0" E18° 26' 35.0" **WOMO-Zahl:** >20.
Ausstattung/Lage: Direkt hinter dem malerischen Felsstrand mit Liegeflächen, Gebühr 12-27 €, Strom 3 €; Camperstop 10-15 €, nur Entsorgung 8 €/Ortsrand.
Direkte Zufahrt: Von Torre dell'Orso 2,5 km nach Süden, dann links.

Auf der Sosta Camper "I Faraglioni"

Sant'Andrea, Badeplatz mit Klippen

Den Namen der Sosta Camper (I Faraglioni = Klippen) begreift man schnell, wenn man oberhalb der senkrecht ins Meer abfallenden, gelben Felsen für einen Badestopp parkt. Stufen führen hinab zu einer geschmackvoll dekorierten, bunt belebten Felsszenerie.

Die bequemen Felssprungtürme und das tiefe, smaragdgrüne Wasser motivieren die männliche Jugend zu waghalsig scheinenden Sprüngen.

Am Ende des Parkplatzes lohnt sich besonders ein Schnappschuss des großen Felsentores.

Als nächstes kommen zwei mit Schlagbäumen verschlossene Feriendörfer, dann, nach 2,8 km, geht es bei »km 23,6« links, vorbei an der Sosta Camper "Tenuta i quattro venti" [N40° 13' 39.2" E18° 26' 42.0"] zum **Campingplatz** "Frassanito". Dieser

Platz ist der schattigste, den wir je erblickten; eigentlich ist er nur ein leicht gelichteter Pinienwald.
Zum schmalen Sandstrand muss man 200 m marschieren.

(175) WOMO-Campingplatz-Tipp: "Frassanito"
GPS: N 40° 13' 57.6" E 18° 27' 29.3"
offen: Ende Juni - Anfang September.
Zufahrt: Von Torre dell'Orso 5 km nach Süden, bei »km 23,6« dann links.
Ausstattung/Lage: sehr schattig; Laden; Bar; Sandstrand: 200 m; WOMO-Ver- und Entsorgung/nächster Ort: 5 km.
Gebühr: 17-46 € all inclusive.

1 km später sichten wir rechterhand den größeren der beiden fischreichen **Alímini-Seen**. Er ist durch einen Kanal mit dem Meer verbunden, während der kleinere durch eine Quelle gespeist wird.
Vor dem Alímini-Kanal kann man linkerhand das WOMO unter Pinien abstellen (falls noch eine Pinie frei ist) und ins Sandstrandmeer hüpfen oder dahinter, im Strandrestaurant "Universo", frischen Fisch aus den Seen speisen.
Die Gegend ist bestens vermarktet, wie man an der Vielzahl der gebührenpflichtigen Parkplätze feststellen kann.
Am Ortsbeginn von OTRANTO, bei »km 33,0« biegen wir zweimal links zum **Campingplatz** "Mulino d'Acqua" ab.

(176) WOMO-Campingplatz-Tipp: "Mulino d'Acqua"
GPS: N 40° 10' 01.7" E 18° 28' 34.5' **Öffnungszeiten:** 1.6. - 10.9.
Zufahrt: Am Ortsbeginn von Otranto, bei »km 33,0« zwei mal links.
Ausstattung/Lage: Schön schattig, Laden, Gaststätte, Pool, kleiner Sandstrand: 400 m; Ver- und Entsorgung / nächster Ort: 1,5 km.
Gebühr: 16-52 € all inclusive, nur Ver-/Entsorgung 12 €.

Otranto Nord, Badeplatz mit Klippenbucht

Natürlich haben wir auch ein freies Plätzchen vor OTRANTO gesucht (und gefunden?).
Ist man bei »km 33,0« links von der Hauptstraße abgebogen, wendet man sich nach 250 m nicht nochmals links zum Campingplatz, sondern fährt rechts und folgt dann immer der Küstenlinie. Nach 1400 m gelangt man auf schmaler Bahn (?) zu einer türkisfarben schimmernden Felsbucht, beiderseits eingerahmt von steilen Felsen mit tiefen Meeresgrotten und Liegeflächen, zu denen man hinabsteigen kann (leider nur eine einzige Parkmöglichkeit am Ende der Sackgasse [**177**: N40° 9' 47.3" E18° 29' 2.5"]).
Nach dem frischen Bade ist Besichtigung angesagt. Wir rollen auf den (ausgeschilderten) Parkplatz von OTRANTO mit WC (Gebühr 1,50 €/Std.) [N40° 08' 51.3" E18° 29' 08.5"].
Entlang der Straße und durch einen kleinen Park spazieren wir, bis wir die schwer befestigte Altstadt betreten können.
Hauptziel eines jeden OTRANTO-Besuchers ist die **Kathedrale Santa Maria Annunziata**. Sicher, die Fassade mit dem schönen Portal zwischen den vorgestellten Säulen und die 16-strahlige Fensterrose mit dem geklöppelten Maßwerk können sich sehen lassen, aber des Besuchers Blick ist nach unten gerichtet, wenn er den Innenraum der Kirche ansteuert.

Otranto, Kathedrale, Fußbodenmosaik

Von 1163-1165 verbrachte **Bruder Pantaleonis** vom nahen Basilianerkloster jeden Tag auf dem Kirchenboden, umgeben von tausenden kleiner Steinchen: Er schuf sein Lebenswerk, ein Meister-Puzzle, dessen Mosaiksteinchen das gesamte Mittelschiff durchziehen, sich ins Querschiff verbreiten und erst in der Apsis enden.
Bruder Pantaleonis berichtet über die Kenntnisse seiner Zeit für die An-

alphabeten der Gemeinde: Biblische Geschichten wechseln ab mit Bildern exotischer Tiere (Foto), von Halbgöttern und Fabelwesen, auch der Meister selbst hat sich dargestellt.
Dabei erkennt auch der Laie, dass Bruder Pantaleonis kein Künstler im eigentlichen Sinne war; viele Gestalten wirken plump oder verzerrt. Das Besondere des Kunstwerkes liegt in seiner Größe und dem ausgezeichneten Erhaltungszustand.
Auch die Krypta ist einen Besuch wert! Durch einen Wald von Säulen erspäht man ganz gut erhaltene Freskenfragmente.

Nach einem erholsamen Bummel durch die Gässchen des **Centro storico** geht es weiter Richtung SANTA CESÁREA. Dabei entdecken wir beim Hafen einen teilweise kostenlosen Parkplatz mit Mineralwasserautomaten [N40° 8' 32.2" E18° 29' 43.1"] und nahe der Umgehungsstraße die Sosta Camper "**Oasy Parc**" [N40° 08' 16.2" E18° 29' 21.3"], über einen Kilometer vom Zentrum entfernt.

Otranto, Kathedrale und Kastell

Die flache Landschaft läuft schon seit einer Weile nicht mehr in seichten Sandstränden aus, sondern bricht abrupt mit einer 30-m-Steilküste ab. Hier steht kaum ein Baum. Nur dürres Gras, dem man den Durst nach einem Regenschauer förmlich ansieht. 5 km nach OTRANTO zweigt ein Fahrweg ab [N40° 6' 30.0" E18° 31' 0.5"] zum Leuchtturm von Otranto an der **Punta Palascia**, dem östlichsten Punkt Italiens.
Kurz vor PORTO BADISCO liegt links der Straße die Sosta Camper "**Grotta dei Cervi**" [N40° 05' 16.7" E18° 29' 14.9"], ein freundliches Wiesenareal. Die nahe Hirschgrotte (so genannt nach ihren jungsteinzeitlichen Felszeichnungen) ist leider nicht für gewöhnliche Sterbliche zugänglich.
1 km weiter sind wir in PORTO BADISCO. Hier kann man das WOMO neben der Straße parken oder (in der Nebensaison) eine kurze Stichstraße hinabfahren zu einem gebührenpflichtigen Parkplatz. Die Bucht ist traumhaft: Kleiner Sandstrand, felsflankiert; türkisblaues Wasser; in der Saison viele Badegäste! Hinter der Bucht zieht die Straße wieder hoch, am Ortsende links großer Schotterplatz [N 40° 04' 43.7" E 18° 28' 58.3"].

Die Traumbucht von Porto Badisco

Ein runder Wachturm weit über dem Meer bietet sich als Fotomotiv an; die Straße kurvt etwas orientierungslos zwischen Felswänden dahin, als suche sie mit uns das Meer, steigt dann an einer Felskante unter Pinien zum Wasser hinab; Erinnerungen an die Chalkidike werden wach.

Nach 5 km sind wir in SANTA CESÁREA TERME. Ein Gebäude im maurischen Stil (Foto) fesselt unseren Blick:

Diese Villa Sticchi wurde 1894 - 1900 von dem ersten Pächter der hiesigen Thermen erbaut.

Unterhalb der Straße spärliche Felsstrandbademöglichkeiten in einer kleinen Bucht.

Wesentlich größer ist das Parkplatzangebot 500 m südlich des Ortes beim wohlrestaurierten **Torre di Miggiano**. Das absolut glasklare Badewasser verdankt der Besucher jedoch der gänzlich sandlosen Klippenküste.

(178) WOMO-Badeplatz: Torre di Miggiano

GPS: N 40° 1' 48.7" E 18° 26' 58.5"

WOMO-Zahl: 3-4.

Zufahrt: 500 m südlich des Ortsendes von Santa Cesárea Terme links.

Ausstattung/Lage: keine, Schotterplatz mit Bademöglichkeiten (Felsküste), saisonale Gebühr/außerorts.

Hinweis: 100 m weiter liegt oberhalb der Küste der Campingplatz "Porto Miggiano".

3,5 km weiter südlich geht es links hinab zum Parkplatz (gebührenpflichtig 1 €/Stunde) vor der **Grotta Zinzulusa** (offen: 10-19 Uhr; Picknickplatz mit **Toilette**).

Die Grotte öffnet sich vor uns mit einem spektakulären Höhlenschlund, von dessen Decke fransenartige Stalaktiten herabhängen (Zinzuli = Lappen). Emanuele führt uns in gutem Deutsch durch die Tropfsteinhöhle, deren angenehme Kühle (und 95% Luftfeuchtigkeit) schon allein einen Besuch wert wäre! Ein schmaler Gang windet sich zwischen den Stalagmiten und Stalaktiten hindurch bis zu einem großen, domartigen Höhlenraum – ab hier geht es nur noch für Taucher weiter. Diese entdeckten in dem unterir-

dischen Gewässer endemische (nur hier existierende) Krebs- und Schwammarten, deren Verwandte schon lange ausgestorben sind.
Im Gegensatz zu den meisten Küstenhöhlen ist die **Grotta Zinzulusa** keine Meeresgrotte, die von hineinschlagenden Wellen ausgehöhlt werden; sie verdankt ihre Existenz einem unterirdischen Süßwasserbach. Zwischen Parkplatz und Höhleneingang hat man eine kleine Badeplattform in die Klippenküste betoniert, einen Pool angelegt ...

Bereits 1 km später durchqueren wir das weiße Häusermeer von CASTRO. Die Badegäste haben die Straße beidseitig zugeparkt, um sich ähnlich eng unten auf die Klippenküste zu quetschen. Die nächste Bucht heißt ACQUAVIVA und bietet das gleiche Bild. Dabei kann ich mir kaum vorstellen, dass es ein erstrebenswertes Gefühl ist, auf einer scharfzähnigen Klippe zu liegen. Selbst ein gut gepolstertes Walross würde hier die Nase rümpfen!
In MARINA DI ANDRANO hat man dazugelernt und am Ufer Liegeflächen betoniert, gepflasterte Wege führen hinab.

(179) WOMO-Badeplatz: Marina di Andrano
GPS: N 39° 57' 50.2" E 18° 24' 15.3" **WOMO-Zahl:** 3-4.
Ausstattung/Lage: Toilette, Wasserhahn, Gebühr/im Ort.
Zufahrt: In Marina di Andrano bei »km 28« links.

Was soll's, liebe Leser! Das ist keine Badeküste, sondern eine Strecke zum Schauen, zum Staunen: Der Absatz von Italiens Stiefel ist massiver Fels bis hinein ins blaue Meer!
Oder ist es eher grün?
Diese Frage sollen Sie beim Blick vom großen Parkplatz [N 39° 47' 46.6" E 18° 22' 5.3"; Bänke, Brunnen, WC] der Pilgerkirche **Santa Maria di Léuca** beantworten, direkt neben dem 47-m-Leuchtturm auf dem 60 Meter hohen, weißen Kalkfelsen des **Capo Santa Maria di Léuca** (Zufahrt zeitweise für WOMOs gesperrt).

Dieser magische Punkt markiert die Grenze zwischen der blauen **Adria** und dem grünen **Ionischen Meer**. Ist es nur ein Werbespruch, hatten wir das falsche Wetter oder kamen wir am falschen Tag zur falschen Uhrzeit: Wir konnten den einmaligen Ausblick genießen, aber keinen Farbunterschied ausmachen!
Aber vielleicht haben wir in der Wallfahrtskirche mehr Glück!? Einst soll der Apostel Petrus am Capo Léuca (griech. Akro Leuca = weiße Spitze) seinen Fuß erstmals auf italienischen Boden gesetzt haben. Seitdem glaubt jeder Pilger, der den weiten Weg zur **Muttergottes von Léuca** nicht scheut, dass sich einst auch ihm problemlos die Pforten des Paradieses öffnen werden.

Capo Santa Maria di Léuca mit Pilgerkirche, Mariensäule und Leuchtturm

Eine Marien-Statue haben wir bereits vor der Kirche auf der hohen Säule erblickt. Sicher ist sicher, sagen wir uns und betrachten auch noch besonders intensiv die "Madonna mit Kind im blauen Faltengewand" im rechten Seitenarm des Kirchenvorraumes ...

Der Hafen von LÉUCA ist ein großer, langgezogener Bogen. Links beginnt er mit dem Jachthafen. Schwenkt man am Beginn scharf links so kommt man bei zwei Charterfirmen vorbei, wo man Touren zu den Meeresgrotten rings ums Kap buchen kann (der 2-Stunden-Trip kostet ca. 12 Euro (6-10 Jahre: 6 Euro).
Am Ende der Stichstraße steht man recht schön am Fuße der prächtigen "Cascata monumentale" mit einer Treppenanlage, die von der Pilgerkirche herabführt (Parkgebühr).
Nach rechts schließt sich die Hafenstraße mit Restaurants, Andenkenbuden und Appartementhäusern an.
1600 m weiter westlich steht man auf dem felsigen Plateau der **Punta Ristola**, dem garantiert südlichsten Punkt Apuliens (genau 3519 km vom Nordkap entfernt; Luftlinie!). Leider kann man nicht mehr auf das felsige Plateau rollen, sondern muss am Rande der Straße parken [N39° 47' 27.5" E18° 20' 42.3"].

Hier kann man nicht nur ruhig stehen – sondern auch mit wenigen Schritten zum Teufel gehen!
Marschiert man nämlich vor zur Spitze des Kaps, so öffnet sich zu

Füßen des erstaunten Wanderers plötzlich ein Höllenschlund, die **Grotta Diavolo**. In ihr konnte man bis zum brausenden Meeresspiegel hinabsteigen. Besorgt um jeden einzelnen Touristen, hat man das Höllenloch inzwischen eingezäunt.
Wesentlich angenehmere Badeplätze haben uns italienische Freunde auf der Westseite des Kaps versprochen, auf geht's!
Eine erste (positive) Überraschung ist bereits nach 1000 m die neue Sosta Camper Marcheddhu (info@marcheddhuparking.it).

(180) Offiz. WOMO-Stellplatz: Marcheddhu (Sosta Camper)
GPS: N 39° 47' 50.7" E 18° 20' 2.7"
WOMO-Zahl: > 5.
Ausstattung/Lage: Ver-/Entsorgung, Strom/außerorts. Gebühr 15-25 € all incl.
Zufahrt: siehe Text.

Die nächsten Kilometer sichten wir nur Geröllstrand, passieren die Einfahrt zum **Campingplatz** "Villa Paradiso" und das Ortsschild von SAN GREGORIO.
Dann kommt TORRE VADO – immer noch Klippenstrand – aber bei POSTO VECCHIO (mit Sosta Camper) erstreckt sich vor unserem begeisterten Auge der erste, lange Sandstrandbogen des Ionischen Meeres. Für einen Badestopp gibt es reichlich Parkplätze neben der Straße – und die sind nachts kostenlos.
Auch der Ort PESCOLUSE liegt noch an der riesigen Sandbucht und ein schön angelegter Parkplatz wartet auf Sie **[181:** N39° 50' 13.6" E18° 15' 06.2"]. Nachts darf man nur an seinem Rande parken.
Auf halbem Wege zum nächsten Ort TORRE PALI schwenken wir links hinab zum Sandstrandmeer, folgen dem Wegweiser "Maldive del Salento", wo man für 4-8 € im Schatten von Bäumen parken darf **[182:** N39° 50' 15.3" E18° 14' 47.7"].
Noch vor TORRE PALI, einer großen Feriensiedlung, sichten wir links riesige kostenfreie Parkplätze vor dem Kanal (der sie vom Strand trennt), z. B. "Seychelles":

(183) WOMO-Badeplatz: Seychelles
GPS: N 39° 50' 8.0" E 18° 14' 9.5" **WOMO-Zahl:** > 50.
Ausstattung/Lage: keine, öder Schotterplatz, am Sandstrand Duschen, Gaststätte/außerorts.
Zufahrt: Zwischen "Maldive del Salento" und Torre Pali den Riesenwegweisern nach links zum Strand folgen.

Bei der Weiterfahrt Richtung LIDO MARINI entdecken wir eine ganze Reihe von Pisten direkt zum Meer. Diese sind nicht

versperrt, wie wir das bereits zur Genüge erlebt hatten. Sie können sich auf eigene Faust auf die Suche machen ...
In LIDO MARINI, 2 km weiter, machen wir es am Meer genau umgekehrt: Wir schwenken dort nach rechts und könnten bald hinter dem Dünenstrand an verschiedenen Stellen einparken. Rechts der Piste zieht sich ein Etang dahin. Fast sieht es aus, als könne man zwischen See und Meer bis TORRE MOZZA hindurchrollen – aber leider entpuppt sich die Wasserfläche als Meeresbucht mit Kanal in die offene See, und der ist nur mit einem Fußgängerbrückchen überspannt. Vorteil einer solchen Sackgasse ist der geringe Verkehr! Folglich können wir das Plätzchen am Etang besonders empfehlen!

(184) WOMO-Badeplatz: Lido Marini (Etang)
GPS: N 39° 51' 05.0" E 18° 10' 29.6" **WOMO-Zahl:** 2-3.
Ausstattung/Lage: Sandstrand, Angelmöglichkeit im Etang/außerorts.
Zufahrt: In Lido Marini links zum Meer abbiegen und dort rechts bis zum Kanal.

1500 m sind es auf der Hauptstraße bis TORRE MOZZA. Unser Ziel brauchen wir Ihnen kaum zu verraten!?
Biegt man links in den Ort hinein und am Meer wieder links, so kommt man logischerweise auf die andere Seite des Etangs. Auch hier zieht sich der Strandbogen entlang – und fürs WOMO endet die Bahn vor der Fußgängerbrücke [**185:** N39° 51' 04.9" E18° 10' 17.4"]!
Schwenkt man in TORRE MOZZA am Meer rechts und schaukelt 1200 m hinter den flachen Dünen entlang, so kann man – bis man von einer Schranke vor der Pineta gestoppt wird – unter einer Vielzahl von Sandstrandstellplätzen wählen.

(186) WOMO-Badeplatz: Torre Mozza
GPS: N 39° 51' 40.2" E 18° 09' 21.5" **WOMO-Zahl:** 3-4.
Ausstattung/Lage: Sandstrand/außerorts.
Zufahrt: In Torre Mozza links zum Meer abbiegen und dort rechts.

LECCE
Veglie
Copertino
Torre Lapillo
Porto Cesáreo
Torre Squillace
Sant' Isidoro
Fraseone
Marina di Inserraglio
Nardo
Galatina
Corigliano
Galatone
Aradeo
Secli
Cutrofiano
Máglie
NSG
Santa Caterina
Santa Maria al Bagno
Lido Conchiglie
„Vecchia Torre"
Gallipoli
Alezio
Baia verde
Punta del Pizzo
„Baia di Gallipoli"
Casarano
Marina di Mancaversa
Posto Racale
Torre Suda
Taurisano
Capilungo
Ugento
Posto Rosso
San Giovanni
Torre Mozza
„Riva di Ugento"
Torre Pali
Pesco-louse
184:Lido Marini
20 km
N

KARTE TOUR 8

TOUR 8 (ca. 120 km / 2-3 Tage)

Torre Mozza – San Giovanni – Marina di Mancaversa – Gallipoli – Santa Maria al Bagno – Galatone – Cutrofiano – Máglie – Galatina – Nardo – Fraseone

Freie Übernachtung: Torre Mozza, San Giovanni, nördl. Marina di Mancaversa, Gallipoli, Santa Caterina, Fraseone.

Ver-/Entsorgung: Camping "Riva di Ugento", San Giovanni, Camping "Vecchia Torre", Santa Maria al Bagno (Sosta Camper).

Trinkwasserstellen: Marina di Mancaversa, Cutrofiano.

Campingplätze: San Giovanni: "Riva di Ugento", Gallipoli: "Vecchia Torre".

Baden: Torre Mozza, San Giovanni, Posto Rosso, Torre Suda, Punta del Pizzo, südl. Gallipoli, Santa Maria al Bagno, Fraseone.

Besichtigungen: Gallipoli, Galatone, Cutrofiano, Máglie, Galatina, Nardo.

Nur 2,5 km auf der Hauptstraße – und schon kann man wieder zum Meer abzweigen (Wegweiser: Iberotel/Camping "Riva di Ugento").

Der **Campingplatz** liegt sehr schön schattig und naturbelassen im Pinienwald direkt hinter dem Traumstrand.

(187) WOMO-Campingplatz-Tipp: "Riva di Ugento"

GPS: N 39° 52' 31.8" E 18° 08' 24.3" **Öffnungszeiten:** 15.5. - 25.9.

Ausstattung/Lage: sehr schattig; Laden; Gaststätte; am Sandstrand; Kinderpool; Hundeverbot, WOMO-Ver- und Entsorgung / nächster Ort: 3 km. Gebühr 21 -59 €.

Zufahrt: 2,5 km nordwestlich von Torre Mozza links zum Meer (ausgeschildert).

Schwenkt man vor dem Camping rechts, so kommt man am Astor-Beach-Hotel vorbei zu einem riesigen, schattenlosen Parkplatz (saisonal 3 €) [N39° 52' 31.2" E18° 08' 12.9"], nebenan Kinderspielplatz unter Schattenbäumen, zum schönen Sandstrand sind es noch 200 Schritte.

Nach weiteren 2 km biegen wir schon wieder links zum Strand ab, weil eine "Sosta Camper" angezeigt ist. Der große Platz heißt "Rivamare", besteht zum größten Teil aus Wiese, hat aber auch einen schön schattigen Bereich für WOMOs.

(188) Offizieller WOMO-Badeplatz: "Rivamare"

GPS: N 39° 53' 09.3" E 18° 07' 16.5" **Öffnungszeiten:** saisonal.

Ausstattung/Lage: Ver-/Entsorgung, Wasser, z. T. Schatten, Liegewiese, Gebühr 19-35 €/nächster Ort: 500 m.

Zufahrt: 4,5 km nordwestlich von Torre Mozza links zum Meer (ausgeschildert).

500 m später kommen wir an eine Vorfahrtsstraße, links geht es zum Zentrum von SAN GIOVANNI. An der Küste angekommen (beim Rundturm) halten wir uns rechts und entdecken bereits nach 500 m freie Stellmöglichkeiten direkt am Wasser; der Strand ist meist eine Mischung aus Fels und Sand.

Nahtlos wechseln wir in den Ort POSTO ROSSO über, wo der Strand nur noch aus Klippen besteht. Trotzdem findet auch er Badeliebhaber.

Nach 5 km haben wir CAPILUNGO erreicht, nach 8 km durchqueren wir TORRE SUDA (Stellplätze an der Klippenküste [N39° 56' 55.8" E18° 01' 49.6"]).
Nach 12 km sind wir in MARINA DI MANCAVERSA, und das (Strand-)Bild hat sich immer noch nicht geändert. Immerhin sichten wir mehrere gusseiserne **Wassersäulen** im Ort, z. B. vor der Kirche [N 39° 58' 2.8" E 18° 1' 21.7"] bei den Pinien, auch einen reichlich vergammelten **Stellplatz ohne Entsorgung** [**189:** N39° 58' 09.6" E18° 01' 28.9"] gibt's 100 m weiter rechts am Ende der Via Posillipo (Foto).

Am Ortsende verlassen wir die Hauptstraße Richtung GALLIPOLI und folgen nach links einem "Geheimtipp". Wir passieren nach 600 m die **Abzweigung** in eine schmale Schotterstraße (die Sie sich merken sollten) und erreichen (am Schluss auf staubigem Schotter mit vielen Geschwindigkeitsbremsen) endlich wieder einen Sandstrand, den **"Lido Torre del Pizzo"** [N 39° 59' 40.0" E 18° 0' 24.7"] (Foto).
Aber Seltenes ist teuer (allerdings nur in der Hauptsaison!): Parkplatz 1,50 €, Zutritt zum Strand 1,50 € (Sonnenschirm und Liege kosten extra). Das blöde bei dem Plätzchen: Nachts wird es abgeschlossen – und Sie stehen ohne Übernachtungsmöglichkeit 'rum (wenn Sie sich nicht die o. a. Abzweigung gemerkt haben!).

Diese ist markiert mit dem Wegweiser "Cotriero" und führt zu einer Strandbar. Vor ihr kann man auf dem Riesengelände parken – und natürlich auch einkehren.

(190) WOMO-Stellplatz: Strandbar Cotriero

GPS: N 39° 58' 59.2" E 18° 0' 21.7" **WOMO-Zahl:** 3-4.
Ausstattung/Lage: Strandbar, Bademöglichkeit/außerorts.
Zufahrt: Von Marina di Mancaversa 600 m Richtung Lido Torre del Pizzo, dann links zur Strandbar Cotriero.

Aber man muss ja gar nicht dem "Geheimtipp" folgen. Rollt man nämlich auf der Hauptstraße Richtung GALLIPOLI weiter, so kann man bereits nach weiteren 2,7 km links zum Strand fahren am linken Rand der **Baia verde**, dem riesigen Sandstrandbogen südlich von GALLIPOLI. Nach 400 m steht man schön schattig in der dichten Pineta (falls dort kein Platz ist, gibt es große Parkbereiche in der Sonne), zum Strand hinab sind es ein paar Schritte.

(191) WOMO-Badeplätze: Gallipoli (Baia verde)

GPS: N 40° 0' 08.6" E 18° 01' 02.9" **WOMO-Zahl: je** >20.
Ausstattung/Lage: Mülleimer, Schatten, Sandstrand mit Felsen, Sonnenschirmvermieter, Camping verboten, saisonale Gebühr 5 €/außerorts (nur dieser erste Platz wird nachts verschlossen). **Zufahrt:** Von Marina di Mancaversa 2,7 km Richtung Gallipoli, beim Camping "Baia di Gallipoli" links zur Pineta.

Gegenüber dieser Strandzufahrt liegt der **Campingplatz "Baia di Gallipoli"** mit Wohnmobilentsorgung, der mit kostenlosem Strandtransfer seinen Gästen den 800-m-Fußweg zum Strand abnimmt (Info: www.baiadigallipoli.com).
Nach 600 m kommt die nächste Zufahrt zu einem Plätzchen an der Strandpineta, nach 400 m die übernächste, nach weiteren 600 m die überübernächste – und so geht es weiter.
Dabei rückt das Meer immer näher, so dass die Autos schließlich am Straßenrand parken. Einige Hotels versperren den Strandzugang – und schließlich wird man gar von der Strandstraße auf die >SS 274< abgeleitet, auf der wir gen GALLIPOLI (griech.: kali polis = schöne Stadt) rollen. Die Altstadtinsel ist für WOMOs tabu, aber auch an der direkten Zufahrt zum großen Hafenparkplatz steht ein Verbotsschild. Dafür hat man ca. 1200 m vor der Altstadt einen großen Parkplatz eingerichtet [**192:** N40° 03' 18.3" E17° 59' 49.8"] (10 €/Tag).

Fontana ellenistica

Falls Sie ein gutes Navi haben, können Sie sich vielleicht (auf der Altstadtbrücke rechts) doch zum Hafenparkplatz hinschlängeln [N40° 03' 26.5" E17° 58' 33.1"] ...

Links davor steht das älteste Bauwerk des Ortes, die **Fontana ellenistica**, der griechische Brunnen.
Eigentlich waren die drei Reliefs Schmuckstücke einer römischen Thermenanlage aus dem III. Jahrh. v. Chr. (man beachte die Liebesszenen!), die erst gegen 1560 an diesem Platz zusammen mit einem Wappen von Philipp II. (von Spanien, siehe "Geschichte") zu einer Brunnenwand zusammengesetzt wurden.

Gallipoli, Blick von der Fontana ellenistica zur Altstadtinsel

Von hier aus hat man das schönste Motiv von GALLIPOLI (mit den netzeflickenden Fischern im Vordergrund). Selbstbewusst präsentieren sich die runden Bastionen des **Castellos**, die auf den Resten von Vorgängerbauten Anfang des XVI. Jahrh. ihr heutiges Aussehen erhielten.
Wir spazieren auf der rechten Brückenseite hinüber zum großen Hafenparkplatz, marschieren eine Treppe hinauf zur Altstadt. Rechts auf der Ringstraße kommen wir als erstes zur Kirche der Hl. Maria der Reinheit (**Chiesa della Puritá**). Ihre Innenwände sind vollständig mit riesigen Ölgemälden (auf einem ist gerade Goliath enthauptet worden) bedeckt.
Hinter der Kirche schwenken wir links, beim riesigen Gummibaum rechts, wieder links – und stehen vor der **Kathedrale Sant'Agata**. Auch in deren Innenraum wird der Blick des Besuchers von über 100 Ölgemälden gefesselt, die meisten stammen aus dem 17. und 18. Jahrhundert.
Wendet man sich vor Erreichen der Kathedrale nicht links, sondern rechts, so kommt man zum **Museum** (rechts) und zum **Frantoio Ipogeo** (gegenüber). Während das Museum ein Sammelsurium von Schätzen birgt,

historische Ölmühle

das von Waffen aller Generationen, Fossilien, Münzen, ausgestopften Tieren (u. a. ein 20-m-Wal) über eine archäologische Abteilung bis zur Bibliothek mit 12.000 Bänden reicht, ist der **Frantoio Ipogeo** nichts weiter als eine – sehr gut erhaltene, unterirdische Ölmühle!
Seit dem 17. Jahrhundert wurden hier Oliven ausgepresst, um Lampenöl herzustellen. Mit Aufkommen des billigeren Petroleums stellten die meisten Ölmühlen ihren Betrieb ein (offen: 9-13, 16-19 Uhr, Mo geschl.).

Ein paar Schritte weiter erreichen wir bei der Kirche San Francesco wieder die Stadtmauer, schwenken links und schließen die Umrundung GALLIPOLIS ab (an dieser Ringstraße auf der Stadtmauer drei **Wasserspender**).
Die Krönung der Stadtbesichtigung ist der Bummel über den **Fischmarkt**, der traditionsgemäß unterhalb der Brücke stattfindet. Hier bekommen alle Sinne Vollbeschäftigung: Der Frischfisch glänzt in allen Farben, wird lauthals von den Verkäufern angepriesen. Der Geruchssinn ist noch mit Sortieren beschäftigt, während wir beim Ausnehmen von Seeigeln zuschauen. Den Zuschlag bekommt der Fischhändler Scanisato, der gerade daumendicke Scheiben Schwertfisch abschneidet ...

Der Wegweiser für unsere Weiterfahrt lautet zunächst LECCE. 2 km später schwenken wir jedoch links auf die Küstenstraße

Richtung SANTA MARIA AL BAGNO/LIDO CONCHIGLIE. Kaum abgebogen, liegt rechts die Agricamper "Torre Sabea" mit praktischem Shuttleservice nach Gallipoli.

(193) Off. WOMO-Stellplatz: Agricamper Torre Sabea

GPS: N40° 04' 22.2" E18° 00' 24.3"
WOMO-Zahl: >20.
Ausstattung/Lage: Schön angelegt, VE, Shuttleservice 1 €/Strecke, Gaststätte, Verkauf lokaler Produkte, Gebühr: 15-34 €/außerorts.
Zufahrt: Von Gallipoli Richtung Lecce, dann links S. Maria al Bagno.

2 km seit der Gabelung liegt beidseits der Straße der **Campingplatz "Vecchia Torre"**, wobei die Stellplätze und die Sanitäranlagen links (am Strand), das Restaurant rechts zu finden ist.

(194) WOMO-Campingplatz-Tipp: "Vecchia Torre"

GPS: N 40° 4' 57.2" E 18° 00' 39.6" **Öffnungszeiten:** 1.6. - 30.9.
Ausstattung/Lage: schön schattig; Laden; Gaststätte, Sandstrand; WOMO-Ver- und Entsorgung / nächster Ort: 4 km.
Zufahrt: Von Gallipoli 4 km nach Norden Richtung Santa Maria al Bagno.
Sonstiges: Stellplätze z. T. zu nahe der Straße.

Die Straße schlägt einen Bogen durchs Landesinnere und kommt erst in LIDO CONCHIGLIE wieder ans Wasser. Hinter dem Ort durchqueren wir ein Felsenchaos (dahinter wieder große Parkbereiche mit Klippenküste); die nächsten Ort heißen LA REGGIA und SANTA MARIA AL BAGNO.

Vor den eigenwilligen vier Säulen, die man (völlig richtig) als Eckbastionen eines eingestürzten Verteidigungsturmes interpretiert, beginnen wir unseren nächsten Inlandsabstecher, folgen dem Wegweiser nach GALATONE.

Dort parken wir nach 7 km vor dem "Pro Loco", das in einem gewaltigen, quadratischen Festungsturm am Ostrand der historischen Altstadt (Piazza SS. Crocifisso) untergebracht ist [N 40° 8' 54.4" E 18° 4' 24.7"].

Bewaffnet mit einem großen Stadtplan und der Ermahnung, ja keine der acht Kirchen, sieben Adelspaläste, dreizehn Häuser

Galatone, Fresken im ehemaligen Franziskanerkloster

mit sehenswerten Innenhöfen, Turm, Castello, Kloster und unterirdische Ölpresse auszulassen.

Schräg gegenüber, im ehemaligen **Dominikanerkloster** (jetzt Bürgermeisteramt) beginnen wir unseren Rundgang mit Besichtigung des Brunnens und der **Fresken** im Innenhof, dann lassen wir uns durch die Straßen und Gassen treiben. Die Chiesa dei SS. Sebastiano e Rocco wird Ihnen auch gefallen (Foto)!

Weiter geht's über SECLI und ARADEO nach CUTROFIANO.

Sind Sie es auch leid, dauernd von Meissener Porzellan zu speisen, träumen Sie von der Rückkehr zu solider Tonware? Dann sind Sie in CUTROFIANO richtig!

Wir besuchen die **Töpferei**

der Gebrüder Coli, eine der letzten Werkstätten, denen der Ort seinen Namen als Zentrum der salentinischen Keramikproduktion verdankt.

Auf offener Straße [N 40° 7' 32.2" E 18° 12' 14.2"] trocknen die Teller und Schüsseln, die gerade die Töpferscheibe verlassen haben. Wir treten ein und schauen zu:
Ein wohlabgewogener Tonbatzen wird auf der Töpferscheibe platziert, die, im IV. Jahrtausend v. Chr. in Mesopotamien erfunden, seitdem kaum ihr Aussehen verändert hat.
Die Hände werden angefeuchtet und der Apparat mit dem Fuß in Bewegung gesetzt. Vorsichtig drücken die Hände gegen den Ton, sie scheinen ihn zu streicheln – und schon wächst die Wandung der Schüssel zwischen den Fingern empor, erhält ihre gleichmäßig runde Form.
Wir wenden uns den Malkünstlern zu, die auf die getrockneten Vorprodukte mit feuerfesten Farben Muster, Blumen, Figuren oder ganze Stillleben auftragen.

Die alten, holzgeheizten Brennöfen sind nur noch selten in Betrieb. Moderne Geräte mit Ölfeuerung haben sie abgelöst, garantieren gleichmäßig gebrannte Scherben und weniger Abfall.
Wir entscheiden uns im Verkaufsraum für zwei supergroße Pizzateller, und ich erhalte das Versprechen von meiner Lieblingsköchin, dass zu Beginn der Mahlzeit stets nur der äußerste Rand zu sehen sein soll...

In MÁGLIE, dem Geburtsort von Aldo Moro, kann man sich auf der zentralen Piazza, die seinen Namen trägt, ins Straßencafé setzen – nachdem man wenigstens einen Blick auf den fünfstöckigen Barockturm der **Kathedrale San Nicola** geworfen hat (am

Ortsende **Stellplätze** hinterm Stadion [**195:** N 40° 7' 48.8" E 18° 17' 23.4"]).

Wir sind in der **Murge Salentine**, einer trockenen Karstlandschaft mit roten Böden zwischen den überall aufgeschichteten Lesesteinmauern. Vor der Hitze flüchten sich die Landarbeiter in selbst errichtete Trulli-Schutzhütten, die auf

den Feldern und Weiden stehen: Ebenfalls aus Kalksteinen aufgeschichtet, sind sie mal rund und mal eckig, meist haben sie die Form eines Kegelstumpfes mit Dachterrasse, zu der eine Außentreppe hinaufführt.

Von MÁGLIE nach CORIGLIANO nutzen wir ein Stück die >SS 16< Richtung LECCE, bereits an der Ausfahrt Corigliani ist das **Castello de 'Monti** angezeigt. Um dieses "schönste Denkmal der militärischen Architektur des 16. Jahrhundert in der Region Otranto" zu besichtigen, parkt man am besten am Rande des Stadtparkes [N40° 09' 28.8" E18° 15' 22.9"], wo man sich nach der Besichtigung auf Schattenbänken erholen kann.

Corigliano, Castello de 'Monti

Nach GALATINA kommt man wegen der prächtigen, gotischen **Kirche Santa Caterina di Alessandria** (bestens ausgeschildert; man fährt direkt bis vor die Kirchenfassade [N 40° 10' 21.9" E 18° 10' 19.2"]). Den fünfschiffigen Bau betritt man durch ein einmaliges Portal:

Flankiert von zwei Säulen, die wie üblich von zwei (inzwischen kopflosen) Löwen getragen werden und auf denen (ebenfalls enthauptete) Adler hocken, wird der Blick zunächst auf den Türsturz gerichtet, wo Christus sich schon durch seine Größe von den Aposteln abhebt. Drei grazil mit Tiergestalten und Rankenwerk verzierte Reliefbögen rahmen die Tür ein.

Weiter gleitet der Blick nach oben – wen mag nur die Gestalt darstellen, die mit verschränkten Armen aus dem winzigen-Fensterchen im Türgiebel guckt?

Zwölfstrahlig ist die Rosette über dem Portal. Auch sie ist von feinstem Rankenwerk umgeben.

Im lichtdurchfluteten Innenraum bewundern wir die wohlerhaltenen Freskenzyklen, die aus dem Leben der Kirchenheiligen Katharina erzählen bzw. die Schöpfung und das Jüngste Gericht darstellen.

Galatina, Santa Caterina di Alessandia

Hinweis: Am nördlichen Ostende von GALATINA (Richtung LECCE) **Ver- und Entsorgungsstation** [N40° 11' 0.9" E18° 10' 8.8"] vor dem Messegelände.
Zurück in GALATONE (am Ortsrand großer Platz mit Bäumen (Peruanischer Pfefferbaum *Schinus molle* = Rosa Pfeffer), Kinderspielplatz, Sitzbänken, WC und **Brunnen** [**196:** N 40° 9' 02.1" E 18° 04' 19.5"] machen wir noch einen Umweg über NARDO, bevor wir zum Meer zurückkehren. Vor dem **Castello Ducale** [N 40° 10' 35.5" E 18° 1' 52.4"] steht der größte Gummibaum, den wir je gesehen haben. Aber die botanische Pracht scheint hier Standard zu sein, wie wir in dem kleinen, schattigen Park (9-13/16-20 Uhr) hinter dem Kastell feststellen: Zwischen Oleander, Palmen und meterhohen Weihnachtssternen kann man bequemer wandeln als in der in der Mittagshitze fast menschenleeren Altstadt.

Nardo, Castello ducale

Dabei gibt es so viel zu besichtigen: Plätze, Kirchen, renovierte und marode Barockpaläste sowie die **Kathedrale Santa Maria de Nerito** mit zahlreichen Fresken und dem Cristo Nero, einem Kruzifix aus dunklem Zedernholz ...
Einen großen, recht ruhigen Parkplatz, von Büschen umgeben, findet man zwischen Friedhof und einem Gartencenter am Westrand der Stadt [**197:** N40° 10' 48.1" E18° 01' 17.7", Via Cimitero]. Die Straße kurvt zwischen Parks mit hochherrschaftlichen Villen, ja kleinen Schlösschen hindurch, zurück nach SANTA MARIA AL BAGNO.
Nur wenige Meter nördlich der säulenartigen Eckbastionen, bei denen wir ins Landesinnere abgebogen waren, erreichen wir wieder die Küste, wenden uns nach rechts und entdecken 500 m später eine große, ebene Landzunge mit viel Parkraum [N 40° 8' 4.4" E 17° 59' 19.5"]. Hier probieren wir endlich einmal, ob man an der Felsküste vernünftig baden kann.
Resumé: Wenn man mit stabilen Badeschuhen ausgerüstet ist und die See nicht zu stark schwappt, kann man sich an dem kristallklaren Wasser durchaus erfreuen.

WOMO-Felsbadeplatz bei Santa Maria al Bagno

Schön ist auch der Blick übers Meer zur Insel mit der wallumsäumten Altstadtinsel von GALLIPOLI.

Die Sosta Camper "Mondonuovo" fände man etwa 1000 m vom Meer entfernt:

(198) Offiz. WOMO-Stellplatz: Mondonuovo (Sosta Camper)
GPS: N 40° 8' 06.1" E 18° 00' 05.8"; Via Torre Mozza. **WOMO-Zahl:** >10.
Ausstattung/Lage: incl. Schatten, Wasser, Strom, Ver-/Entsorgung: 13 - 15 €/im Ort.
Zufahrt: In Santa Maria al Bagno bestens ausgeschildert.

Endlos sind die Häuserzeilen längs der Küste, zwischen ihnen erscheint kurz das Ortsschild SANTA CATERINA.

Wer suchend weiter die Augen an der Uferlinie entlangschweifen lässt – und nicht auf die Verkehrsschilder achtet, landet schließlich wie wir unter dem wuchtigen, quadratischen Wachturm "Torre dell'Alto" in einer Sackgasse!

Da die nächsten Kilometer vom **NSG Portoselvaggio** eingenommen werden, macht die Straße einen Umweg durchs Landesinnere. Am Nordende des NSG hat man einen riesigen **Wanderparkplatz** [**199:** N40° 09' 44.9" E17° 58' 11.9"] angelegt, der dazugehörige Parkeingang kommt 400 m später.

Parco naturale Portoselvaggio, Wanderparkplatz

Hinter dem NSG kehrt die Straße Richtung SANT'ISIDORO ans Meer zurück, führt hinter langgezogenen, flachen Klippenzungen entlang. Manche Schotterpisten führen zu ihren Spitzen hinaus. Wir probieren selbst eine davon (Wegweiser: MARINA DI TORRE INSERRAGLIO) und sind uns sofort sicher: Hier werden Sie nie einen Fuß ins Wasser setzen, denn die Klippen sind zerrissen und zerschnitten, die Reste ragen unseren Füßen gierig wie Haifischzähne entgegen.

WOMO-Badeplatz Fraseone (Süd)

3 km später, bei der Feriensiedlung FRASEONE (einem Teilort von SANT'ISIDORO), machen wir den nächsten Versuch – aber die schöne Südbucht ist leider nicht mehr per WOMO zugänglich. Der große Parkplatz direkt an der Straße [**200:** N40° 12' 26.7" E17° 55' 36.6"] wird Sie sicher nicht vom Hocker reißen, denn von hier aus sind es immerhin 400 m zu Fuß bis zum Badevergnügen.

Fährt man allerdings nach weiteren 400 m auf der Hauptstraße links an den Nordrand von FRASEONE, so kommt man an eine zweite Badebucht, längst nicht so schön, aber ohne Verbote und - man steht direkt am Strand:

(201) WOMO-Badeplatz: Fraseone (Nord)

GPS: N 40° 12' 35.3" E 17° 55' 20.0" **WOMO-Zahl:** 2-3.
Ausstattung/Lage: Sandstrand mit Felsen, etwas Schatten, Gaststätte/Ortsrand.
Zufahrt: Von Santa Caterina nach Nordwesten ca. 9 km an der Küste entlang.

TOUR 9 (ca. 65 km / 1-2 Tage)

Sant'Isidoro – Torre Squillace – Punta Prosciutto – Torre Colimena – San Pietro – Manduria – Campomarino – Capo dell'Ovo

Freie Übernachtung: u. a. Sant'Isidoro, Torre Squillace, Punta Prosciutto, Torre Colimena, Manduria, Capo dell'Ovo.

Ver-/Entsorgung: Camping "Torre Castiglione", Punta Prosciutto, Campomarino (WC).

Trinkwasserstellen: Sant'Isidoro, Torre Squillace, Manduria, Campomarino.

Campingplätze: Torre Lapillo: "Torre Castiglione".

Baden: u. a. Sant'Isidoro, Torre Squillace, Punta Prosciutto, Torre Colimena, Capo dell'Ovo.

Besichtigungen: Manduria.

Nur 1000 m nördlich von FRASEONE wacht der gut erhaltene, quadratische Turm von SANT' ISIDORO. Dieses Badeörtchen hat einen weit gezogenen, halbkreisförmigen Sandstrandbogen mit vielen Parkmöglichkeiten. Neben dem Turm, gegenüber der kleinen Insel, die die Bucht zur offenen See hin abschirmt,

Torre Sant'Isidoro

haben bereits einige WOMOs ein besonders schönes Plätzchen gefunden.

(202) WOMO-Badeplatz: Sant'Isidoro (Wachturm)

GPS: N 40° 13' 02.1" E 17° 55' 18.1" **WOMO-Zahl:** 2-3.
Ausstattung/Lage: Sand- und Klippenstrand, Gaststätte, Camping verboten/im Ort.
Zufahrt: Von Santa Caterina nach Nordwesten ca. 10 km an der Küste entlang.
Hinweis: Falls es Probleme gibt, kann man zum rechten Rand der Bucht neben der ehemaligen Muschelzuchtanlage ausweichen [N14° 13' 15.7" E17° 55' 32.3"].

In der Mitte des Sandstrandbogens, rechts des kleinen Jachthafens, passieren wir die Gaststätte "La Nave" und erreichen wenige Meter später einen großen Parkplatz vor der ehemaligen Muschelzuchtanlage. Dort ist viel freier Platz, denn der Küstensaum ist schon wieder in Fels und Geröll übergegangen.

Sant'Isidoro, rechter Buchtrand

In TORRE SQUILLACE herrscht New Yorker Ordnung – die Straßen zum Meer sind durchnummeriert! Wenn Sie die 146.

Straße nehmen (jetzt heißt sie Via Petronio), kommen Sie zum kleinen Hafenbecken, an dessen rechter Flanke man den **Torre Squillace** sieht und sich an der kleinen Bucht ein schönes Plätzchen nahe am Wasser auswählen kann.

(203) WOMO-Badeplatz: Torre Squillace I

GPS: N40° 14' 08.0" E17° 54' 45.1" **WOMO-Zahl:** 2-3.

Ausstattung/Lage: Sandstrand, Gaststätte, Mülleimer/Ortsrand.

Zufahrt: Von Santa Caterina nach Nordwesten ca. 12 km an der Küste entlang.

WOMO-Badeplatz Torre Squillace II

Nur wenige Meter entlang der Via Thomas Mann (Scrittore 1875 - 1955!) und Sie sind beim großen Hafenbecken, ebenfalls mit schönem, flachen, sauberen Sandstrand – und wenn Sie frühzeitig kommen, ergattern Sie vielleicht sogar den Wiesenplatz bei den drei Eukalyptusbäumen.

(204) WOMO-Badeplatz: Torre Squillace II

GPS: N 40° 14' 22.0" E 17° 54' 41.1" **WOMO-Zahl:** 2-3.
Ausstattung/Lage: Flacher Sandstrand, Schattenbäume, Mülleimer/Ortsrand.
Zufahrt: Von Santa Caterina nach Nordwesten ca. 12 km an der Küste entlang.

In PORTO CESÁREO haben sich hunderte von Jachten, Bootchen und Kähnen an den langen Laufstegen versammelt, denn die sturmsichere Bucht ist zum Meer hin von einer langen Landzunge und einem Inselchen abgeschirmt. Im seichten Wasser sichten wir flache Kalkplatten – aber auch freie Sandstrandbereiche.

Badebucht von Porto Cesáreo

Eine erste **Brunnensäule** sichten wir direkt vor dem quadratischen **Torre** [N 40° 15' 25.3" E 17° 53' 31.6"]), eine zweite [N 40° 15' 34.4" E 17° 53' 30.2"], stark umlagerte, 300 m weiter beim Verkehrsdreieck des Hafenbeckens. Wenn die Einheimischen sich ihre Plastikflaschen füllen – dann muss es gutes Wasser sein (?).

Der rechte Rand des Hafens, vor dem das bewaldete Inselchen liegt, ist ein Italiener-Treff! Regelmäßig stehen dort bis zu 20 WOMOs mit Kennzeichen von Milano bis Rom. Wer ein fröhliches Palaver liebt, der findet dort gleich Gesprächspartner.

PORTO CESÁREO verabschiedet sich von uns mit einem riesigen (saisonale Gebühr) Parkplatz [**205:** N40° 16' 25.0" E17° 52' 41.3"] hinter der nördlichsten Badebucht. Eine Palmenreihe

Porto Cesáreo, Badeparkplatz an der nördlichsten Bucht

trennt den Platz von der Fahrstraße ab. Ein Sprint darüber, und schon sind Sie durch die Düne am Sandstrand.

TORRE LAPILLO ist ein quirliger Badeort, in dem Sie kaum einen Fuß auf den Boden geschweige denn vier Räder an den Strand bekommen werden - es sei denn, Sie schwenken links ein in die Sosta Camper "Santa Chiara" [**206:** N40° 17' 11.1" E17° 51' 32.7"].

Wesentlich geruhsamer geht es in TORRE CASTIGLIONE zu. Zunächst einmal können wir mit gutem Gewissen den **Campingplatz "Torre Castiglione"** empfehlen, der in einem schattigen Wäldchen hinter einer schönen Sandbucht liegt.

(207) WOMO-Campingplatz-Tipp: "Torre Castiglione"

GPS: N 40° 17' 31.0" E 17° 49' 05.6" **Öffnungszeiten:** 15.6. - 1.9.
Ausstattung/Lage: sehr schattig; Bar; am Sandstrand; WOMO-Ver- und Entsorgung/ nächster Ort: 1 km.
Zufahrt: Von Porto Cesáreo 5 km nach Nordwesten, ausgeschildert.

Für einen kurzen (oder längeren?) Badestopp fährt man 200 m weiter in die Via 214. Dort steht man am rechten Rand der gleichen Sandbucht. Wendet man sich nach rechts, dann hat man schon den Rand der nächsten Sandbucht erreicht.
Sie müssen nur noch den "Canyon Salentino" überqueren.

Gut 2 km nach dem Campingplatz sichtet man das Feriendorf "Riva degli Angeli". Genau hinter dieser Anlage kann man links zum **Dünenstrand** "Lido Serra degli Angeli" abzweigen und rechts hinter ihm entlangrollen (das WOMO steht allerdings wenig komfortabel längs der Holzbarriere des NSG).

(208) WOMO-Badeplatz: Lido Serra degli Angeli

GPS: N 40° 17' 37.8" E 17° 47' 16.4" **WOMO-Zahl:** 2-3.
Ausstattung/Lage: Dünensandstrand/außerorts.
Zufahrt: Von Porto Cesáreo 6 km nach Nordwesten, bis hinter "Riva degli Angeli".

Genau 400 m lang ist dieses Straßenstück, dann versperrt ein Zaun die Weiterfahrt (haben Sie den schattenspendenden Wacholderbaum vorher gesehen?). Aber bereits1000 m später gibt es eine weitere Zufahrt zu den Dünen mit Parkmöglichkeit. Am Meer bei dem Bagno "Lido degli Angeli" (links) angekommen, schwenken wir nach rechts und finden nach 200 m (am Ende der Sackgasse) ein schönes Schattenplätzchen hinter den dort recht hohen Dünen.

(209) WOMO-Badeplatz: Lido degli Angeli

GPS: N 40° 17' 43.1" E 17° 46' 32.4" **WOMO-Zahl:** 2-3.
Ausstattung/Lage: Dünensandstrand, Baumschatten/außerorts.
Zufahrt: Von Porto Cesáreo 7 km nach Nordwesten, 1200 m hinter "Riva degli Angeli" links; am Meer rechts noch 200 m.

2000 m nach dem Feriendorf zweigen wir links ab zur felsigen Landzunge **"Punta Prosciutto"**, was soviel wie "Schinkenspitze" heißt. Dort findet man zwar keine Schinken, aber eine Sosta Camper – und freie Stellplätze!
Die "Area Sosta Sarazeno" ist ein idyllisches Plätzchen, Schattentamarisken erhöhen den Komfort - und ein kostenloser Busshuttle bringt Sie zu dem platzeigenen Restaurant (leider ist der Sandstrand 300 m entfernt).

(210) Offizieller WOMO-Badeplatz: "Area Sosta Sarazeno"

GPS: N 40° 17' 33.0" E 17° 45' 58.4" **Öffnungszeiten:** Ostern - 30.9.
Ausstattung: wenig Schatten, Strom, Wasser, Ver-/Entsorgung, Sandstrand: 250 m; nächster Ort: 3 km. **Gebühr:** 12-22 €, Strom 2 €.
Zufahrt: Von Porto Cesáreo 12 km nach Westen, ausgeschildert.

Area Sosta Sarazeno

Schwenkt man nicht links zur Area Sosta, sondern kurz vorher rechts, so kommt man ebenfalls zu einem Sandstrandbogen, an dessen Ende die Schotterstraße noch weiterführt zu ruhigen, entlegenen Wiesenplätzchen hinter der Felsküste.

(211) WOMO-Badeplatz: Punta Prosciutto

GPS: N 40° 17' 40.0" E 17° 45' 50.6" **WOMO-Zahl:** 3-4.
Ausstattung/Lage: Felsküste, Pizzeria, Sandstrand: 200 m/außerorts.
Zufahrt: Von Porto Cesáreo 12 km nach Westen.

200 m weiter verlassen wir die Provinz LECCE und kommen in die Provinz TÁRANTO; ihr erster Ort ist TORRE COLIMENA. Die Zufahrtsstraße zum Meer hält direkt auf den beeindruckenden

Wehrturm zu, der dem Ort den Namen gegeben hat (Foto). Vor ihm biegen wir rechts ab (nach links sind alle "interessanten" Strandzufahrten als NSG verbarrikadiert) und müssen bereits 300 m weiter auf den großen, schattenlosen Parkplatz [**212:** N 40° 17' 49.8" E 17° 44' 20.8"; Via delle Ombrine] einschwenken (mit Bar).

Torre Colimena, Badeparkplatz vor dem NSG

Von dort aus marschiert die badewillige Schar weiter auf einem Fußweg zwischen Lagune und Dünenverbauung (NSG) zum Sandstrand.

Sosta Camper "La Salina"

Die Hauptstraße führt rechts an der Lagune vorbei, kehrt aber dahinter sofort zum Meer zurück. Für einen Badestopp gibt es wieder schöne Stellplätze am Sandstrand – für länger die Sosta Camper "La Salina".

(213) Offizieller WOMO-Badeplatz: Sosta Camper "La Salina"
GPS: N 40° 18' 04.6" E 17° 43' 34.5" **Öffnungszeiten:** Juni - September.
Ausstattung/Lage: Wenig Schatten, Strom, Dusche, Wasser, Ver-/Entsorgung, Sandstrand: 50 m, Mülleimer/außerorts. **Gebühr:** 15-22 €, Strom 2,50 €.
Zufahrt: Von Torre Colimena 2 km nach Westen.

Auf den nächsten 3 km bis SAN PIETRO IN BEVAGNA folgen die schönen Stellplätze aufeinander wie die Perlen an der Schnur. Traumplätzchen in der Tat – aber das WOMO steht immer in Sicht- und Hörweite der Straße.
SAN PIETRO ist eine dicht bebaute Touristensiedlung mit einer auffälligen Wehrturm-Kirchen-Symbiose.
Dahinter hören die Ferienhäuser rechts und links von uns auf und ab »km 33« kommen wieder die ersten Zufahrten zum Meer. Rechts der Straße steht der **Torre Boraco**. 500 m hinter dem Turm lange Parkstreifen an der Straße und Fußwege durch die Dünen zum Sandstrand. Weitere folgen bis zum Ortsschild MONACO MIRANTE. Ab hier führt die Straße mitten durch die Dünen hindurch, man kann nur noch am Straßenrand parken, sonst versackt man in der Sahara! Das geht so weiter bis zum Ortsbeginn von CAMPOMARINO.
Ein **Wasserhahn** fließt direkt an der Ecke [N 40° 17' 59.3" E 17° 34' 6.1"], wo die "Transitreisenden" (nur zur Freude der Ortsansässigen) nach rechts durch weiter hinten liegende Straßen umgeleitet werden. Dies dürfte wohl die beste Zeit sein für einen kleinen Kulturabstecher!?
Wir drehen den Bug nach Norden – und halten erst wieder an im "Centro" von MANDURIA an der **Piazza Vittorio Emanuele II** [N40° 23' 51.8" E17° 38' 15.8"] mit dem großen, steineren Regenbogen über dem Kriegerdenkmal. Zur **Piazza Garibaldi**, wo rechts der Palazzo Imperiali und links der Palazzo Municipale (Bürgermeisteramt) zu begucken sind, spaziert man gerade einmal 200 Schritte.

Kurzinfo: I-74024 Manduria (32.000 Einwohner)

i Touristen-Info: Via P. Maggi 7 (Stadtplan), Tel./Fax: 099-979 6600 oder Piazza Garibaldi 24, Tel.: 099-970 2241, Fax: 099-971 2097

S Piazza Vittorio Emanuele II, Via Sant'Antonio (vor der gleichnamigen Kirche).

u. a. Palazzo Imperiali (mit Gaststätte "Al Castello"), Dom, jüdisches Viertel, megalithische Mauern und messapische Nekropole, Fonte Pliniano (messapisches Quellheiligtum).

Manduria, Il Calvario

Sie haben ein Parkplätzchen ergattert?
Dann werfen Sie erst einmal einen Blick auf den Scherben-Kalvarienberg (**Calvario**) am Südrand des Platzes. Ich kann Ihnen versprechen: So etwas haben Sie noch nicht gesehen! Der Kalvarienberg wurde in der 2. Häfte des 19. Jh. von dem Handwerker Guiseppe Renato Greco gestaltet. Er verwendete Scherben von Spiegeln, Keramik, Majolika und Porzellan, um Leben, Leiden und Sterben Christi volkstümlich zu gestalten. Eine Arbeit, die man bewundern oder belächeln kann.
Dann spazieren Sie über den Platz mit den Ruhebänken im Schatten, holen Sie sich im Bürgermeisteramt – oder im Tourismusamt westlich der Piazza Garibaldi (Via P. Maggi 7) einen Stadtplan und marschieren mit uns hinter dem **Palazzo Imperiali** in die **Altstadt** hinein, wo das gut erhaltene **jüdische Ghetto** (Ghetto degli Ebrei) und der romanisch erbaute und im Renaissance-Stil erneuerte **Dom** auf Ihren Besuch warten.
Dann rollen wir östlich der Altstadt nach Norden, den Wegweisern "Zona archeologica" folgend, überqueren die Bahnlinie, passieren eine gusseiserne **Wassersäule** und parken 100 m später direkt vor der **Kapuzinerkirche Sant' Antonio**. Dies ist die wohl ruhigste Ecke MANDURIAS und unser **Übernachtungstipp** [**214:** N40° 24' 25.0" E17° 38' 32.9"].
Links der Kirche liegt das umfangreiche messapische Ausgrabungsgebiet mit Resten der megalithischen Mauern und einer Unzahl von in den Steinboden gemeißelten Kistengräbern (V.-III. Jahrh. v. Chr.). Die Mauern wurden nicht nur aus mächtigen Steinbrocken aufgetürmt, es wurde auch ein Graben in den massiven Felsboden gemeißelt, um die Feinde besonders tief stürzen zu lassen!

Marschiert man von der Kirche zurück zu der **Wassersäule** und schwenkt dort links (an der Ecke Info-Stelle), so stößt man nach 200 Schritten direkt auf das unterirdische, messapische **Brunnenheiligtum**.

Diese nie versiegende Quelle hatte bereits im Altertum einen solchen Bekanntheitsgrad, dass selbst Gajus Plinius (der Ältere) ihr um 60 n. Chr. einen Besuch abstattete, um sie in seiner "Historia Naturalis" zu beschreiben (weshalb sie auch den Namen Plinius-Quelle bekam).
Noch besser als das Wasser MANDURIAS ist sein Wein: Der "Primitivo di Manduria" wird aus einer der ältesten Traubensorten der Welt gekeltert. Sie sollten sich ein (oder mehrere) Fläschchen des guten Rebensaftes zulegen, bevor Sie ans

Meer zurückkehren. Dazu umrunden wir das Ausgrabungsgelände gegen den Uhrzeigersinn, folgen dem Wegweiser "Museo del Primitivo", parken bei den großen Weintanks. Ja, flaschenweise kann man den guten Trank auch kaufen, aber neben dem kleinen Museum gibt es auch eine Weintankstelle, wo Behältnisse ab 3 l erforderlich sind (dort preiswert vorrätig) [N40° 24' 21.1" E17° 38' 8.6"].
Wir nehmen zurück zum Meer den gleichen Weg. Wieder in CAMPOMARINO starten wir dem Hafen einen Besuch ab. Dieser bietet den Komfort öffentlicher **Toiletten** - und bei der Weiterfahrt Richtung TORRE DELL'OVO sichten wir noch einen gut anfahrbaren **Wasserspender** rechts der Straße.

Das Spiel mit der Sanddüne und den Stellplätzen am Straßenrand setzt sich fort. Die nächsten Feriensiedlungen heißen COMMENDA und CAPOCCIA SCORCIALUPI. Dahinter gibt es wieder eine Reihe von Stellplätzen an der Straße direkt oberhalb des Sandstrandes. Ein großer, öder Platz mit Treppe hinab zum Sandstrand bei [N40° 17' 46.1" E17° 31' 59.8"] bietet Raum für viele WOMOs.
Weitere Zufahrten folgen, allerdings muss man vorher immer einen Blick auf den Strand werfen, der sich in einem stetigen Wechsel aus Fels, Sand und Klippen präsentiert. Nach nochmals 2,5 km stehen wir an der einzigen Zufahrt zum weitläufigen Stellplatzgelände am Capo dell'Ovo (700 m vor dem Turm).

(215) WOMO-Badeplatz: Capo dell'Ovo

GPS: N 40° 17' 49.2" E 17° 30' 16.9" **WOMO-Zahl:** >5.
Ausstattung/Lage: Sandstrand, Mülleimer/außerorts.
Zufahrt: Von Campomarino ca. 5 km nach Westen, 200 m vor dem Ort Capo dell'Ovo.
Tipp: Wegen der nächtlichen Angler sollte man abends 300 m vom Strand zurückfahren!

ACHTUNG!
An dieser Stelle sei (rechtzeitig!) darauf hingewiesen, das alles Schöne einmal ein Ende hat!
Hier, ca. 30 km östlich der Industrie- und Provinzhauptstadt TARANTO mit einer Viertelmillion Einwohner, enden die schönen, freien Strände. Dann wird alles zugebaut sein, so dass man für eine Übernachtung einen Campingplatz aufsuchen muss. Für die Besichtigung TARANTOS braucht man, je nach Interesse, einen halben bis einen Tag. Es wäre folglich ratsam, spätestens am **Capo dell'Ovo** oder einem der folgenden Campingplätze zu übernachten – und mit frischen Kräften am nächsten Morgen in TARANTO anzukommen!

TOUR 10 (ca. 120 km / 2-3 Tage)

Torre dell'Ovo – Marina di Pulsano – Lido Bruno – Taranto – Grottáglie – Massafra – Pino di Lenne

Freie Übernachtung:	Taranto, Grottáglie, Massafra, Pino di Lenne.
Ver-/Entsorgung:	Camping "Porto Pirrone", Camping "Santomay", Camping "Sun Bay", Camping "Verde mare".
Trinkwasserstellen:	Grottáglie, nördl. Massafra.
Campingplätze:	Leporano: "Porto Pirrone", "Santomay", Lido Bruno: "Sun Bay", 7 km südl. Massafra: "Verde mare".
Baden:	westl. Torre dell'Ovo, Praia a Mare, Pino di Lenne.
Besichtigungen:	Táranto, Grottáglie, Massafra.
Wandern:	Massafra: Gravina Madonna delle Scala.

Das dichte Siedlungsgebiet von TORRE DELL'OVO zieht sich ungefähr zwei Kilometer hin, dann wird die Bebauung lichter und es gibt wieder Stellplätze links der Straße am Sandstrand. Später die Feriensiedlung PALMINTIELLO, Gruppen mit gebührenpflichtigen Parkplätzen und parkende Autos an der

Straße, die vom Dünensand halb zugeweht ist.
Zunächst sind es einzelne Fahrzeuge, dann eine Reihe, schließlich parkt man rechts und links und lässt gerade noch eine einbahnstraßenschmale Gasse für den "fließenden" Verkehr frei. Weitere Ortsschilder gibt es nicht – aber ganz langsam keimt bei uns der Verdacht, dass dies bereits die "Vorwehen" von TARANTO sein könnten ...
Und er verdichtet sich zur Gewissheit, je weiter wir nach Westen fahren: Hier ist alles zugebaut, jedes schöne Fleckchen besetzt, hier ist kein Platz für Wohnmobile!
Trost wollen wir bei kulturellen Sehenswürdigkeiten suchen, denn schon seit einer Weile wird die **griechische Ausgrabungsstätte Sáturo** angepriesen.
Auf der Höhe von LEPORANO folgen wir dem Wegweiser "Parco archeologico" und werden schwer enttäuscht: Die archäologische Stätte ist verschlossen, kein Schild deutet auf Öffnungszeiten hin. Einsatzbereit, wie ich für meine Leser bin, übersteige ich den Zaun und erkunde ein völlig verlottertes, unkrautüberwachsenes Areal, das weder dem Kenner noch dem interessierten Laien Vergnügen bereiten würde. Selbst die Ausgrabung eines römischen Hauses dämmert unter einem halb eingebrochenen Schutzdach dahin (nebenan Sandstrand).
Weiter ziehen wir nach Westen, über LAMA fahren wir Richtung LIDO BRUNO.
Der **Campingplatz "Sun Bay"** bietet Camper-Stopp und Wohnmobilentsorgung an und ist der nächste zum Zentrum von TARANTO.

(216) WOMO-Campingplatz-Tipp: "Sun Bay"
GPS: N 40° 24' 34.5" E 17° 13' 8.0"
Öffnungszeiten: saisonal.
Ausstattung/Lage: Sandstrand, Strandservice incl./im Ort, Taranto: 10 km.
Gebühr (Camper-Stopp): 12 - 24 €, Ver-/Entsorgung 4 €.
Zufahrt: Von Lama nach Westen, ausgeschildert.

Vom LIDO BRUNO machen wir noch einen Abstecher zum **Capo San Vito** in der Hoffnung, dort beim Leuchtturm ein aussichtsreiches (wenn nicht gar ruhiges) Plätzchen zu finden – aber das Areal ist fest in militärischer Hand!
Immerhin öffnet sich vor unseren Augen die Bucht von TARANTO mit dem "Mare Grande" (das "Mare Piccolo" zeigen wir Ihnen später) – und wir sind geschockt!
Das sagenumwobene, griechisch-spartanische Tarent, 1000 Jahre älter als Rom, göttlich gelegen auf einer Insel, gegrün-

det von Taras, dem Sohn Poseidons, ist umwabert von einer dreckigen Dunstglocke, die ihren Ausgang nimmt im größten Stahlzentrum vor den Toren der Altstadt, das sich mit der Zementfabrik und der Raffinerie zu einer ökologischen Apokalypse vereinigt hat. Was bleibt da für den Touristen übrig? Wir rollen zur Küstenlinie hinab, sichten bei PRAIA A MARE einen letzten Sandbadestrand mit schattigen Parkplatzstreifen [N40° 25' 27.5" E17° 14' 01.1"], ziehen weiter nach Norden.

Badeplatz Praia a Mare, im Hintergrund das Industriegebiet von Taranto

Wenn man nach TARANTO hineinfährt, kann man nicht viel falsch machen, wenn man dem Wegweiser "Centro" folgt.

Kurzinfo: I-74100 Taranto (250.000 Einwohner)

Touristen-Info: Corso Umberto 121 u. 113 (Stadtplan), Tel./Fax: 099-453 2392

Corso due Mari (rechts der Drehbrücke) oder hinter der Altstadt (grüner Pfeil) nach der Brücke rechts [N40° 28' 50.6" E17° 13' 37.2"], Piazzale Democrate.

u. a. Drehbrücke (Ponte Girevole), Castello Aragonese, Poseidontempel, Altstadtinsel mit Dom San Cataldo, archäologisches und ozeanographisches Museum, Concattedrale, Ponte Punta Penna.

Besser dran ist, wer das Hinweisschild **"Ponte Girevole"** übersetzen kann (schließlich weiß doch jeder, was Gyros ist!?). Die **Drehbrücke** zur Altstadt ist unser erstes Ziel und Ausgangspunkt der Altstadtbesichtigung. Steht man vor ihr, am Ende des Corso Umberto I., so sieht man oft in der Seitenstraße rechts (Corso ai due Mari) freie Parkplätze [N40° 28' 26.0" E17° 14' 10.8"], kann aber nicht abbiegen, weil sie eine Einbahnstraße ist. Besser ist man dran, wenn man bereits beim Tourismusamt (Corso Umberto I. Nr. 113) einen Stadtplan ergattert hat, beim **Museo Nazionale** (Corso Umberto I. Nr. 41) rechts abbiegt und sich nach dem Museum wieder links hält ...

Hinweis: Hinter der Altstadt (rechts der Brücke) Stellplatz.

Altstadtinsel von Taranto, Parkmöglichkeiten vor der Drehbrücke rot markiert
Stellplatz hinter der Brücke (Piazzale Democrate) grün markiert

Wir marschieren zur **Dreh-Brücke**, überzeugen uns beim Blick auf das eindrucksvolle **Kastell** davon, dass heute die Fische nicht beißen (zumindest nicht bei den Anglern am **"Canale Navagabile"**, der Verbindung zwischen den beiden Meeren – Sie erinnern sich?).

Taranto, Ponte Girevole und Castello

Auf der anderen Brückenseite stehen zwei dorische Säulen, die einzigen Überreste des **Poseidontempels** aus dem VI. Jahrh. v. Chr. (und gleichzeitig die einzigen erwähnenswerten griechischen Relikte). Zu gründlich waren die Goten und Langobarden, Sarazenen und Normannen, um nur die ersten Eroberer zu nennen.
Ein schmales Gässchen, dessen Breite gerade für einen kleinen Fiat reicht (Via Duomo), führt uns mitten durch die Altstadt, die noch immer auf EU-Fördergelder wartet ... Wir erreichen trotz vorbeisausender Mopeds unbeschadet das Zentrum mit dem **Dom San Cataldo**, einer optischen Oase in der Ruinenwüste (12 - 16.30 Uhr geschlossen).
Auch er hat eine wechselvolle Vergangenheit hinter sich: Im 10. Jahrhundert als byzantinische Kreuzkuppelkirche gebaut, fanden schon hundert Jahre später (unter den Normannen) umfangreiche Umbauten statt. Im 17. Jahrhundert verschwand, wie üblich, das meiste unter einer Barockfassade.
Das Innere der Kirche begeistert! Antike Säulen mit korinthischen Kapitellen, darüber eine vergoldete Kassettendecke. Die Capella San Cataldo rechts des Chores ist überschwänglicher Barock, während die Krypta mit ihrem Säulenmeer und den Fresken noch aus byzantinischer Zeit stammt.

Ein Seitensträßchen bringt uns ans südwestliche Ufer, an dem wir entlang zurück zur Drehbrücke marschieren.
Jetzt ist die Neustadt dran mit dem **archäologischen Museum**, dem bedeutendsten Süditaliens! Es würde Seiten füllen, alle Exponate zu nennen; nur so viel: Schätze über Schätze (auch im Laiensinne) sind ausgestellt! Sie umfassen die gesamte Geschichte Süditaliens von der frühesten Steinzeit über messapische, peuketische, daunische, griechische und römische Funde (offen: täglich 9-14 Uhr). Mit weichen Knien wanken wir zum Stadtpark, um uns für einen Gang durchs **Meeres-Museum** auszuruhen (offen: 9-12.30, Mo geschl.).

Wie schön, dass wir den "Rest" der Stadt vom WOMO aus

besichtigen können!
Entlang dem Lungomare, der Prachtstraße am südlichen Ufer der Neustadt, verlassen wir TARANTO, folgen den Wegweisern BARI/BRINDISI. Nach dem Verlassen der Seaside rollen wir auf der Viale Magna Grecia entlang und mustern den rechten Straßenrand, bis wir die moderne **Concattedrale** aus dem Jahre 1971 erspäht haben [N40° 27' 42.2" E17° 16' 09.6"]. Der Architekt Gio Ponti gab dem aufsehenerregenden Bauwerk im neogotischen Stil die Form eines Segels.
Noch 1000 m sind es bis zur **Ponte Punta Penne** (Aldo-Moro-Brücke), die das **Mare Piccolo** an der engsten Stelle überspannt. Da diese aber auch über 1 km breit ist, entstand eine eindrucksvolle, 1,2 km lange Spannbetonbrücke. Der große Wohnmobilstellplatz [N40° 28' 03.1" E17° 16' 25.9"] mit Ver- und Entsorgung an der Via Luigi Mascherpa, unmittelbar vor der Brückenauffahrt, ist seit Jahren geschlossen und gammelt vor sich hin – ein Armutszeugnis für eine Großstadt!
Wir mustern den Wasserspiegel unter uns, in dem zahlreiche **Sciaje** (Muschelzuchtareale) schwimmen. Austern und Miesmuscheln wachsen an den Stellen heran, wo in griechischer Zeit die berühmten Purpurschnecken *(Murex brandaris)* gezüchtet wurden.

Es waren auch die Purpurfärbereien, die den Ruf TARANTOS in alle Welt trugen. Aus dem Sekret der Purpurdrüse von 10.000 Purpurschnecken konnte man etwa 1 Gramm Farbstoff gewinnen. Allerdings färbte man die Stoffe (Wolle oder Leinen) nicht mit reinem Farbstoff, sondern in einer Brühe aus zerquetschten Tieren, die man vorher zehn Tage gekocht hatte.

Tauchte man die Fasern dort hinein, so nahmen sie einen undefinierbaren Farbton an, der sich erst beim Trocknen an der Sonne purpurfarben entfaltete. Bereits zu Zeiten Kaiser Aurelianus kostete 1 kg Purpurwolle umgerechnet etwa 2000 Euro. Heute weiß man, dass der Schneckenpurpur ein Abkömmling des Indigoblau ist ($C_{16}H_3Br_2N_2O_2$), das wir alle von unseren Jeans kennen. Seit 1880 synthetisch hergestellt, kostet die Produktion von 1 Gramm Purpurfarbstoff nur noch Bruchteile von einem Cent.

Hinter der Brücke folgen wir dem Wegweiser nach GROTTAGLIE, der Keramikstadt. 14 km kostenlose Autobahn fliegen unter uns hindurch, dann zweigen wir schon wieder ab.

Da GROTTAGLIE ganz im Zeichen der Keramikherstellung steht, brauchen wir nur dem Wegweiser "Quartiere delle Ceramiche" zu folgen (die Einheimischen nennen es "Camenn'ri" wegen der vielen qualmenden Kamine der Brennöfen).
Standesbewusst präsentiert sich der **Wasserhahn** rechts der Straße, der aus drei römischen Amphoren sprudelt.
100 m weiter liegt rechts der erste Parkplatz für die "Keramik-Touristen". Von hier aus kann man nicht nur mit wenigen Schritten GROTTAGLIE "erobern", sondern danach auch aussichtsreich rasten und bequem übernachten.

(217/217a) WOMO-Stellplätze: Grottaglie

GPS: N 40° 31' 59.2" E 17° 25' 38.1"; Via XXIV Maggio. **WOMO-Zahl:** >5.
Ausstattung/Lage: keine/im Ort.
Zufahrt: In Grottaglie erst den Wegweisern zum Quartiere Ceramiche, dann zu den Parkplätzen folgen.
Gebühr: 1. Platz 8-19 Uhr 0,50 €/Std., 2. Platz 200 m weiter links offensichtlich kostenlos.

Der beste Zeitpunkt, in GROTTAGLIE einzutreffen, ist der späte Nachmittag! Wir bummeln zunächst hangaufwärts durch die Altstadt zum mittelalterlichen **Castello Episcopio** mit dem Informationsamt und dem Töpfereimuseum (offen: 10-12 Uhr, 18-21 Uhr).
Dann schwenken wir nach rechts und schauen den Töpfern über die Schulter. Die stilvollsten Botteghe (Läden) mit den

Grottaglie, Keramikladen

Keramikwerkstätten sind lange Tuffsteingrotten, vollgestellt mit wahrlich allem, was man aus den reichen Tonvorkommen der Stadt formen, bemalen und brennen kann: Figuren, Teller, Schalen, Krüge, Becher, Weihwassergefäße in allen Stilrichtungen – von klassisch über kitschig bis modern; für jeden Geschmack (und Geldbeutel) ist etwas dabei. Wir entdecken eine naturfarbene, kunstvoll durchbrochene, hohle Tonkugel, die sich inzwischen ganz gut neben den Glaskugeln aus Lauscha (Thüringer Wald) an unserem Wohnzimmerfenster behauptet.
Als wir unseren Kauf im Wohnmobil verstauen, ist schon die Sonne untergegangen und die alten Kandelaber tauchen die Altstadtgässchen in ein gelbes Märchenlicht.
Wir bummeln noch einmal durch die Gassen. Die Einheimischen sitzen parlierend vor den Häusern, lassen sich von den Keramik-Touristen nicht stören.
Wo eine schöne Pizzeria sei? Versucht doch mal die "Pizzeria di Calabrese" an der "Piazza Rossano"!
Wir landen einen Volltreffer, verschmausen (je) eine Riesenpizza und (zusammen) einen Liter kühlen Landwein, schlendern (leise) singend zurück zu unserem WOMO – und schlafen traumlos.
Am nächsten Morgen verlassen wir GROTTAGLIE Richtung MONTEMÉSOLA, lassen uns nach 1500 m links an der Autogastankstelle die Tankflasche (siehe Tipps & Tricks: "Gas") nachfüllen und durchqueren ein Tal voller Tafeltrauben (nur gut, dass die langen Trauben noch nicht reif sind. Wer weiß, ob wir uns hätten beherrschen können). Die meisten Weinberge sind mit Netzen überspannt. Aus der Ferne gleichen sie Seen oder Fischzuchtbecken.
Über CRISPIANO geht's weiter nach MASSAFRA.
Aufpassen! Die schmale Straße ist mancherorts beidseits von hohen, harten Kalksteinmauern eingefasst!
Dann fällt unser Blick mal wieder auf qualmende Schornsteine am Horizont: TARANTO lässt sich so schnell nicht abschütteln!
Wir erreichen die Neustadt von MASSAFRA, überqueren mit Blick auf das **Normannenkastell** die canyontiefe **Gravina di San Marco** auf der **Ponte G. Garibaldi**, rollen in der Altstadt ein.

Kurzinfo: I-74016 Massafra (31.000 Einwohner)

i: Touristen-Info: Via Vittorio Veneto 15 (Stadtplan, geführte Tour), Tel./Fax: 099-880 4695, Fax: 880 1014; offen: 9-12, 16-19 Uhr.

S: Parkplatz vor der Wallfahrtskirche "Madonna della Scala".
Parkplatz beim Dino-Park von Cosima Laterza an der Gravina Colombato

u. a. Castello, Altstadt, Gravina San Marco mit Höhlenkirchen, Gravina Madonna della Scala mit Wallfahrtskirche, Höhlenkirchen und bot. Wanderweg (auch geführte Tour möglich).

Auf die **Ponte G. Garibaldi** (Foto) folgt die **Piazza G. Garibaldi**, an deren Ende rechts die **Via Vittorio Veneto** beginnt. Kurz nach ihrem Beginn liegt links (Nr. 15) das Touristenamt, in dessen Nähe wir einen Parkplatz ergattern. Im Gegensatz zu allen anderen Städten Apuliens können wir uns in MASSAFRA nicht ohne Führer auf Tour machen – und das hat seinen Grund!

Karstgebiete gibt es überall auf der Welt, wo Kalkboden vorherrscht. Aber die Zusammenarbeit von Klima, Regen und Kohlendioxid mit dem kalkhaltigen Boden klappt nicht immer gleich gut, führt zu völlig verschiedenen Ergebnissen. Während wir zum Beispiel im istrischen Karst Dolinen, Höhlen und unterirdische Flussläufe bestaunen, entstanden bei Massafra aus erodiertem Kalksinter zwei tiefe, canyonartige Erdspalten, die Gravina San Marco, die die Neustadt von der Altstadt trennt und die Gravina Madonna della Scala (Gravina Principale) nordwestlich der Altstadt.
In den Höhlen an den Hängen der Schluchten, teils natürlichen Ursprungs, meist aber durch menschliche Tätigkeit zumindest erweitert, fand man Relikte, die bis in die Altsteinzeit datieren.
Ein wahrer Ansturm auf diese (und ähnliche Karstschluchten Apuliens) fand in byzantinischer Zeit (8.-9. Jahrhundert) statt. Dies war die Zeit der ikonoklastischen Gesetze der byzantinischen Kaiser, die die Ikonenmalerei als Form der Götzenverehrung verboten. Mönche aus Kleinasien und dem Balkan rebellierten, flüchteten und fanden in Apulien eine neue Heimat.
Hier gruben sie sich zunächst kümmerliche Gebetszellen in die weichen Schluchtenwände, später entstanden bis zu dreischiffige Höhlenkirchen. Die Kunst der Ikonenmalerei präsentiert sich in ihnen in Form farbenprächtiger Fresken, die die Höhlenwände bedecken.
Der Zahn der Zeit nagte an ihnen – und die verschiedensten Eroberer zerstörten sie zumindest symbolisch, indem sie den Heiligen die Augen ausstachen oder das Herz durchbohrten. Aber erst der moderne Tourismus mit seinen Menschenmassen, unter denen sich immer Kirchenräuber und Kunstfrevler verbergen, hätte ihnen fast den Todesstoß versetzt.
Heute sind die Höhlenkirchen mit den schönsten Fresken verschlossen. Eine Initiative junger Einheimischer veranstaltet (lohnende) Führungen.

Rosa Campanella ist unsere junge Führerin, die sich wie selbstverständlich auf den WOMO-Beifahrersitz schwingt und mich durch die Altstadt zur **Pilgerkirche Madonna della Scala** am Rande der **Gravina Principale** dirigiert (Wegweiser: Santuario).
Sofort erkennen wir:
Der Parkplatz oberhalb der Kirche wäre ein völlig ruhiger **Übernachtungsplatz** (nachts ab und zu Liebespaare) und Ausgangsstation für eine archäologisch-botanische Schluchtenwanderung (die man nur noch mit Führer unternehmen darf).

Der Zugang zur Kirche und zur Schlucht (nur mit Guide) ist möglich von 9-12 Uhr und 16-19 Uhr.

(218) WOMO-Wanderparkplatz: Madonna della Scala

GPS: N 40° 36' 06.8" E 17° 06' 48.6" **WOMO-Zahl:** 2-3.
Zufahrt: Vom Zentrum Massafras aus nach Norden (siehe Stadtplan + roter Pfeil).
Ausstattung/Lage: Wanderweg/außerorts.

Wir steigen die großzügige Barockfreitreppe zum Hauptportal der Kirche aus dem Jahre 1730 hinab, bewundern die "Madonna mit Kind und zwei Hirschen" über dem Hauptaltar, anschließend die erste Höhlenkirche **Cripta della Buona Nuova**.
Dann bekommen wir den Zugang zum Schluchtwanderweg gezeigt (den wir allein nie gefunden hätten): Rechts des Kirchenportals marschieren wir durch eine schmale Gittertür, schlängeln uns zwischen Steilwand und Kirchenaußenwand

Massafra, Gravina Prinzipale, Farmacia del Mago Greguro

in die Gravina. Ein schmaler Wanderweg entlang des fast zugewucherten Schluchtengrundes nimmt uns auf. Unsere Führerin zeigt uns botanische Raritäten, bis wir vor der **Grotta del Ciclope** stehen, so genannt wegen dem "einäugigen Höhlenloch" über ihr. Dort öffnen sich auch die Zugänge zu einem weitverzweigten Höhlenkomplex, der **Farmacia del Mago Greguro** (Foto). In ihr sollen die mittelalterlichen Mönche die in der Schlucht gesammelten Heilkräuter getrocknet und gelagert haben. Während Sie noch weiter durch die Schlucht marschieren können, müssen wir leider umkehren.

Cripta di San Leonardo und Cripta della Candelora

Zurück in der Altstadt von Massafra machen wir erst Station bei der **Cripta di San Leonardo**, bevor wir auch die **Cripta della Candelora** aufsuchen. In beiden Höhlenkirchen (Chiese rupestri) sind die Fresken in einem erstaunlich guten (weil z. T. bereits restaurierten) Zustand; eine der Fresken zeigt Maria mit dem schulpflichtigen Jesus.
Beachtenswert ist auch die Mühe, die sich die Erbauer mit der Nachahmung "richtiger" Gebäude gaben: Fensterhöhlen sind angedeutet, Pfeiler mit romanischen Bögen stützen das "Gewölbe" (allerdings hängen manche Pfeilerstümpfe nur noch stalaktitenhaft von der Decke).
Wir bringen unsere Führerin zurück zum Touristenamt, prägen uns nochmals die Zeiten für die Führungen ein: Täglich 10 Uhr und 16.30 Uhr (evtl. auch nach Vereinbarung!). Leider sprechen die Führer nur italienisch und englisch!
Wir verlassen MASSAFRA zunächst Richtung "Autostrade", fahren dann geradeaus über die Vorfahrtsstraße >SS 7< BARI-TARANTO Richtung >SS 106< Litoranea.
Durch eine fruchtbare Landschaft, dicht bepflanzt mit Limettenplantagen, Weinfeldern und Olivenhainen kehren wir zurück zum Meer.
Nach 6 km überqueren wir die Küstenstraße >SS 106<, geradeaus geht es zum **Campingplatz** "Verde mare" im dichten Pinienwald.

(219) WOMO-Campingplatz-Tipp: "Verde mare"

GPS: N 40° 31' 21.1" E 17° 06' 23.5" **Öffnungszeiten:** ganzjährig.
Zufahrt: Von Massafra 6 km nach Süden; geradeaus über die >SS 106<.
Ausstattung/Lage: sehr schattig, Bar, Sandstrand: 500 m (unter der Bahnlinie hindurch, auch mit WOMO befahrbar), WOMO-Ver- und Entsorgung / nächster Ort: 6 km.
Gebühr: 18,50 € - 20,50 €, Juli/August 25 € incl. Ver- und Entsorgung.

Auf unserer Campingplatzwiese mit Palmen stehen wir nur nachts, morgens rollen wir 400 m zum Sandstrand. Denn hinter dem Traumstrand wartet ein Süßwasserteich mit unterirdischem Sprudeltopf, der eine Kurbad-würdige Kaskade mit Flüsschen speist – traumhaft (nur nachts stören die Frösche)!

Camping "Verde mare", Badeparadies

Biegt man direkt vor der >SS 106< rechts und rollt parallel der Schnellstraße (auf der Service-Spur) nach Westen, so kann man sie nach 2,5 km überqueren und auf einem holperig-gepflasterten Fahrweg schnurstracks durch die Pineta zum Strand rumpeln. Leider blockiert nach 1000 m, unmittelbar vor dem Badeparadies, die Bahnlinie die Weiterfahrt.

(220) WOMO-Badeplatz: "Über die Schienen"

GPS: N 40° 31' 15.5" E 17° 05' 09.6"
WOMO-Zahl: 2-3.
Zufahrt: Von Massafra 6 km nach Süden; vor der >SS 106< rechts und nach 2,5 km links.
Ausstattung/Lage: Mülleimer, endloser Dünensandstrand/außerorts.

Nur wenige Badegäste kennen dieses Plätzchen!
Wir parken wie sie vor den Schienen und tragen unsere Klamotten ein paar Schritte über die eingleisige, elektrifizierte Strecke (Vorsicht! VORSICHT!) zum endlosen, absolut makellosen, kinderflachen Dünensandstrand.
Nahezu menschenleer zieht er sich beidseits bis zum Horizont; links erkennt man (immer noch) die qualmenden Industriebauten TARANTOS.
Die Bahnstrecke ist nicht stark befahren. Trotzdem kann man unmittelbar neben ihr wohl kaum an ungestörten Nachtschlaf

denken. Aber etwas weiter hinten in der Pineta finden sich ruhigere Plätzchen am Wegesrand ...
Weiter geht es auf der "Viabilitá di servizio" nach Westen (Richtung REGGIO). Nach 2400 m zweigt die nächste Zufahrt zum Meer ab – diesmal schön breit und asphaltiert.
In CHIATONA kann man sogar per Unterführung oder beschranktem Bahnübergang auf die andere Seite der Schienen gelangen, um dort im Verkehrstrubel einen der gebührenpflichtigen Parkplätze zu füllen – keine Alternative zu unserem ersten Plätzchen!
Aber Geduld führt zum Ziel!
Nach weiteren 2,8 km auf der Servicestraße (Complanare) nach Westen biegen wir links ab zum **"Pino di Lenne"** (was auch immer das heißen soll). Rein worttechnisch ist es eine Kombination aus "Pinie" und dem Namen "Lenne" des hier mündenden Flusses (Lama di Lenne).
Wir sind gespannt – und werden nicht enttäuscht: Durch dichten Pinienwald (Punkt 1 stimmt) führt die Asphaltstraße nach 2,2 km zur Bahnlinie. Da hier der Lenne-Fluss zum Meer strömt (Punkt 2 stimmt auch), musste man für die Bahnlinie eine Brücke bauen, unter der man samt WOMO direkt vor bis zum Sandstrand rollen kann (beliebter ist es, genau darunter im Schatten zu parken).
Sie können wählen: Baden im Sandstrandmeer oder angeln im Lenne-Fluss (zum Baden wäre er Ihnen sicher zu grün).
Wieso schlafen Fische eigentlich nachts nicht? Zumindest glauben das die Angler und **stören die Nachtruhe** der tagesmüden WOMO-Urlauber.

(221) WOMO-Badeplatz: Pino di Lenne

GPS: N 40° 30' 14.6" E 17° 00' 54.4" **WOMO-Zahl:** >5.
Zufahrt: Von Massafra 6 km nach Süden; vor der >SS 106< rechts und nach 7 km links.
Ausstattung/Lage: Mülleimer, endloser Dünensandstrand, Angelflüsschen/außerorts.

KARTE TOUR 11

TOUR 11 (ca. 320 km / 3-4 Tage)

Pino di Lenne – Metaponto – Ginosa – Matera – Altamura – Gravina in Puglia – Marina di Pisticci – Terzo Cavone – Scanzano – Lido di Policoro

Freie Übernachtung:	Castellaneta, Marina di Ginosa, Matera, Lido Quarantotto, Lido San Basilio, Terzo Cavone, Lido Bufaloria, Nova Siri.
Ver-/Entsorgung:	u. a. Marina di Ginosa, Metaponto (Nettuno), Matera (Radogna), Lido Quarantotto (WC), Lido San Basilio (WC).
Trinkwasserstellen:	u. a. Marina di Ginosa, Matera, Gravina in Puglia, Lido Quarantotto, Lido San Basilio, Lido di Policoro.
Campingplätze:	Marina di Ginosa, Lido di Metaponto (6 x), Lido di Scanzano, Nova Siri.
Baden:	u. a. Castellaneta, Marina di Ginosa, Lido di Metaponto, Lido Quarantotto, Lido San Basilio, Terzo Cavone, Lido di Scanzano, Lido Bufaloria, Lido di Policoro, Bosco Pantano, Nova Siri.
Besichtigungen:	Metaponto, Matera, Altamura, Gravina in Puglia, Policoro.
Wandern:	Metaponto, Matera, Policoro, Bosco del Pantano.

Ein Stückchen Schnellstraße genehm?
Die >SS 106< trägt uns geschwind bis zur Abfahrt LATERZA/ CASTELLANETA MARINA. Die Wegweiser "Stazione" und "Mare" führen uns zum Bahnhof von CASTELLANETA, wo es zwar einige Schattenpinien, aber weder einen Bahnübergang für Fußgänger geschweige denn einen für WOMOS gibt.
Aber Italiener sind bekanntlich findig: Rechts am Bahnhofsgebäude vorbei überquert man (VORSICHT!) die Schienen und stapft rechts der Mauer durch die Dünen-Küstenpineta zum traumhaften, fast menschenleeren Sandstrand.
2500 m weiter westlich finden Sie zwei Bahnunterführungen (Höhe: 3,10 m bzw. 4,10m) – und direkt dahinter, längs der Straße hinter dem Dünenstrand, einen Unmenge von (gebührenpflichtigen) Parkplätzen (haben Sie's geahnt?). Bei einigen findet man nebenan schönen Pinienschatten für Tisch & Stuhl. Außerdem wollen noch Strandcafés, Bars, Pizzerias und andere Restaurants an Ihnen verdienen. Ab 18 Uhr darf man in CASTELLANETA MARINA kostenlos parken – und in der Nebensaison sowieso ...

(222) WOMO-Badeplatz: Castellaneta Marina

GPS: N 40° 26' 57.0" E 16° 55' 03.7" **WOMO-Zahl:** >10.

Ausstattung/Lage: Mülleimer, Schattenbäume, tags Gebühr, 50 m durch die Dünenpineta zum Sandstrand/außerorts.

Zufahrt: Auf der >SS 106< bis Abfahrt Castellaneta, dort links zum Strand.

Castellaneta Marina, einer der Schleichwege zum Strand

Das Bild: Bahnlinie - Straße - Pineta mit Sandstrand zieht sich etwa 4 km dahin, dann muss man wenden und zu einer der Bahnunterführungen zurückkehren: Der einzige Komfort an dieser Strecke: 4 Baustellen-WCs.

Der nächste Ort, der sich lohnt, angefahren zu werden, heißt MARINA DI GINOSA.

Über einen beschrankten Bahnübergang kommt man an den Strand. Zunächst ist alles wie in CASTELLANETA MARINA. Biegt man links, so kommt man, vorbei an den gebührenpflichtigen Straßenrandparkplätzen, zum "Autoparceggio Viggiano", einer Mischung aus PKW-Parkplatz und Sosta Camper (die zwei vordersten Reihen).

(223) Offizieller WOMO-Badeplatz: Autoparceggio Viggiano

GPS: N 40° 25' 41.1" E 16° 53' 33.3" **Öffnungszeiten:** Hauptsaison.

Zufahrt: Auf der >SS 106< bis zur Abfahrt Marina di Ginosa, dort links zum Meer.

Ausstattung/Lage: Strom, Dusche, Wasser, Ver- und Entsorgung, kein Schatten/außerorts. **Gebühr:** Sept.-Juni 15 €, Juli/Aug. 22 €; Strom 3 €.

Hält man sich rechts, so kommt man am **Campingplatz** "Internazionale" vorbei. Dort gibt es Schatten, Laden, Camperservice – und moderate Preise!
Die >SS 106< überquert bald den **Fiume Bradano** (der die Grenze zur **Provinz Basilicata** bildet). Wir folgen vor ihm nach rechts dem braunen Wegweiser **"Tavole Palatine"** [N 40° 24' 52.9" E 16° 49' 03.1"] neben dem **"Antiquarium"**.

Metapontion wurde von Griechen aus der Peloponnes im 8. Jahrh. v. Chr. zwischen den Mündungen von Bradano und Basento gegründet und erlebte seine Blütezeit im 7. Jahrh. v. Chr., der berühmte Philosoph und Mathematiker Pythagoras ($a^2 + b^2 = c^2$) wirkte und starb dort, im 4. Jahrh. v. Chr. wurde die Stadt gar Stützpunkt der Athener Flotte.
Seit dem 3. Jahr. v. Chr. hatten die Römer das Sagen in der Stadt, die nun Metapontum hieß, aber bereits 200 Jahre später verfiel die Stadt, die einst dank ihrer fruchtbaren Böden als Kornkammer galt. Vermutlich rottete, wie an so vielen seichten Flussmündungen, die Malaria die Bewohner aus. Über 2000 Jahre kannten nur ein paar Hirten die antiken Steine, von denen sie am meisten die **"Tavole Palatine"** bewunderten, die **"kaiserlichen Tische"**. Es war aber nicht die Siegestafel von Kaiser Karl dem Großen, der in dieser Gegend eine Schlacht gegen die Sarazenen gewann, sondern der Rest eines prächtigen Hera-Tempels, von dessen ehemals 32 Kalksteinsäulen mit dorischen Kapitellen noch 15 in den Himmel ragen.

Wir marschieren links am (verschlossenen) Gebäude vorbei und noch 200 Schritte bis zu den eindrucksvollen Tempelsäulen: Fünf Säulen der einen Längsseite stehen zehn identischen der anderen gegenüber, beide Reihen noch verbunden durch eine einzige steinerne Balkenlage.
Wie die Stämme einer versteinerten Allee ragen die Säulen in den Himmel; die konkaven, scharfgrätigen Kanneluren lassen sie schlanker wirken, als sie sind.

Metapontion, Tavole Palatine

Die **Tavole Palatine** sind nicht die einzigen Zeugen der einst so bedeutenden Stadt!
Wir unterqueren die >SS 106<, rollen bis METAPONTO. Nach knapp 3 km, in BORGO METAPONTO, zweigen wir wieder links ab zum **"Parco archeologico"** mit Museum (geradeaus geht's zum Meer).
In das sehr weitläufige Ausgrabungsgelände kann man mit dem WOMO hineinfahren. Vom **Parkplatz** [N 40° 23' 1.1" E 16° 49' 19.8"] aus erkennt man von links nach rechts die Überreste des Artemis-Tempels, des Apollo-Tempels (mit den dorischen Säulenkapitellen), den Hera-Tempel und den kleinen Athena-Tempel, dahinter das Amphitheater (9-19 Uhr).

Metapontion, Apollo-Tempel (im Hintergrund das Amphitheater)

Eine langgezogene Brückenkonstruktion leitet uns hinüber zum Strandbereich, der sich einer weit entfernten Bahnlinie erfreuen kann. Wir schwenken nochmals links und stauben an dem **Campingplatz** "Mondial" vorbei zum Sandstrand. Dort findet man alles, nur keine schönen Plätzchen für WOMOs.
Nur ganz links kann man am Ende der staubigen Piste [N 40° 21' 49.1" E 16° 50' 26.2"] direkt hinter dem Sandstrand einparken. Für die Nacht scheint uns das Areal (neben einer Disco) zu unruhig!
Noch verbauter ist der Strandbereich direkt vor dem LIDO DI METAPONTO. Wem der Trubel gefällt, der sollte einen der fünf schön hinter dem Strand gelegenen **Campingplätze** beglücken oder die Sosta Camper "Nettuno":

(224) Offizieller WOMO-Badeplatz: "Nettuno" (Sosta Camper)

GPS: N 40° 21' 24.7" E 16° 49' 57.5".

Ausstattung/Lage: Etwas Schatten, Wasser, Strom, Ver-/Entsorgung, Gebühr 13-18 €, nur Entsorgung 5 €/im Ort. **Zufahrt:** siehe Text.

Wir starten durch zu einem der sehenswertesten Orte der Basilicata: Die **Sassi** von MATERA muss man gesehen haben – und

Stellplätze für die Nacht haben wir dort auch für Sie!

Zurück an der >SS 106< unterqueren wir die Schnellstraße und folgen der >SS 175< Richtung MATERA. AUFPASSEN! Nach 9 km verlassen wir die breite, schnelle Bahn nach rechts. Eine schmalere, aber gute Bahn führt uns auf GINOSA zu, während eine startbereite Protonrakete vor uns aus dem Boden wächst [N40° 30' 59" E16° 45' 49.5"].

Oder ist es nur ein riesiger Wasserturm, der den nötigen Druck herstellt für die in alle Richtungen davonlaufenden Bewässerungsrohre?

Eine Umgehungsstraße führt uns links an GINOSA vorbei zur >SS 7<, auf der wir Richtung MATERA rollen.

Diese Anfahrtsvariante hat einen wichtigen Grund!

Nach 5,5 km auf der >SS 7<, noch weit vor MATERA, schwenken wir bei »km 583,2« links ein in die Straße, die markiert ist mit **"Parco delle Murgia Materana"**.

Vorbei an einigen **Höhlenkirchen** erreichen wir nach 900 m eine Gabelung. Links geht es zu einer Info-Stelle (Jazzu Gattini), wo

Ihnen der freundliche Paolo Montagna alle Fragen beantwortet, die Ihnen zu Matera, den Sassi und dem "Parco Naturale del Materano" einfallen sollten (auch den 40-Minuten-Fußweg durch die Gravina nach Matera beschreibt er; z. Zt. gesperrt). 500 m weiter erreichen wir die "Area camper-caravan" der Masseria Radogna, eine trockene Wiese mit einigen Steineichen am Rande.

(225) Offiz. WOMO-Stellplatz: Area sosta "Masseria Radogna"

GPS: N40° 40' 12.3" E16° 37' 53.7" **WOMO-Zahl:** >10.

Ausstattung/Lage: Kaum Schatten, Ver-/Entsorgung, Strom, Wasser, Grillstellen, Mülleimer, Gebühr: 10 €, Strom (max. 600 W) 2 €/außerorts.

Zufahrt: Von Ginosa Richtung Matera. Bei »km 583,2« links und nach 900 m wieder links.

Hinweise: Shuttle-Service nach Matera (einfach 1,50 €), geführte Touren.

Blick aus einer Chiesa rupestra hinüber nach Matera

1,5 km weiter auf der "Hauptstraße" erreichen wir eine große,

ebene Wendeplatte [N40° 39' 50.0" E16° 37' 03.3"] mit Panoramablick auf die **Gravina** und **Sassi** von MATERA. Marschiert man vor Richtung Aussichtsplateau und dort scharf links, so entdeckt man eine Höhlenkirche mit schönen Fresken.

Wer es noch idyllischer haben möchte, fährt 2 km weiter bis »km 581,2« und folgt scharf links dem Wegweiser "Madonna delle Virgini". Nach 0,6 km Asphalt und 1,1 km Schotterpiste (vorbei an einem gewaltigen, sehenswerten **Tuffsteinbruch**) stehen wir auf einem Super-Aussichtsplatz an der Kante der Schlucht – im Schatten eines der beiden Bäume.

(226) WOMO-Stellplatz: Madonna delle Virgini

GPS: N 40° 40' 14.3" E 16° 37' 06.0"
WOMO-Zahl: 2-3.
Ausstattung/Lage: Liegewiese, Panoramablick/ außerorts.
Zufahrt: Von Ginosa nach Matera bis »km 581,2«, dort scharf links 1,7 km.

Blick von der Höhlenkirche Madonna delle Virgini zur Gravina von Matera

Steigt man über die Kante hinab zum Eingang der Kirche, so findet man eine ganze Reihe von (leeren) Höhlenwohnungen, in denen man herumkrabbeln kann.

Fazit: An beiden Endpunkten der Stichstraßen findet man ruhige Parkplätze mit einem geradezu atemberaubenden Blick hinab in den Canyon der **Gravina di Matera** und hinüber an ihren Westhang, an dem neben- und übereinandergeschachtelt die Höhlenwohnungen MATERAS, die Sassi zu sehen sind. Am nächsten Morgen haben Sie die Sonne für Ihr Panoramafoto genau im Rücken!

Nach einem gemütlichen Frühstück rollen wir nach weiteren 500 m auf der >SS 7< ins Zentrum der Stadt, folgen den Wegweisern "Matera Nord/Stadion" und schließlich "Sassi/Castello" zur ruhigen **Via Castello** (mit Parkbuchten [**227:** N40° 39' 43.7" E16° 36' 04.0"] oberhalb des Castellos. Einen "richtigen" **WOMO-Stellplatz** mit V/E und Strom gibt es (verkehrumtost) in der Via dei Normanni [N40° 40' 4.6" E16° 35' 22.6"]! Weiterhin entdeckten wir einen überdachten (kostenpflichtigen 0,50 €/Std.) Parkplatz [N40° 0' 0.3" E16° 35' 47.9"] in der Via G. Saragat, wo auch immer WOMOs parken.

In der Via Castello, nur 100 m vor der **Universität**, steht unser Fahrzeug bequem und schattig, während wir mit Fotoapparat, bequemen Sandalen, Trinkflasche, Sonnenbrille und Sonnenhut links vom **Castello** wieder hinabtrotten (wenn Sie sich immer abwärts und dabei etwas rechts halten, landen Sie automatisch am Aussichtsbalkon links des **Palazzo Lanfranchi**).

Blick hinab in das Sasso Caveoso von Matera

Wir blicken hinab in die Gravina, an deren Hang sich die Altstadt von MATERA hinabzieht wie in einem gigantischen Amphitheater. Ähnlich wie in MASSAFRA lebten bereits in der Steinzeit Menschen in den Tuffsteinhöhlen. Danach waren es die Mönche aus Kleinasien, die ähnlich wie in GÖREME Mönchszellen und Höhlenkirchen in den weichen Stein gruben. Anders als in MASSAFRA ließ sich später die Bevölkerung in den billig zu erstellenden Höhlen nieder, baute sie aus, grub immer tiefer in den Hang. Man mauerte Vorbauten, deren Dächer den Boden für die Gebäude des nächsten Hangstockwerkes lieferten. Die Besiedelung wurde immer dichter, die hygienische und damit gesundheitliche Situation eskalierte. In dieser Zeit erlebte der vom faschistischen Regime Mussolinis in den tiefen Süden

Im Sasso von Matera, Höhlenkloster Santa Lucia alle Malve

Im Sasso Barisano

Italiens verbannte Schriftsteller Carlo Levi Matera. Sein 1945 erschienenes Buch "Cristo si è fermato a Eboli" (Christus kam nur bis Eboli) beschrieb schonungslos die unhaltbaren Zustände in den Sassi von Matera – aber erst in den 50er Jahren begann die italienische Regierung mit dem Neubau von Häusern und der Umsiedelung.
Jahrelang standen die Sassi leer, begannen zu zerfallen. Die Fresken der Höhlenkirchen wurden von Vandalen Stück für Stück abgebrochen, das Ende schien nahe!
Wenn Sie jetzt durch die Sassi spazieren, erblicken Sie einen Neubeginn: Von der UNESCO zum Weltkulturerbe erhoben, fließen die notwendigen Gelder für Sanierung und Restauration – die Sassi beginnen sich wieder zu beleben!
Ein Blick ins Palazzo Lanfranchi (offen: 9-13 Uhr, Di-Do auch 16-18.30 Uhr) lohnt sich: Die Riesengemälde von Carlo Levi schildern eindringlich die sozialen Zustände in den Sassi der 30er Jahre – und die Grillenfalken im Innenhof machen mit ihren gerade flügge gewordenen Jungen Flugvorführungen.
Rechts vom Palazzo steigen wir hinab ins **Sasso Caveoso**, Hinweisschilder (Intinerario turistico) zeigen zu den Orten besonderen Interesses: Die Höhlenkirche **Madonna del Idris**, das ehemalige Höhlenkloster **Santa Lucia alle Malve** und das größte von ihnen, das **Convicinio di Sant'Antonio**.
Zurück am Platz vor der Kirche **San Pietro Caveoso** marschieren wir die Panoramastraße nach Norden ins **Sasso Barisano**, werfen einen Blick in die Kirchen **Madonna delle Virtu** und **San Nicola dei Greci** mit farbenfrohen Fresken. Anschließend steigen wir die steilen "Hochhausetagen" des Sasso hinauf bis zum romanischen **Dom** (gusseiserner **Wasserspender** auf dem Domplatz), dessen Inneres in goldener Pracht glänzt.
Jetzt geht es rechts auf gepflasterter Straße etwas hinab, schließlich links über die **Piazza del Sedile** mit dem figurengeschmückten Palazzo und der reich verzierten Barockfassade der **Chiesa San Francesco d'Assisi**. Im Inneren sind wir beeindruckt von der Leichtigkeit der weißen Stuckarbeiten, die sich in freskohafter Art an der ebenen Decke fortsetzen.

Chiesa del Purgatorio

Beim Verlassen der Kirche fällt unser Blick schon auf die **Chiesa del Purgatorio**, die Fegefeuerkirche. Das Motiv des Portals mit Sensenmännern und Totenköpfen (Foto) setzt sich in einem Riesengemälde hinter dem Altar fort. Wenige Meter später erspähen wir wieder den **Palazzo Lanfranchi**, wo wir nach rechts zu unserem WOMO zurückmarschieren.

Die Weiterfahrt nach ALTAMURA ist relativ leicht zu finden: Wir fahren nach unserem Parkplatz scharf rechts in die Via A. Pecci, dann immer nach Norden, an dem Parkplatz rechts der Via A. Moro vorbei, überqueren die <SS 7>, folgen dem Wegweiser "ALTAMURA" auf die schnelle >SS 99<, die direkt vom Süden nach Altamura hineinstößt.
Nach 17 km werden wir auf der **Piazza Zanardelli**, am Beginn der Altstadt nach links abgelenkt (rechts erkennt man die glasierte Kuppel der Kirche **San Domenico**, Foto). Das stört nicht weiter, weil wir gleich am Rande des benachbarten Parkes ein schattiges Plätzchen fürs WOMO entdecken.
Von den hohen Mauern (Altamura = hohe Mauer), die einst die Stadt Friedrichs II. umgaben, haben wir nichts entdeckt.

Der **Corso Federico II di Svevia**, wie unser Friedrich italienisiert heißt, führt uns aber "directement" zu der von ihm errichteten **Kathedrale Santa Maria Assunta** (der einzigen des passionierten Burgenbauers in Apulien). Den Baubeginn im Jahre 1230 erkennt man am besten am einmaligen romanischen Löwenportal (Foto), das natürlich von zwei bestens erhaltenen, naturalistischen Löwen flankiert wird, aber auch mit Szenen aus dem Leben Jesu (Abendmahl auf dem Türsturz, Maria mit dem Jesuskind im Tympanon) sowie figürlichen und ornamentalen Elementen reich verziert ist. Im dreischiffigen Kircheninneren bewundern wir das außergewöhnlich schöne Chorgestühl und die perfekten Steineinlegearbeiten an den Seitenaltären sowie in der ersten Seitenkapelle links eine aufwändig gestaltete Krippe (das Jesuskind kommt heimatverbunden in einer Chiesa rupestre zur Welt).

Verlässt man ALTAMURA nach Norden auf der >SS 96< (unbedingt die südliche Ringstraße nehmen!), rollt ca. 8 km Richtung BARI bis »km 89,6« und folgt nach links (über einen Bahnübergang) dem Wegweiser **"Pulo"**, so kommt man nach 3,8 km an eine Kreuzung. Den 1000-m-Feldweg geradeaus weiter zu einem Picknickplatz können wir Ihnen nicht mehr empfehlen, zu schlimm sind die tiefen Schlaglöcher. Biegen Sie mit uns rechts ab; nach 1200 m Asphalt und 900 m guter Schotterbahn haben wir den Picknickplatz direkt am Pulo erreicht.

(228) WOMO-Picknick- und Wanderparkplatz: Il Pulo

GPS: N40° 53' 29.0" E16° 34' 17.3" **WOMO-Zahl:** 2-3.
Ausstattung/Lage: Tisch & Bank, kein Schatten, Wanderweg/außerorts.
Zufahrt: Von ALTAMURA auf der >SS 96< 8 km Rtg. BARI bis »km 89,6«, dort links dem Wegweiser "Pulo" noch 3,8 km geradeaus und 1,2 km + 900 m rechts folgen.

Picknickplatz beim Pulo

Wir blicken hinab ins "größte Loch Apuliens" (Durchmesser 550 m, Tiefe 90 m).
Es handelt sich natürlich wieder um eine Riesendoline, einen gigantischen Karst-Einsturzkrater. Bei seinem Anblick möchte man eher an einen Meteoreinschlag als an das langsame Wirken unterirdischer Wasserströme glauben ...
Wir rollen auf direktem Wegle zurück nach ALTAMURA. Dabei sollten Sie nicht die Ausstellung "L'Oumo di Altamuro" auslassen, denn sie liegt samt großem Stellplatz **[229: N40° 51' 55.5" E16° 34' 54.6"]** nur 500 m links der Straße.

Der "Altamura-Mann" wurde, völlig von Stalagmiten überwuchert, 1993 in der Grotta di Lamalunga entdeckt. Man schätzt das Alter dieses archaischen Homo sapiens auf 130.000 Jahre.
Die Bergung des Skelettes ist kaum möglich; auch deshalb und wegen des schwierigen Eingangs bleibt die Höhle geschlossen.
Die Ausstellung vermittelt indes einen guten Eindruck durch anschauliches Film- und Videomaterial der Höhlenerforschung (offen: Di-So 9.30-12.30/16.30-19.30 Uhr).

Zurück in ALTAMURA schlängeln wir uns weiter nach Westen auf die >96<. Nach genau 10 km auf schnurgerader Bahn sind wir in GRAVINA IN PUGLIA, rollen weiter geradeaus ins Zentrum, parken am unteren Ende der **Piazza Giuseppe Pellicciari** mit den schattigen Eichenbaumreihen und dem **Brunnen** [N 40° 48' 58.4" E 16° 24' 53.3"].
Von dort marschieren wir nach rechts (durch einen Torbogen) bis zum Beginn der **Piazza Benedetto XIII.** Hier geht es geradeaus zum **Dom**, dessen romanischen Ursprung man nur noch ahnen kann, rechts sieht man die **Chiesa del Purgatorio Santa Maria dei Morti**, eine (verschlossene) Grabkapelle mit Skeletten und Totenköpfen über dem Portal. Links neben ihr holen wir uns bei der Tourist-Info einen Führer ab und marschieren hinab in die **Gravina**, die dem Ort seinen Namen gegeben hat.
An ihrem Rande steht die fünfschiffige **Höhlenkirche San Michele**, deren byzantinische Freskenverzierungen seit dem frühen Mittelalter den Innenraum schmücken. Einst frei zu-

Gravina in Puglia, Altstadtblick auf dem Weg zur Höhlenkirche

gänglich, war die Kirche der Zerstörungswut ausgeliefert. Jetzt schützt ein undurchdringlicher Zaun das Areal.

Von der Kirche blickt man hinab und hinüber zur **Gravina** mit Höhlenwohnungen und der Gaststätte "Mad. della Stella". Zu ihr kurven wir hinüber und finden hinter ihr ein Felsplateau, auf dem man aussichtsreich rasten, spazierengehen (Schluchtenweg) und übernachten kann [**230:** N 40° 49' 10.5"; E 16° 24' 44.4"].

Höhlenwohnungen in Gravina in Puglia

Gravina in Puglia, Blick vom Felsplateau bei der Gaststätte "Mad. della Stella"

Über Matera wäre man schnell wieder am Meer. Falls Sie Ihren Inlandsausflug noch etwas ausdehnen wollen, empfehlen wir folgende Strecke:
Auf der >SS 96< hinauf nach IRSINA (Altstadt mit halbkreisförmigem Uhrturm, Kirche Madonna delle Grazie).

Irsina, Altstadtblick

Weiter nach TRICARICO (Sarazenentor und Sarazenenturm, Parkplatz beim Normannenturm [N40° 37' 17.3" E16° 08' 51.0"]).
Weiter über GRASSANO nach GROTTOLE (Castello feudale, Kirchenruine, Parkplatz [N40° 36' 21.7" E16° 22' 49.6"] vor dem Friedhof). Steil hinab zur >SS 497<. Vor dem Fiume Basento links 1000 m zu Rastplatz am Fluss [N40° 35' 0.1" E16° 22' 23.6"]. Auf der Schnellstraße zurück nach METAPONTO.

Kurz vor MATERA stoßen wir auf die vierspurige >SS 7<, kurven nach rechts ein und nehmen die schnellste Strecke zurück nach METAPONTO. Dies ist zunächst 8 km die >SS 7<, dann 12 km die >SS 380< und schließlich, für den Rest der Strecke, die >SS 175< (Sie werden aber gar nichts von dem Durcheinander merken, wenn Sie immer dem Wegweiser "Metaponto" folgen).
Bei »km 450« entern wir die >SS 106< vor METAPONTO nach rechts, überqueren nach 4 km den **Fiume Basento**; nach 7,7 km verlassen wir die >SS 106< bei »km 442,4« wieder nach rechts Richtung MARINA DI PISTICCI.
Auch hier führt eine Brücke über die Bahnlinie, die jetzt, im flachen Lande, endlich erfreulich weit hinter dem Strand verlegt wurde.
Das Sandstrandmeer vor Augen hole ich ganz erstaunliche Infos ein: Stellplätze – kostenlos! WC – kostenlos! Wasser – kostenlos!
Wir rollen die Sandpiste nach links (rechts ist's verboten), richten uns am Rande der breiten Bahn neben den Bäumen ein (bis zum Wasser sind's über den breiten Strand fast 200 m).

(231) WOMO-Badeplatz: Marina di Pisticci (Lido Quarantotto/48)
GPS: N 40° 19' 15.0" E 16° 48' 4.1" **WOMO-Zahl:** >5.
Ausstattung/Lage: WC, Wasser, Mülleimer, kaum Schatten/außerorts.
Zufahrt: Auf der >SS 106< bis zur Abfahrt Marina di Pisticci, dort links 4 km zum Meer.

Ist hier das Paradies?
Nun, einige braunhäutige Gestalten mit arabischer Sprache, die offensichtlich am Strand campieren, machen uns schon nervös. Als hätte einer von ihnen meine Gedanken gelesen, kommt er mit einer Riesenmelone auf mich zu, stellt sie schnaufend ab und meint mit einer eindeutigen Handbewegung: „Für die Camper!“

Das Gespräch mit ihm ist schwierig, zu unterschiedlich sind die Sprachen, die wir beherrschen. Eines wird aber sofort klar (und beruhigt uns sehr): Er arbeitet mit seinen Freunden (für einen Hungerlohn) auf italienischen Feldern, Geld für Übernachtung bleibt da nicht übrig ...
Wir rollen 800 m ins Landesinnere zurück, schwenken dort nach links (Wegweiser: San Basilio), durchqueren einen Ferienkomplex. Nach 1000 m (Lido Natura) eine erste Piste links zum Strand [**232:** N40° 18' 49.4" E16° 47' 42.4"].

Parkplatz vom Lido Natura

Nach weiteren 800 m führt links eine asphaltierte Straße (ohne Wegweiser) durch die Pineta zurück zum Strand mit dem Namen **Lido La Spiaggetta**.

(233) WOMO-Badeplatz: Marina di Pisticci (Lido La Spiaggetta)
GPS: N 40° 18' 27.7" E 16° 47' 21.5" **WOMO-Zahl:** 2-3.
Ausstattung/Lage: Dusche, Wasser, Mülleimer, Schatten/außerorts.
Zufahrt: Auf der >SS 106< bis zur Abfahrt Marina di Pisticci, dort rechts 3,2 km Richtung Meer. Rechts (Richtung San Basilio) 1800 m und wieder links bis zum Meer.

Der Parkplatz ist ebenfalls 150 m vom Wasser entfernt – hat aber zwei Vorteile: Mehr Ruhe – und Schatten für das WOMO (das man dafür vom Strand aus nicht sieht). Beim Sonnenschirmverleih auf dem Strand sichten wir Duschen und einen **Wasserhahn**.
Nochmals 1300 m weiter biegen wir wieder links zum Strand (Wegweiser: San Basilio) und haben nach 500 m bei einem schönen **Brunnen** den Strand erreicht. Nach links kann man auf fester Schotterpiste knapp 300 m hinter dem Strand entlangfahren, nach rechts aber viel, viel weiter (nur die ersten 500 m

sind für WOMOs verboten). Stellplätze für alle Vierrädler gibt's also reichlich. Unterwegs sichtet man **Toiletten** und Duschen. Wir sind erst nach 700 m mit einer Schattenpinie neben der Piste zufrieden!
Vor bis zum Wasser muss man ebenfalls 150 Schritte durch den heißen Sand spurten, wenn man's barfuß probiert.

(234) WOMO-Badeplatz: Marina di Pisticci (San Basilio)

GPS: N 40° 17' 30.2" E 16° 46' 42.2" **WOMO-Zahl:** >5.
Ausstattung/Lage: Dusche, Wasser, Toiletten, Mülleimer/außerorts.
Zufahrt: Auf der >SS 106< bis zur Abfahrt Marina di Pisticci, dort rechts 3,2 km Richtung Meer. Rechts (Richtung San Basilio) 4,1 km und wieder links bis zum Meer.

Wir müssen zur >SS 106< zurückkehren, denn der **Fiume Cavone** versperrt die Weiterfahrt am Strand.
Aber bereits 800 m hinter der Cavone-Brücke kommt bei »km 436,0« die nächste Abzweigung mit dem uns völlig ausreichenden Wegweiser **"Mare"** (sowie Andriace/Terzo Cavone). Nach 800 m, bei einer Kreuzung mit mehreren Häusern, rechterhand (hinter dem Grasdreieck mit Pinie) **Brunnen**.
Unsere Karte weist ein ganzes Gitter von Wegen aus – die in der Natur sogar Namen tragen! Wir rollen auf der **Via Napoli** nach Osten, stangengerade aufs Meer zu.
Dann versperrt zwar eine Schranke die Zufahrt in die Pineta. Die Straße schwenkt aber links ab – und wir finden doch noch ein Paradies!
Nach insgesamt 5,5 km stehen wir direkt hinter dem langen Sandstrand. Die Asphaltstraße endet zwar bei einem Parkstreifen – aber von ihrem Ende kann man auf fester Piste bis zu einem Platz mit Tamariskenbüschen holpern, wo sich nicht nur das WOMO wohl fühlt (zum Sandstrand 100 m).

(235) WOMO-Badeplatz: Terzo Cavone

GPS: N 40° 17' 05.7" E 16° 46' 25.6". **WOMO-Zahl:** 3-4.
Ausstattung/Lage: Strandbar, Mülleimer, etwas Tamariskenschatten/außerorts.
Zufahrt: Auf der >SS 106< über den Fiume Cavone. 800 m später links und noch 5,5 km.

Dieses Plätzchen bleibt uns in besonders guter Erinnerung: Wir treffen nette Einheimische, die mit uns das Mittagessen teilen, genießen die Siesta – und stehen nachts völlig einsam (sprich: ruhig) auf unserem Plätzchen.
Am nächsten Morgen erkunden wir weitere Straßen im Wegegitter südlich des Cavone-Flusses, kehren also nicht ganz zur >SS 106< zurück, sondern biegen an der ersten Vorfahrtsstraße

Eukalyptusschattenparkstreifen vor dem Lido di Scanzano

links (Via Veneto) und rollen auf ihr 2,8 km nach Süden.
Dort, wo die Via Veneto endet, geht es links und an der Stoppstraße nochmals links (Wegweiser ist uns der auffällige, pyramidenstumpfähnliche "Torre del Faro" mit kleinem Leuchtturmaufsatz). An ihm rollen wir rechts vorbei zum Strand.
Dort erwartet uns ein langer **Parkstreifen** unter Eukalyptus; dann geht es nach rechts 700 m weiter am **Lido di Scanzano** entlang mit einer ganzen Reihe von Stellmöglichkeiten und einem rosafarbenen Info-Gebäude.
An ihrem Ende führt die Straße direkt in den **Campingplatz** "Le 2 Barche" [N 40° 14' 52.6" E 16° 44' 58.4"] (17-29 €, Strom 2-4 €) hinein. Dort steht man sehr schön schattig unter Eukalyptusbäumen direkt hinter dem Sandstrand.
Wir rollen vom Strand wieder zurück ins Landesinnere; vom Strand bis zur ersten Gabelung sind es 800 m.
Hier biegen wir nach links ab; zwischen Sonnenblumenfeldern, Disteln, Schilf und Müllbergen schaukeln wir nach Süden.
Nach 1500 m knicken wir an der Vorfahrtsstraße links ab und rollen kerzengeradeaus durch dichten Pinienwald. Nach 800 m endet die Asphaltbahn am **Lido Bufaloria** mit einem großen Parkplatz, an dessem Rande sich schattige Stellplätze anbieten – nur 100 Schritte sind es bis zum Sandstrandmeer.

(236) WOMO-Badeplatz: Lido Bufaloria

GPS: N 40° 14' 31.3" E 16° 44' 47.2". **WOMO-Zahl:** 3-4.
Ausstattung/Lage: Mülleimer, Stellplätze im Schatten, Sandstrand, Bar, WC, Münzdusche/außerorts.
Direkte Zufahrt: Auf der >SS 106< bis zur Abfahrt Lido Bufaloria, dort rechts zum Meer.

Jetzt versperrt uns nach Süden wieder ein Fluss den Weg, der **Fiume Agri**. Aber nicht nur deshalb kehren wir zur >SS 106< zurück – in POLICORO waren die Römer!
Bei »km 428« überqueren wir den **Agri** und 1200 m später schwenken wir an der Ausfahrt "Policoro" von der Schnellstraße herunter. Wendet man sich danach rechts ins Zentrum, so kommt man zu einer kleinen Verkehrsinsel mit einer Marienstatue. Rechts hinter ihr erblickt man, bestens restauriert, die Reste eines **Aquäduktes** zu Beginn eines frisch-grünen Parkes (fährt man links am Park vorbei, so findet man passende Parkplätze).

Hält man sich hinter der Verkehrsinsel links und folgt später dem Wegweiser "Museo", so kommt man nach 1000 m zum weitläufigen "Parco archeologico" [N 40° 13' 8.4" E 16° 40' 7.9"] der antiken griechischen Städte **Siris** und **Eraclea** mit gut ausgestattetem Museum.

Der Sage nach wurde **Siris** von trojanischen Flüchtlingen gegründet, im VI. Jahrh. v. Chr. aber bereits wieder zerstört. 433 v. Chr. (und das ist sicher) entstand es neu als Gründung der Städte Tarent und Thuri. Sein Stadtgebiet umfasste die gewaltige Fläche von 140 ha.

Im Museum (offen: 9-20 Uhr) werden sehr schöne Vasen (Foto), aber auch Gräber mit kostbaren Grabbeigaben, Waffen, Bronzeschmuck und Spielzeug ausgestellt. Die ausgedehnten Außenanlagen mit der Akropolis, dem Dionysos-Tempel und dem Santuario di Demetra sind wohl eher etwas für Fachleute.

Nach dem Kunstgenuss ist wieder Badespaß angesagt – am **Lido di Policoro**!

Unter der >SS 106< hindurch und geradeaus gen Südosten gelangen wir nach 4 km, 100 m vor dem Strand, an eine Kreuzung. Geradeaus entdecken wir außer einer **Wassersäule** (links) nur einige staubige Parkplätze.

Aber die beiden Seitenstraßen nach rechts und links – die haben es in sich: Wir zählen ein ganzes Geflecht von Parkbuchten mit Tischen und Bänken, stets unter Schattenpinien, rein rechnerisch kommen wir auf etwa 500 Stellplätze.

Lido di Policoro, Badespaß nur am Tage!

Leider hat die Sache einen Haken! Die einst für WOMOs reservierten Stellplätze [N40° 11' 06.9" E16° 42' 48.7"] und die Ver-/Entsorgungsstation sind Geschichte. Wer nachts bleiben möchte, muss auf den Campingplatz.

(237) WOMO-Campingplatz-Tipp: "Policoro Village"

GPS: N 40° 11' 29.3" E 16 42' 56.1" **Öffnungszeiten:** 1.6. - 30.9.
Ausstattung: sehr schattig; Laden, Gaststätte, Pool; am Sandstrand; nächster Ort: 4 km.
Gebühr: 15-35 € incl. Ver-/Entsorgung + Strom.
Zufahrt: Auf der >SS 106< bis zur Abfahrt Policoro, dort links 4 km zum Meer.

Vom LIDO DI POLICORO rollen wir 1700 m zurück Richtung POLICORO, wenden uns dann nach links.
Nach 2400 m stoßen wir auf eine Vorfahrtsstraße, schwenken links und fahren an einem Kanal mit Eukalyptusbaumreihe entlang wieder zum Meer.
Die Straße endet nach 1600 m an einem großen Parkplatz mit vielen – leider schattenlosen – Parkbuchten am Rande des Naturreservates **"Bosco del Pantano"**.

(238) WOMO-Badeplatz: "Bosco del Pantano"

GPS: N 40° 10' 22.7" E 16° 42' 10.4"
WOMO-Zahl: 2-3.
Zufahrt: Auf der >SS 106< bis zur Abfahrt Policoro, dort links 2,3 km Richtung Meer, dann 2,4 km rechts und noch 1,6 km links.
Ausstattung/Lage: Sandstrand, Brunnen, Mülleimer, schöne Picknickplätze versteckt hinter Oleanderbüschen, Wanderweg/außerorts.

Hier hat der WWF einen Workshop für Jugendliche eingerichtet und organisiert Wanderungen und Beobachtungen in diesem Feuchtgebiet; ein Museum 500 m vor dem Strand erläutert die Besonderheiten der regionalen Natur.

Diesmal ist es der **Fiume Sinni**, der uns zu einem Umweg über die >SS 106< zwingt. Aber bereits 2,2 km nach der Brücke geht es wieder zum Strand; "Lido Rotondella Lido" steht auf dem Schild.
Nach der Eisenbahnbrücke gabelt sich die Straße. Wir suchen zunächst links, passieren die Zufahrt zum Campingplatz "Rivolta" [**239:** N40° 08' 00.9" E16° 39' 54.1"] und sichten nach weiteren 200, 500 und 700 m Zufahrten zum Sand-/Kiesstrand. Am schönsten steht man am Ende der Bahn, unmittelbar vor dem Hochwasserdamm eines Flüsschens [N40° 8' 14.1" E16° 40' 14.5"] mit Schattentamarisken für die Badegäste.
Wendet man sich an der Gabelung rechts, so warten noch drei Badestrandzufahrten auf uns.
Die erste nach 1100 m führt uns gepflastert und kugellampenbeleuchtet zum "**Lido Maraja**" [**240:** N40° 07' 38.3" E16° 39' 12.9"]. Und hier ist die Überraschung komplett: Ein stahlend neuer **WOMO-Stellplatz** wartet auf unseren Besuch (natürlich gegen Gebühr).
Vom Parkplatz (mit wenig Schatten) sind es 150 Schritte zum Sandstrand.

Lido Maraja mit Ver-/Entsorgungsstation

Nach nochmals 600 m führt uns die Via Amarcord zu zwei Restaurants rechts und links des großen Parkplatzes [**241:** N40° 07' 27.9" E16° 39' 01.5"] hinter dem Dünensandstrand.
Der letzte Badeplatz (vorher müssen wir ein Feriendorf umfahren) ist gleichzeitig der Endpunkt der Straße. Vom großen, gepflasterten Parkplatz [**242:** N40° 07' 12.2" E16° 38' 38.9"] sind es nur wenige Schritte zum Sandstrand. Der lange Weg zum Wasser wird versüßt durch einen quadratischen Duschplatz auf halber Strecke – genau richtig für uns, um uns für die Heimfahrt noch einmal frisch zu machen.

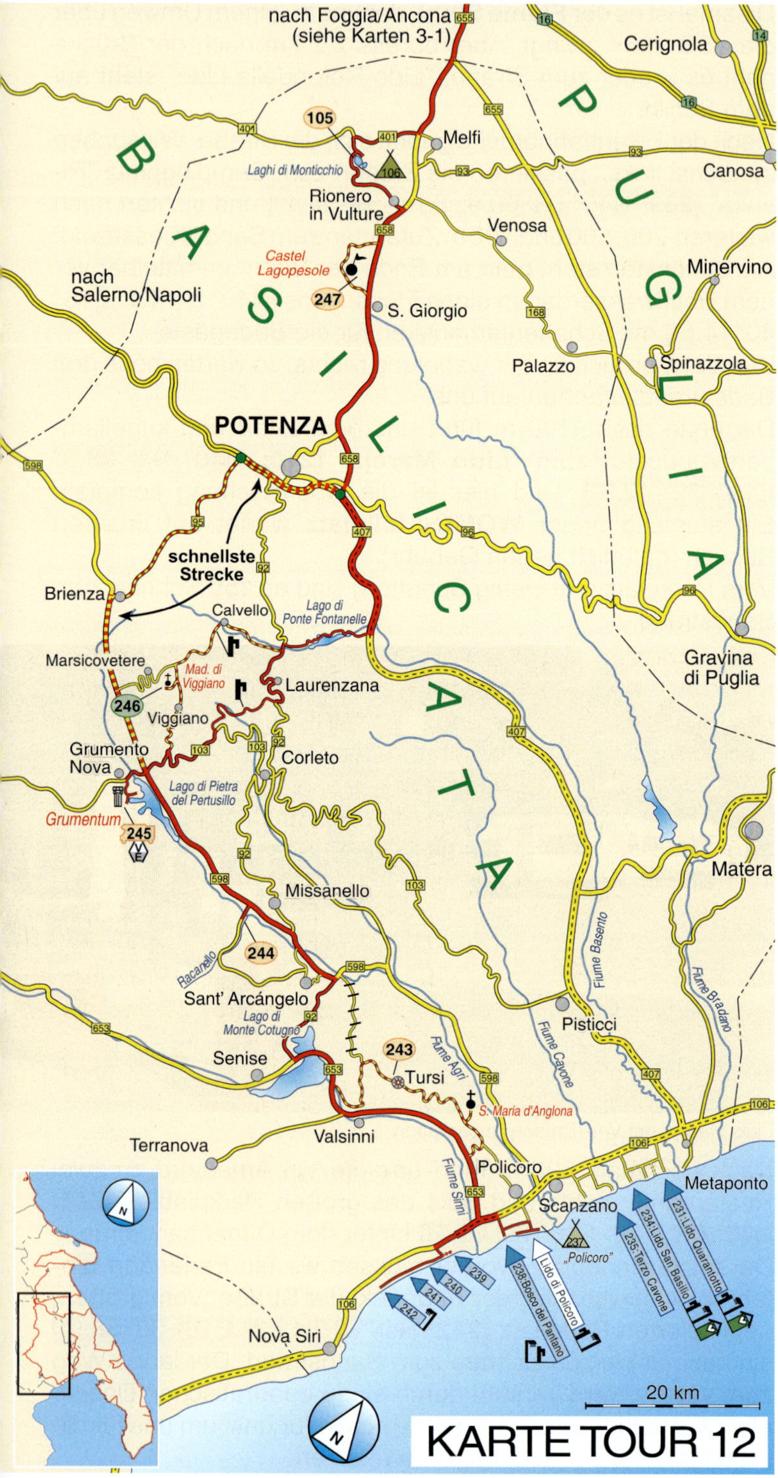
nach Foggia/Ancona
(siehe Karten 3-1)
Cerignola
Melfi
Canosa
Laghi di Monticchio
Rionero in Vulture
Venosa
Castel Lagopesole
Minervino
nach Salerno/Napoli
S. Giorgio
Palazzo
Spinazzola
POTENZA
BASILICATA
PUGLIA
schnellste Strecke
Brienza
Calvello
Lago di Ponte Fontanelle
Marsicovetere
Mad. di Viggiano
Laurenzana
Gravina di Puglia
Viggiano
Grumento Nova
Corleto
Lago di Pietra del Pertusillo
Grumentum
Matera
Missanello
Fiume Basento
Racanello
Sant' Arcángelo
Fiume Bradano
Lago di Monte Cotugno
Pisticci
Senise
Tursi
Fiume Agri
Fiume Cavone
S. Maria d'Anglona
Terranova
Valsinni
Policoro
Metaponto
Fiume Sinni
Scanzano
„Policoro“
238: Bosco del Pantano
Lido di Policoro
235: Terzo Cavone
234: Lido San Basilio
231: Lido Quarantotto
Nova Siri
20 km
KARTE TOUR 12

TOUR 12 (ca. 240 km / 1-2 Tage)

Lido Rotondella – Valsinni – (Tursi) – Sant' Arcángelo – Grumentum – Laurenzana – Potenza – Rionero in Vulture – Laghi di Monticchio – Foggia ...

Freie Übernachtung:	Tursi, Grumentum, Laghi di Monticchio.
Ver-/Entsorgung:	Grumentum, Laghi di Monticchio (Camping "Europa").
Trinkwasserstellen:	S. Maria d'Anglona, Grumentum, Calvello, Laurenzana.
Campingplätze:	Laghi di Monticchio (Camping "Europa").
Baden:	Lido Rotondella, Laghi di Monticchio.
Besichtigungen:	S. Maria d'Anglona, Tursi, Grumentum, Castel Lagopesole.
Wandern:	Madonna di Viggiano.

Ja, heimwärts heißt die Devise!
Aber wir wollen die Heimfahrt nicht zum Stress ausarten lassen – sie geradezu genießen. Wir kehren zurück zur >SS 106<, rollen auf ihr ein Stück zurück Richtung Taranto, schwenken ein in die >SS 653< Richtung VALSINNI.
Auf ihr sausen wir im kilometerbreiten Schottertal des **Fiume Sinni** entlang, dicke Bewässerungsrohre begleiten unseren Weg. Auf kurzen Säulenstummeln überqueren wir das Schotterbett, müssen nach den kümmerlichen Wasserresten suchen. Nach 20 km passieren wir die Abzweigung VALSINNI, weiter geht es Richtung SENISE. Da werden die Stützen der Straße plötzlich länger und länger; wie auf einer Rampe schießen wir hinauf zum **Diga (Stausee) di Monte Cotugno**. Rechts der Staumauer huschen wir durch einen Tunnel, überqueren die milchig-türkisblauen Fluten.
Einsam liegt der stille Wasserspiegel in der ockergelb verbrannten Landschaft; kein Boot, kein Surfer, kein Badegast stört seine Ruhe. Kein Picknickplatz, noch nicht einmal ein winziger Parkplatz wird dem Reisenden geboten.
Bei »km 46,5«, links leuchtet noch der Spiegel des Sees, biegen wir rechts nach SANT'ARCÁNGELO.
Die Landschaft wird immer trockener. Ausgeglüht flimmern öde Mergelhügel in der Mittagshitze. SANT'ARCÁNGELO liegt wie aufgespießt auf einer der Hügelkuppen nahe der Sonne; nichts rührt sich, alles macht Siesta!
Die Straße zieht um den Häuserhügel herum Richtung >SS 598<, dort biegen wir links Richtung SALERNO ein. Wir sind jetzt im breiten Tal des **Fiume Agri** ....

Diese Routenführung gefällt Ihnen nicht? Kein Problem! Biegen Sie mit uns bereits nach 5,5 km auf der >SS 653< rechts (Abzweig Rotondella) und in Kurven hinauf Richtung TURSI.

Nach 8,2 km machen wir einen 600-m-Abstecher zur wohl ältesten Marienwallfahrtskirche der Basilikata (nach 50 m Brunnen). **S. Maria d'Anglona** (Foto) ist der einzige Überrest des griechischen Pandosia und entstand bereits um 1080; Reliefs in der Vorhalle und reicher Freskenschmuck begeistern (offen: 9-12, 16-19 Uhr), kleiner Park mit Tisch & Bank [N40° 14' 38.6" E16° 33' 25.5"].

S. Maria d'Anglona

Zurück an der Abzweigung geht es durch eine einzigartige Erosionslandschaft (Runsen) nach TURSI.

Runsenlandschaft bei Tursi

Wir durchqueren die Unterstadt (Wegweiser: Rabatana), schwingen uns dahinter 4 km durch Wald aufwärts bis zu einem ruhigen Plätzchen (mit Sitzbänken und Gaststätte) oberhalb der **Kastellruine** [**243:** N40° 15' 07.0" E16° 28' 07.7"]. Die **Rabatana** (von arab. Rabat für Burg) ist das Überbleibsel einer "Stadt im Schutze der Burg", die auf gotisch/sarazenische Ursprünge zurückgeht. Bummeln Sie einfach durch die ruhige Altstadt, die noch keinen Touristenrummel kennt.
Zurück an der Hauptstraße schwenken wir scharf rechts, schaukeln rund 10 km auf sehr bescheidener Bahn, z.T. aber durch schönen Laubwald, bis wir links über die >SP 154< Richtung Colobraro einen Umweg machen müssen (die direkte Strecke ist unterbrochen).

Er liefert genügend Bewässerungsnass, so dass der gesamte Talgrund eine üppig grüne Oase in der sommertrockenen Basilicata ist. Am Straßenrand sitzen alte Leutchen hinter kleinen Verkaufstischen, bieten die Produkte aus ihren Gärten an. Wir legen eine Obst- und Gemüse-Einkaufspause ein – und werden wie in der Heimat begrüßt: „Ich arbeiten Geislingen-Steige!“

Der Fluss hatte eine Weile zu tun, bis er sich im bequemen Bett wälzen konnte: An den steilen Hängen zeugen die abgeschliffenen Felswände von seiner Mühe. Auf einer Kante thront MISSANELLO; die gesamte Hügelkuppe ist dicht an dicht bebaut. An einer Engstelle des Tales sind trulliartige Felsgebilde stehengeblieben. Dahinter geht es links nach CASTRONUOVO. Wir biegen ab und holpern nach 1200 m links hinab zum klaren Flüsschen, wo es Plätze zum Rasten und Plätschern gibt [**244:** N40° 15' 00.2" E16° 06' 34.4"]; Weg vorher abgehen!

Auch der **Fiume Agri** hat seinen Stausee, den **Lago di Pietra del Pertusillo**. Seine Umgebung – der Wasserspiegel liegt immerhin bereits in 550 m Höhe – stellt sich völlig anders dar! Sie ist frisch, dicht bewaldet, lädt zum Verweilen ein. Aber auch hierher haben sich die

Tourismusmanager noch nicht verirrt. Lediglich 3,1 km nach der Staumauer (knapp vor der Abzweigung nach MONTEMURRO) gibt es eine Parkmöglichkeit.

Am Ende des Sees, bei »km 48«, biegen wir rechts zu den unbedingt sehenswerten Ausgrabungen der **antiken römischen Stadt Grumentum**. Nach 3,2 km verlässt man die Straße vor GRUMENTO NOVA nach links (Wegweiser: Grumentum), durchquert ein kleines Tal und erreicht das Ausgrabungsgelände nach weiteren 1100 m.

An der Kreuzung orientieren wir uns: Rechts liegt das **Museum** mit schattigen Parkplätzen an der Straße davor, links geht es zum **Ausgrabungsgelände**, geradeaus kommt man zur Sosta Camper **"Al Parco verde"**.

Wir wenden uns zunächst rechts und wir stehen unter schattigen Eichen vor dem Museum (offen: tgl. 9-20 Uhr), wo man auch die Eintrittskarten für das Freigelände bekommt.

Dort können wir nicht nur die archäologischen Funde aus dem Stadtgebiet von **Grumentum** bestaunen, sondern auch ein schönes Modell des römischen Theaters – und erfahren, warum die Bewohner ihr schönes Städtchen ab dem IV. Jahrh. n. Chr. verließen, um sich auf den steilen, umliegenden Hügeln neue Häuser zu bauen: Auch hier war wohl die zunehmende Versumpfung am Zusammenfluss von Agri und Sciaura und das Aufkommen der Malaria die Ursache ...

Dann fahren wir am Parkplatz neben dem Ausgrabungsgelände vorbei und kurven an ihm entlang bis zum **Amphitheater** [N 40° 17' 13.3" E 15° 54' 43.3"]) an seinem Ende (dieser Fahrweg ist nur für niedrige Fahrzeuge bis 2,20 m Breite zu empfehlen).

Das 60 x 50 Meter messende Oval wurde gekonnt in den Hang eingefügt – und bequemerweise aus den Flusskieseln des **Agri** errichtet (wie der größte Teil der antiken Gebäude). Während die ersten Bauten **Grumentums** aus der ersten Hälfte des III. Jahrh. v. Chr. stammen, datiert das Amphitheater ins I. Jahrhundert v. Chr.

Wir rollen ein Stück zurück bis zum Haupteingang. Von dort sind es nur ein paar Schritte bis zum **Capitol**, der **Basilika**, dem **Forum** und dem **Tempel C**. Hier sind wir im Zentrum der Stadt, denn das **Forum** war stets die Einkaufsmeile.

Jetzt können wir, vorbei an den **Thermenanlagen** (getrennt fürs Volk und für die Herrscher!) zum Parkplatz am Haupteingang zurückkehren und uns dem ausgezeichnet erhaltenen **Theater**, dem **Tempel A** und einem **Wohnhaus** mit Fußbodenmosaiken zuwenden. Das **Theater** hatte eine Höhe von 9 Metern, die Sitzreihen wurden

gestützt von einer doppelten Arkadenreihe. Besonders gut gefällt uns das zierliche Fischnetz-Mauerwerk (Opus reticolatum) aus rautenförmig hochkant zusammengefügten Flusskieselbruchsteinen. Fährt man an der Kreuzung geradeaus weiter, so kommt man nach 200 m zu einer **Sosta Camper** (in Deutschland würde man sagen: Ferien auf dem Bauernhof!).

(245) Offizieller WOMO-Stellplatz: Al Parco Verde (Sosta Camper)

GPS: N 40° 16' 50.1" E 15° 54' 22.3"
Öffnungszeiten: ganzjährig.
Ausstg./Lage: sehr schattig, Wasser, warme Dusche, Strom, Ver-/Entsorgung, gute (!) Gaststätte.
Gebühr: 20 € alles incl./außerorts.
Zufahrt: Auf der >SS 598< bis zur Abzweigung "Grumentum", dann ausgeschildert.

Zurück an der >SS 598< könnten Sie nach links weiter dieser Schnellstraße Richtung SALERNO folgen. Nach etwa 45 km würden Sie auf die >A 3< stoßen und könnten über ROMA und MILANO nach Hause düsen – oder in der schönen Toskana eine Zwischenstation einlegen.
Wir unterqueren die Schnellstraße Richtung CORLETO, schrauben uns auf der >SS 103< (mit Blick auf VIGGIANO) einen Hügelrücken hinauf.
Nach 12 km sind wir auf dem 1045-m-Pass "Lago Todaro", kurven eine Weile auf der Höhe umher, freuen uns über sorgfältig aufgeforstete Berghänge. 16 km später nehmen wir die Abkürzung nach LAURENZANA (das 2-m-Begrenzungsschild gilt <u>nicht</u> Richtung LAURENZANA).
3 km darauf haben wir erneut eine Höhe erklommen, durch einen

schattigen Eichenwald geht es wieder hinab. Der Wald steht unter Naturschutz, die Schiffsschaukel-Straße wahrscheinlich unter Denkmalschutz!

Nach genau 7 km passieren wir einige parkende Autos neben einer großen **Brunnenwand**. Offensichtlich verlängert das Quellwasser das Leben erheblich, wenn man zum Flaschenfüllen die lange Anfahrt in Kauf nimmt.

Wenige Meter später öffnet sich rechts der Wald und wir genießen die Aussicht, bevor wir zu Tale kurven und nach 12 km auf die >SS 92< treffen.

Wir biegen links ein und können bald das **Castello** von LAURENZANA bestaunen, das aus einem Felszacken herausgewachsen ist (die Kirche rechts daneben hat einen eigenen Hügel). Wie ein Dünndarm kurvt die Straße durch den Ort hinab ins Flusstal des Camastra, zieht dort mit ihm weiter. 7 km nach LAURENZANA überqueren wir ein Flüsschen und schwenken 500 m später rechts Richtung METAPONTO/>SS 407<.

Zu diesem Streckenabschnitt haben wir eine schöne Alternative ausprobiert: Wir folgen der >SS 103<, schwenken dann jedoch links auf die >SS 276<, kurven links an VIGGIANO vorbei in Serpentinen steil hinauf ins Gebiet des 1836 m hohen **Monte Vulturino**, wo Herden mit halbwilden Pferden weiden. Nach 8 km seit VIGGIANO wenden wir uns an einer Gabelung links (Wegweiser: "Fontana dei Pastori/ Mad. di Viggiano") und erreichen (nach 1500 m) einen traumhaften **Parkplatz** mit Brunnen, Aussicht und weidenden Pferden zum Rasten und Übernachten [**246:** N 40° 22' 36.0" E 15° 51' 57.4"; 1505 m]. Den überaus steilen Aufstieg zur Pilgerkirche (20 min.) sollten Sie sich reiflich überlegen!

Aussichtsreicher Parkplatz unterhalb der Pilgerkirche Mad. di Viggiano

Zurück an der letzten Gabelung geht es nach links weiter und über das **Santuario di Monte Saraceno** (mit ruhigem Parkplatz [N 40° 24' 47.0" E 15° 50' 30.5"]) nach CALVELLO. Am Ortsbeginn schwenken wir scharf rechts und erreichen nach 9 km die >SS 92< und damit die Basisstrecke.

Das Flüsschen begleitet uns weiterhin, jedoch tief, tief unterhalb der Straße. Auch als es sich zum **Lago di Ponte Fontanelle** erweitert hat, sind wir noch weit über dem Wasserspiegel, überqueren einen Seitenarm auf dem hohen "Viadotto del Inferno". 2 km später passieren wir die Staumauer und stellen fest: Auch der dritte Stausee auf unserer Basilicata-Durchquerung hat nicht eine einzige Zufahrt zum Wasser.
Schön, werden Sie sagen, dann steuern wir eben POTENZA an und machen in Kultur – und ich werde antworten: POTENZA ansteuern ist in Ordnung, nur mit Kultur läuft dort nicht viel, denn mehrere Erdbeben (das letzte im Jahre 1960) haben sämtliche sehenswerten Bauwerke vernichtet.
Ich schlage eher vor: Alle guten Dinge sind vier!
Flugs entern wir die vierspurige >SS 407< Richtung POTENZA, verlassen sie nach 17 km Richtung MELFI (merken Sie schon 'was?), stoßen auf die >SS 658<; flott kommen wir auf der guten Straße voran.

Nach 22 km blickt links, von einem flachen Hügel, das **Castello di Lagopésole** stolz herab, seine senkrechten Mauern wirken uneinnehmbar. Schnell schlagen wir einen Haken und turnen hinauf zu dem schönen Parkplatz [**247:** N40° 48' 27.3" E15° 43' 57.0"] vor den Mauern (die letzten Meter vor der Burg sind sehr steil, aber sorgfältig gepflastert). 1242 wurde der mächtige Klotz (der seine Feinheiten erst im Inneren offenbart), von Friedrich II. als Jagdwohnsitz erbaut (offen: 9.30-13/16-19 Uhr).
Noch ein paar Kilometer und wir haben einen bekannten Schattenriss am Horizont vor uns – den **Monte Vulture** mit seinen Nebengipfeln, die wie Wächter die schönen Vulkanseen umringen.
Bei »km 36,8« verlassen wir die Schnellstraße Richtung RIONERO/Monticchio – und wie von selbst findet unser WOMO den Weg zum idyllischen See, wo wir nach frischem Bade von den Fröschen in den Schlaf gequakt werden.

Nachtrag: Am nächsten Tag rollen wir 17 km Richtung MELFI, entern dort die Schnellstraße nach FOGGIA. Bald sausen wir 4-spurig auf der >SS 655< dahin, umrunden FOGGIA nach gut 50 km, kurven in die >SS 16 Adriatica< bzw. die >A 14< ein.
Ein schöner, erlebnisreicher Kreis hat sich geschlossen. Glatt könnten wir wieder von vorn anfangen!

TRICKS UND TIPPS – alphabetisch geordnet

ABWASSER

Nicht jedermann betrachtet WOMOs mit wohlwollendem Auge! Mit Sicherheit beschwört man jedoch Ärger herauf und versaut den Ruf der ganzen Sippe, wenn man sein Abwasser seelenruhig unter dem Fahrzeug heraustrielen lässt!

Tipps:

>> *Bedenken Sie: Ein (durchschnittlicher) Abwssertank mit ca. 100 l Inhalt ist nach ca. 5 Tagen randvoll.*

>> *Für die Entleerung sollte man Entleerungsöffnung oder Schlauch so verlegen, dass man mühelos über einen Gully fahren kann bzw. das Abwasser am Straßenrand in den Graben fließt.*

>> *Abwasser enthält Soßen- und Suppenreste, Seife sowie Dreck und Fett unserer Haut. Die allgegenwärtigen Bakterien zerzehren diese Reste in südlichen, warmen Gefilden besonders schnell und produzieren dabei stinkende Gase, die den Öffnungen in Waschbecken und Dusche entweichen. Schon deshalb empfiehlt es sich, den Abwassertank so oft wie möglich zu entleeren und danach mit einer Portion DanKlorix o.ä. zu entkeimen.*

>> *Wenn man längere Zeit an einem Platz steht, quillt irgendwann der Abwassertank über. Aber nur die größten Ignoranten lassen ihr nudelverziertes Zahnputzwasser dem Nachbarn unters WOMO laufen! Wie oft fährt man einkaufen oder Wasser holen – im nächsten Ort gibt es sicher einen Gully oder unterwegs ein Stück Ödland, wo man niemanden belästigt!*

ADRESSEN

Italien ist Teil der EU – kein Mensch will an den Grenzen noch Pässe oder Autopapiere sehen. Erst in einem Notfall erwartet man, dass Sie sich ausweisen können!
Notfälle sind für wohnmobile Italienurlauber Krankheiten, Verkehrsunfälle, Diebstähle oder schlicht der Verlust der Personalpapiere – wodurch auch immer. Was soll man tun, wenn einer der Notfälle eintritt?

Tipps:

>> *Jede Hauptstadt der fünf Provinzen Apuliens (Bari, Brindisi, Foggia, Lecce, Taranto) und der zwei Provinzen der Basilikata (Matera, Potenza) hat ein* ***Provinzamt für Fremdenverkehr APT*** *(Azienda Provinciale per il Turismo). Dort erhält man nicht nur reichhaltiges Prospektmaterial und Stadtpläne, sondern von den stets fremdsprachenkundigen Angestellten auch Rat und Hilfe:*
I-70123 BARI, Corso Sonnino 177, Tel.: 039 805 401 111
I-72100 BRINDISI, Via C. Colombo 88, Tel.: 0831-562 126, Fax: 562 149
I-71100 FOGGIA, Via Perrone 17, 0881-723 650, Fax: 725 536
I-73100 LECCE, Via M. San Michele 20, Tel.: 0832-314 117, Fax: 310 238
I-74100 TARANTO, Corso Umberto 121, Tel.: 099-453 2397
I-75100 MATERA, Via de Viti de Marco 9, Tel.: 0835-331983, Fax: 333452
I-85100 POTENZA, Via del Gallitello 91, Tel.: 0971-476 817

>> *Auch auf lokaler Ebene werden Sie betreut! Die* ***städtischen Fremdenverkehrsämter A.A.S.T.*** *(Aziende Autonome di Soggiorno e Turismo) kümmern sich natürlich in erster Linie um die Vermietung von Ferienwohnungen und Privatzimmern, aber für Informationen über den Ort und seine nächste Umgebung sind Sie dort am besten aufgehoben. Allerdings sprechen die Angestellten oft nur perfekt – italienisch!*

>> *Ist der Ort klein oder touristisch weniger interessant, gibt es oft noch ein lokales Informationsbüro* ***Pro Loco****, das die gleichen Aufgaben wie A.A.S.T. wahrnimmt, jedoch nur in der Hauptsaison besetzt ist. Oft sieht es den Schwerpunkt seiner Arbeit auch eher als Organisator örtlicher Festivitäten und Umzüge – lassen Sie sich überraschen.*

>> *Eine deutsche Botschaft gibt es in Italien natürlich, auch Österreich und die Schweiz sind vertreten:*
Deutsche Botschaft, Roma, Via Po 25 c, Tel.: 06-884 741 bzw. 860 341
Österreichische Botschaft, Roma, Via Pergolesi 3, Tel.:06-855 8241-44
Schweizer Botschaft, Roma, Via Barnaba Oriani, Tel.: 06-808 3641-45

>> *Sie möchten sich zu Hause genauer über Ihr Urlaubsziel informieren?*
Das Staatliche Italienische Fremdenverkehrsamt (E.N.I.T.) hat Büros in:
60325 Frankfurt, Barckhausstr. 10, Tel.: 069/25 91 62
80333 München, Lenbachplatz 2, Tel.: 089/53 13 17, Fax: 53 45 27

ADAC Service Ausland:
Pannenhilfe: +49 89 222222
Medizinischer Notfall: +49 89 767677
Unfall, Tod, Transport: +49 89 767676

<>> *Informationsmaterial verteilen auch die Automobilclubs, auf Touristikmessen wird man aber besser versorgt.*

>> *Deutschsprachige Touristen-Infos im Internet:*
www.inmedia.it/puglia *www.fuhrer-matt.ch/apulien.htm*
www.myitalien.de *www.teletour.de/italien*

>> *Italienischsprachige Touristen-Infos im Internet:*
www.regione.puglia.it *www.puglia.net*
www.puglia.org *www.initaly.com/regions*
www.netstar.it/gargano *www.parcogargano.it*
www.turismoinpuglia.it *www.grottediputignano.it*
www.provincia.le.it *www.pugliaturismo.com*
www.regione.basilicata.it *www.basilicata.com*
www.madeinlucania.it *www.matera-italy.com*

>> *eMail-Adressen:*
aptbari@pugliaturismo.com *aptbrindisi@pugliaturismo.com*
aptfoggia@pugliaturismo.com *aptlecce@pugliaturismo.com*
apttaranto@pugliaturismo.com

>> *Übersicht freier Stellplätze & Entsorgungsstationen:*
www.camper.netsurf.it (auf "aree di sosta" klicken)
www.campercontact.de

ÄRZTLICHE HILFE

Krank im Urlaub? Das ist so ziemlich das letzte, was man sich wünscht. Manchmal ist es jedoch nur das kleine Unwohlsein, das den Tag vermiest oder es ist ein Medikament ausgegangen. Was tun?

Tipps:

>> *Fremdsprachen sind nicht die Stärke der Italiener, aber bei einem Arzt kann man zumindest englisch, wenn nicht sogar deutsch erwarten. Adressen fremdsprachenkundiger Ärzte erhalten Sie beim Touristenbüro.*

>> *Sie sind in einer gesetzlichen Krankenkasse versichert?*
Für Italien (sowie alle Länder der Europäischen Union, des Europäischen Wirtschaftsraumes und die Schweiz) ist kein Auslandskrankenschein mehr erforderlich! Lassen Sie sich vor der Reise bei Ihrer Kasse kostenlos die neue Europäische Krankenversicherungskarte EHIC (Euroean Health Insurance Card) ausstellen. Im Ausland genügt es dann, die Karte beim Arzt oder im Krankenhaus vorzulegen.
Für Länder wie z.B. Kroatien oder die Türkei braucht man weiterhin einen Auslandskrankenschein

>> ***WOMO-TIPP:*** *Leisten Sie sich eine Auslandskrankenversicherung (für knapp 1 € pro Tag) und lassen Sie sich privat behandeln! Sie müssen zwar Arztrechnungen und Medikamente bar bezahlen, werden jedoch äußerst zuvorkommend bedient – und nach Ihrer Rückkehr bekommen Sie, bei korrekt ausgefüllten Rechnungen, die Beträge erstattet.*

- >> *Italiener sind in der Regel sparsame Leute. Bei kleineren Wehwehchen kürzen sie deshalb ab – und befragen gleich den Apotheker. Dort gibt es die meisten Arzneien ohne Rezept – und im Vergleich zu Deutschland sehr billig.*
- >> *Lassen Sie vor dem Urlaub nach Ihren Zähnen schauen. Zahnbehandlungen in Italien sind nur etwas für harte Männer!*
- >> *ADAC-Arzt: 0049/89/22 22 22.*
- >> *Im schlimmsten aller schlimmen Fälle: Wenn Sie einen Auslandsschutzbrief haben, werden Sie, Ihre Familie und das WOMO kostenlos nach Hause transportiert.*

AUTOBAHNGEBÜHREN, VIGNETTE

Wegezoll ist eine Jahrtausende alte Erfindung. Es hat keinen Sinn, über ihn zu jammern, sondern man sollte sich stets nur fragen: Bekomme ich auch etwas geboten für mein Geld oder kann ich ihn umgehen.

Tipps:
Schweiz, Österreich:

- >> *Wir haben Ihnen bereits bei den Anreiserouten alle mehr oder minder sinnvollen Möglichkeiten aufgezählt, Sie haben die Qual der Wahl.*
- >> *Bedenken Sie beim Kauf der Vignette (ca. 38 Euro), dass sie ein ganzes Jahr gilt. Vielleicht kann man aus der Not eine Tugend machen und schon im Januar zum Skilaufen in die Schweiz fahren!?*
- >> *Sie haben sich die Brennerautobahn ausgesucht? Dann dürfen Sie zusätzlich zum Pickerl noch 9 € Maut zahlen.*
- >> *Auch die Treibstoffpreise auf den Autobahnen sind eine Art Extra-Gebühr. Tanken Sie abseits der Autobahn (siehe "Treibstoffe").*

Italien:

- >> *An den italienischen Autobahnen führt für den Süditalien-Urlauber kein Weg vorbei. Wir haben es immer mal wieder versucht, bei der Anreise auf Landstraßen auszuweichen – man kommt einfach nicht voran.*
- >> *Im Internet finden Sie unter www.arboe.or.at bei "Reise" einen Gebührenrechner. Die Wohnmobil-Gebühren werden stets nach der Achsenzahl und der Fahrzeughöhe berechnet , WOMOs kommen meist in die Kategorie B. Die Preise sind immerhin etwas niedriger als in Frankreich und Spanien. Pro Kilometer sind etwa 7 Cent zu berappen.*
- >> *Besonders nervig ist, wenn man auch noch aufs Bezahlen warten muss! Kreditkartenbesitzer können die mit "VIACARD" gekennzeichneten, verkehrsarmen, blauen Spuren benutzen:*
  Erst das Billet in den Schlitz stecken, dann die Kreditkarte, diese wieder herausziehen – die Schranke öffnet sich, und ohne Unterschrift und Geheimzahl geht es in Sekunden weiter (Quittungsknopf = Richiesta scontrino).

AUTOHILFSDIENSTE

Irgendwann passiert es jedem einmal: Das Auto gibt keinen Mucks mehr von sich.

Tipps:

- >> *Süditalien ist weniger dicht besiedelt, als der Tourist glaubt. Kaum eine Autowerkstätte kann sich deshalb auf eine Marke spezialisieren. Das hat für den Urlauber den Vorteil, dass er überall auf einen findigen Mechaniker hoffen kann, der auch sein WOMO wieder flott macht.*
- >> *Trotzdem sollten Sie sich vor dem Urlaub von Ihrer Autowerkstatt ein internationales Kundendienstverzeichnis besorgen lassen. Sie können ja Glück im Unglück haben und in der Nähe einer Reparaturwerkstätte Ihrer Automarke sein.*

- >> *Bei einem unverschuldeten Unfall (incidente) auf jeden Fall den Notruf der Polizei anrufen (Tel. 112, siehe auch "Telefon"). Notieren Sie nicht nur das Kennzeichen Ihres Unfallgegners, sondern auch dessen Versicherungsnummer/Versicherungsgesellschaft. Beide Angaben finden Sie auf einem viereckigen Aufkleber hinter der Windschutzscheibe. Sind Sie eindeutig Schuld, können Sie auch auf die Polizei verzichten, falls Ihr Unfallgegner einverstanden ist (das spart Ihnen das obligatorische Bußgeld).*
- >> *Der italienische Automobilclub ACI hat einen Straßenhilfsdienst wie der ADAC. Er ist in ganz Italien unter der Tel. Nr. 116 zu erreichen.*
- >> *Haben Sie ein technisches Problem, dann rufen Sie den deutschsprachigen Notrufdienst von ADAC/ACI in Rom an: Tel. Nr. 06-49 54 730 (von Italien aus).*
- >> *Die ADAC-Notrufzentrale in München ist rund um die Uhr besetzt: Tel. 0049-89-22 22 22 .*

BABY

Mit einem Baby oder Kleinkind in den WOMO-Urlaub? Wir haben nur gute Erfahrungen gemacht. Kinder ändern ihr Verhalten im Urlaub wesentlich weniger als Erwachsene; sie kämen z. B. nie auf die Idee, sich wie Fleisch in der Sonne braten zu lassen. Vorsicht ist stets bei Sonnenschein, speziell im Gebirge und am Meer, angeraten. Magen- und Darmkomplikationen bleiben meist aus, wenn man noch Babykost füttert.

Tipps:

- >> *Schon vor der Reise mit Sonnenbaden und Eincremen anfangen.*
- >> *Hütchen und baumwollenes T-Shirt sind Pflicht, der Rest des Körpers ist wesentlich unempfindlicher.*
- >> *Nach dem Baden sofort abtrocknen, erneut mit Sonnenschutzcreme einreiben.*
- >> *Babykost, Windeln und spez. Medikamente (Kinderarzt fragen!) von zu Hause mitbringen. Selbstverständlich erhält man alles auch in Süditalien, aber Vertrautes erspart Ärger.*
- >> *Buggy oder Babyrückentrage sind für Besichtigungen unentbehrlich. Kein noch so geduldiges Kleinkind tippelt freiwillig durch Gegenden, denen es kein Interesse abgewinnen kann.*
- >> *Getränkewünsche unbedingt erfüllen und zwar mit schwach gesüßtem Tee (als Pulver mitnehmen). Gekaufte Getränke sind oft zu zuckerhaltig, um erfrischend zu wirken.*
- >> *Wasser unbedingt entkeimen. (siehe "Trinkwasser").*
- >> *Wichtigste Urlaubsutensilien für Ihr Kind sind: Lieblingsschmusetier, Sandspielsachen, Schwimmflügel, Schwimmreif, Malsachen für die Fahrt.*

DEVISEN/GELDABHEBUNG

Bargeld, Euroscheckkarte, Kreditkarten, Reiseschecks oder, oder...? Vor jeder Reise das gleiche Problem?

Tipps:

- >> *Für die Anfahrt durch Deutschland, die Schweiz (oder Österreich) und Nord-Italien muss genügend Bargeld vorhanden sein, um Treibstoff, Maut sowie eventuelle Gaststätten- und Übernachtungskosten bezahlen zu können. Franken tauscht man vor Urlaubsantritt ein, unterwegs hat man kaum Muße dazu.*
- >> *Die besten Erfahrungen bei der Bargeldversorgung haben wir mit unserer Euroscheckkarte (+ Geheimzahl) gemacht. Fast alle Banken haben einen Automaten, der Sie auch außerhalb der Öffnungszeiten nicht im Stich lässt (Gebühr: ca. 1,95 € - 7,50 €, bei Kooperationsbanken kostenlos).*

>> *Reiseschecks gibt es nicht mehr!*

>> *Kreditkarten sind in Italien weit verbreitet.*
Gut geeignet sind sie zur Bezahlung in Gaststätten und Supermärkten sowie auf der italienischen Autobahn (Viacard-Spur der Mautstellen). Bargeld vom Geldautomaten ist mit der Kreditkarte vergleichsweise teuer! (Beispiel: 250,00 Euro abgehoben, 260,00 Euro abgebucht). Es gibt aber Banken, zu deren Service auch kostenlose Bargeldabhebung mit Kreditkarten gehört (z.B. diba).

DIEBSTAHL

Geht man an geparkten, italienischen PKWs vorbei zum Strand, kann schon eine leichte Berührung zum Aufheulen der sensiblen Alarmanlage führen – dabei hatte der neugierige Blick ins Wageninnere gerade offenbart, dass der vorsichtige Fahrzeugbesitzer sogar Autoradio und Navi ausgebaut und mit zum Strand geschleppt hatte (denn auf das Geheule der Alarmanlage reagiert kaum noch jemand). Wie soll sich der solchermaßen gewarnte und verschüchterte WOMO-Besitzer verhalten? Er kann ja schlecht den ganzen Haushalt mit an den Strand oder in die Gaststätte nehmen!

Tipps:

>> *Geklaut wird dort, wo es sich lohnt!*
Das sind in Süd-Italien die Großstädte Foggia, Bari, Brindisi und Taranto sowie die überlaufenen Strandgebiete. Dabei ist der schnelle Griff ins Auto die beliebteste Bereicherungsmethode.

>> *Meiden Sie, wenn möglich, größere Touristenansammlungen (überlaufene Badeplätze, Sehenswürdigkeiten). Wenn es sich nicht vermeiden lässt, stellen Sie Ihr WOMO möglichst separat und gut beaufsichtigt hin. Fahren Sie lieber weiter, falls das nicht möglich ist.*

>> *Sichten Sie ein weiteres WOMO mit D/A/CH-Kennzeichen, so machen Sie sich bekannt, stellen Sie sich nebeneinander, bewachen Sie gegenseitig Ihr Hab und Gut.*

>> *WOMOs sind nicht ideal für Diebe! Ziehen Sie vor dem Verlassen des Fahrzeugs die Vorhänge zu und die Rolläden herab, lassen Sie die Trittstufe außen – vielleicht vermutet ein Dieb noch Personen im Inneren.*

>> *Geradezu sträflicher Leichtsinn wird von uns immer wieder beobachtet, der geradezu zum Diebstahl verleitet: Heruntergekurbelte Scheiben, offene WOMO-Türen – und die ganze Familie drängt sich um die Eiskühltruhe an der Tankstelle. Oder: Alle Mann liegen am Strand, die WOMO-Fenster sind sperrangelweit offen, auf dem Tisch liegen Geldbeutel und Fotoapparat. Wir können nur raten: Geld, Papiere und Schmuck gehören in einen festgeschraubten Tresor (Camping-Fachhandel, ca. 50-100 Euro), für größere Wertgegenstände wie Fotoapparat, Fernglas oder gar Videokamera empfiehlt sich eine gut verschließbare und ebenfalls festgeschraubte Blechkiste im Staufach.*

>> *Eine Alarmanlage ist für WOMOs eigentlich unverzichtbar. Leider fängt sie mit ihrem Radau erst an, wenn das Fahrzeug schon aufgebrochen ist.*

>> *Aktive Vorbeugung muss nicht teuer sein:*
a) Verbindet ein Spanngurt beide Armlehnen der Fahrerhaustüren, kann ein Dieb nachts nicht lautlos die Fahrertür knacken.
b) Oft reicht es, den Sicherheitsgurt durch die Armlehne der Fahrerhaustüren zu schlingen und ins Gurtschloss zu stecken.
c) Unser ***WOMO-Knackerschreck*** *(siehe Bestellseite am Buchende) verhindert das Öffnen der Fahrerhaustüren zuverlässig!*
d) Ein sicheres Zweitschloss für die besonders einbruchsgefährdete Aufbautür gibt's bei Fa. Ölmühle, Tel.: 02174-2223; www.quick-safe.de.

>> *Wenn Ihnen ein richtiger Hund zu umständlich ist – hängen Sie eine Hundeleine an die Tür und stellen Sie einen Futternapf daneben. Vielleicht wird der Dieb irritiert!*

>> *Es versteht sich von selbst, dass man auf eine Besichtigungstour seine Wertgegenstände im Rucksack mitführen sollte. Ein Dieb, der Ihnen beim Abmarsch zuschaut, wird Sie genauestens taxieren – und hätte dann reichlich Zeit, sich zu bedienen!*

>> *Bevor Sie jetzt aber entsetzt in den "sicheren Hafen" eines Campingplatzes einlaufen wollen: In punkto Übernachtungssicherheit haben wir noch nie etwas Nachteiliges über Süd-Italien gehört oder gar selbst erlebt. Ich würde mich zwar nicht besonders wundern, eine aufgebrochene Scheibe bei meiner Rückkehr von einem Stadtbummel vorzufinden – aber beim freien Übernachten fühle ich mich so sicher wie vor der eigenen Haustür!*

>> *Eine Ausnahme gibt es – die italienischen Autobahnraststätten. Vor einer Übernachtung dort können wir Ihnen nur dringend abraten!!!*

EINREISEFORMALITÄTEN

Für Urlauber aus Deutschland, Österreich oder der Schweiz gilt folgendes: Personalausweis (carta d'identità), Führerschein (patente), Kraftfahrzeugschein (libretto di circolazione) und Grüne Versicherungskarte (obwohl nur in der Schweiz vorgeschrieben) nicht vergessen.

Tipps:

>> *Reisebedarf und Reiseproviant für den persönlichen Gebrauch kann zollfrei eingeführt werden. Nach unseren Erfahrungen werden Campingartikel und -proviant nicht beanstandet. Bedenken Sie aber bei der Packerei: Lebensmittel sind in Italien nicht teurer als in Deutschland*

>> *Die Deckungssummen der Autoversicherungen sind in Italien viel geringer als bei uns. Überlegen Sie, ob unter diesen Umständen nicht der Abschluss einer kurzfristigen Vollkasko- und Insassenunfallversicherung angeraten ist.*

>> *Sie haben auf der Heimfahrt das WOMO voller guter alkoholischer Tropfen? Eigenbedarf ist innerhalb der EG zollfrei!*

FAHRZEUG

Wenn das Auto nicht mehr läuft, "läuft" gar nichts mehr im Urlaub. Nur das beruhigende Gefühl, alles getan zu haben, damit Motor, Zündanlage, Reifen und Fahrgestell die große Tour klaglos überstehen, kann stressfreie Urlaubstage garantieren.

Tipps:

>> *Kundendienst vor dem Urlaub nicht vergessen; besonders wichtig: Ölwechsel, Klimaanlage ausprobiert?, abschmieren, Luftdruck, Luftfilter,* ***2 x*** *Batteriedienst.*

>> *Ersatzteile mitnehmen (evtl. als Paket von der Werkstatt mit Rückgaberecht bei Nichtgebrauch)*

>> *Pannenausrüstung komplett?*

** Reflektierende Warnweste (Pflicht in Italien!)*
** Reservekanister, voll?*
** 1-2 Liter Öl*
** 1/2 Liter destilliertes Wasser*
** Reserverad mit Profil, Luftdruck O.K.?*
** Abschleppstange, ausprobiert?*
** passender Wagenheber, ausprobiert?*
** Warndreieck*
** Feuerlöscher O.K.?*
** Warnblinkleuchte*
** Reserve-Birnenset komplett?*
** Ersatz-Sicherungen*

* *Luftpumpe*
* *Erste-Hilfe-Koffer komplett und gültig?*
* *Werkzeugkoffer komplett?*
* *Verzeichnis der Auslandskundendienststätten meiner Automarke, neu!*

>> *Scheibenwaschanlage gefüllt, "Scheibenkratzer" mit Gummilippe und Schaumstoffwulst (Insekten!) vorhanden?*

>> *Am Tag vor der Abfahrt mit allen Teilnehmern und dem fertig gepackten WOMO auf die öffentliche Waage fahren (z. B. Raiffeisenlager). Übergewicht, wenn möglich, vermindern. Jedes Kilo zusätzliches Gepäck erhöht nicht nur den Treibstoffverbrauch, sondern beeinflusst Fahrverhalten, Bremsweg, Lenkbarkeit und Steigfähigkeit negativ.*

FEIERTAGE in der Reisezeit

An folgenden Tagen ist "halb Italien" unterwegs. Suchen Sie sich rechtzeitig ein ruhiges Plätzchen!
Ostern; 25.4. (Nationalfeiertag); 1.5. (Tag der Arbeit); 2.6. (Nationalfeiertag); 15.8. (Mariä Himmelfahrt) – aber eigentlich ist der ganze August "Feiertag", Ferragosta eben (Schulferien vom 15.6. - 15.9.).

FILMEN/FOTOGRAFIEREN

Zweifelsohne verstärken die mitgebrachten optischen oder sogar akustischen Urlaubserinnerungen die Vorfreude auf die nächste Reise. Für jegliches Foto/Videomaterial gilt: Reichlich von zu Hause mitbringen, die Preise in den Urlaubsländern sind stets höher, von der Auswahl ganz zu schweigen.

Tipps:

>> *Sie haben natürlich eine Digitalkamera - aber auch genügend Speicherplatz? 4-8 GB würde ich als ausreichend bezeichnen.*

>> *Nicht nur die Natur und Ihre Lieben sind fotografierenswert. Die schönen Fresken in den dunklen Kirchen und die herrlichen Tropfsteine darf man nicht blitzen - aber die "besseren" Kameras kann man auf "Hohe Empfindlichkeit" umstellen (ein Stativ wäre auch nicht schlecht).*

>> *Denken Sie an einen Vorrat der benötigten Batterien (am besten aufladbare Li-Ionen-Akkus) für Blitzgerät und Kamera.*

>> *Ein 12-V-Ladegerät für die Akkus der Digitalkamera, Videokamera usw. sollte immer an Bord sein (oder ein Wechselrichter).*

>> *Sie fotografieren immer noch analog? Packen Sie die belichteten Filme wieder ins Döschen oder wickeln Sie sie in Alu-Papier und verstauen Sie sie an der kühlsten und dunkelsten Stelle im WOMO, zur Not im Kühlschrank.*

>> *Schauen Sie öfter nach dem Objektiv. Seeseitiger Wind bläst Salzwasserspritzer auf die Linse. Vorsichtig mit einem angefeuchteten Läppchen abtupfen, dann trockenwischen.*

>> *Machen Sie Ihre Fotos möglichst vor 10 und nach 16 Uhr, andernfalls hilft nur ein UV-Filter gegen Verschleierung.*

>> *Auch Unterwasseraufnahmen sind ohne großen Aufwand möglich. Im Fachhandel gibt außer Wasserschutzetuis schon Unterwasser- Kameras.*

FLORA/FAUNA

Die unselige Jagdleidenschaft der meisten Italiener, deren stumme Zeugen hunderte von Schrothülsen im Gebirge sind, macht auch vor dem kleinsten Vögelchen nicht halt. Zwar wurde eine Reihe von Verboten erlassen, aber Wilderei macht offensichtlich die Sache erst so richtig spannend. Folglich bekommt der Urlauber größeres Getier nur in Form von Haustieren zu Gesicht. Die meist flache apulisch/basilikatische Landschaft ist seit alter Zeit Agrarland; Großgrundbesitz.

Riesige Felder mit Weizen und Mais, endlose Wein"berge", Obst- und Gemüseplantagen unter Folie, knorrige Olivenhaine bestimmen das Bild. "Wilde" Pflanzen haben hier als "Unkraut" keinen Platz, finden sich nur noch in unwirtschaftlichen Zonen wie Stränden, Berghängen, Sümpfen oder Flussbetten.
Fast zu spät hat der Staat reagiert und einige (wenige, kleine) Zonen unter Naturschutz gestellt:
Die **Foresta Umbra**, den Rest des einst fast ganz Apulien bedeckenden Waldes auf den Höhen des Gargano, **Le Cesine**, ein Sumpfseengebiet am Strand östlich von LECCE, die **Alimini-Seen** nördlich von Otranto und die **Laghi di Monticchio** im Monte-Vulture-Gebiet der Basilikata.
Die leichtere Zugänglichkeit der süditalienischen Halbinsel hatte die Abholzung weiter Waldgebiete (ohne Wiederaufforstung) leicht gemacht. Erst in jüngster Zeit bemüht man sich, die verkarstenden Flächen wieder zu bewalden. Dazwischen werden breite Brandschutzstreifen gerodet, um die häufig aufflackernden Waldbrände leichter eindämmen zu können. In den Aufforstungsgebieten findet man vor allem Kiefer und Eukalyptus, in den Resten der ursprünglichen Wälder dominieren zum Teil uralte Steineichen und sommergrüne Eichen, Esskastanie, Eibe, Stecheiche und Wacholder sind auch nicht selten.

FREIES CAMPING **(Parcheggio custodito / Bagno / Sosta Camper)**

Wo kein Kläger, da kein Richter. Nirgends trifft dieses Sprichwort mehr zu als beim Campieren außerhalb "offiziellen Geländes". Damit niemand Grund zur Klage hat, muss aber gerade der WOMO-Fahrer einiges beherzigen!

Tipps:

Schweiz:

>> *Bereits das einmalige Übernachten im WOMO ist in manchen Kantonen verboten, wird jedoch außerorts offensichtlich geduldet. Fahren Sie noch bei Tageslicht von der Hauptstraße ab und suchen Sie sich in ein paar hundert Meter Entfernung einen Wald- oder Wiesenweg. Kein Mensch wird sich um Sie kümmern.*

>> *Schweizer Polizisten sind außerordentlich freundliche Menschen! Es ist ihnen offensichtlich peinlich, einen WOMO-Fahrer wegzuschicken. Meist kommen sie erst während des Frühstücks – und das darf man selbstverständlich noch beenden, bevor man weiterzieht.*

Österreich:

>> *Einmaliges Übernachten ist prinzipiell gestattet, es sei denn, ein Gemeinderat entscheidet sich (meist aus kommerziellen Gründen) dagegen. In Tirol ist das Freie Übernachten prinzipiell verboten. Hier dreht der erfahrene Camper den Zündschlüssel wieder um – und sucht sich ein anderes Revier (aber auch eine andere Gaststätte)!*

Italien:

>> *Die italienische Straßengesetzgebung legt fest, dass ein Wohnmobil beim Parken einem "normalen" PKW völlig gleichgestellt ist. Daraus folgt, dass keine Gemeinde, so gern sie es auch möchte, das Übernachten im Wohnmobil verbieten kann!*
Aber, wohl gemerkt, nur das Parken ist erlaubt (was Sie in Ihrem Wohnmobil machen, geht niemanden etwas an!).

>> *Wenn Sie also am Ortsbeginn, am Straßenrand oder auf Parkplätzen ein durchgekreuztes Zelt/Wohnwagen/Wohnmobil entdecken, dann ist hier das Freie Camping verboten! Es darf kein Zelt aufgestellt werden, die Zufahrt für Wohnwagen kann verboten sein – und auch der WOMO-Urlauber muss sich vorsehen:*

>> *Rollen Sie die Markise nicht aus!*

- >> *Stellen Sie keine Stühle, Tische oder den Grill auf den Parkplatz!*
- >> *Legen Sie keine Nivellierkeile unter die Räder!*
- >> *Im Extremfall (wildgewordener Polizist) kann sogar das Aufstellen der Seitenfenster als "Camping" gedeutet werden und man hat eine Handhabe, um Sie vom Platz verweisen zu können!*

Aber:

- >> *In den von uns in diesem Büchlein beschriebenen Regionen Italiens gibt es kaum diesbezügliche Verbotsschilder. Das Problem ist eher, einen freien Platz an den Stellen zu finden, die man besonders liebt: Am schönen Sandstrand! Das liegt weniger an der (hohen) Zahl der Badegäste, sondern eher an der (geringen) Zahl der Strandzufahrten.*
- >> *Da sich Italiener nicht so leicht vom Plätzchen ihrer Wahl vertreiben lassen, versperrt man einfach die Zufahrten für alle Fahrzeuge.*
- >> *Findet man schließlich einen freien Strandzugang, so führt er meist zu einem "**Parcheggio custodito**" = gebührenpflichtiger Parkplatz oder einem "**Bagno**" = Badeplatz mit Sonnenschirmen, Strandliegen, Dusche und WC (die Gebühr dafür schließt auch die Benutzung des Parkplatzes ein, der jedoch nachts meist geschlossen wird!).*
- >> *Die beste Alternative zum (teuren) Campingplatz ist die "**Sosta Camper**", die italienische Bezeichnung für den (üblicherweise gebührenpflichtigen) WOMO-Stellplatz. Er bietet je nach Preisniveau meist Ver- und Entsorgung, Wasser und Dusche, seltener Strom, ganz selten Schatten. Die optische Gestaltung ähnelt häufig einem gewöhnlichen Parkplatz.*
- >> *Wir haben folglich bei unserer Suche nach schönen Plätzchen für Sie unser Hauptaugenmerk auf freie, kostenlose Plätzchen gelegt (und trotz des oben angeführten viele gefunden).*
- >> *In zweiter Linie beschreiben wir die besten Sosta Camper und Campingplätze an unseren Touren.*

Hilfen bei der Platzsuche:

- >> *Zu allen Plätzchen haben wir – topaktuell – die GPS-Daten ermittelt. Mit einem GPS-Gerät finden Sie, selbst bei Nacht und Nebel, zielsicher hin (siehe auch: Zauberei – Outdoornavigation mit GPS).*
- >> *Die schönsten Plätzchen liegen einsam, sind oft nicht von der Straße aus einsehbar. Deutlich werden sie manchmal durch die vielen staubigen Reifenspuren, die auf die Teerstraße führen ...*
- >> *Besitzt die Straße Kilometersteine, haben wir im Text die Abzweigungen durch Straßenkilometerangaben auf 100 m genau gekennzeichnet. Beachten Sie: Nehmen in Ihrer Fahrtrichtung die Zahlen auf den Kilometersteinen ab, dann liegt z. B. »km 12,4« 400 Meter **vor** km 12!*
- >> *Einheimische geben Ihnen gern Auskunft: „Dove trovo la (promissima) spiaggia?" = „Wo finde ich den (nächsten) Strand?"*

Campingplätze in Süd-Italien:

Der TCI-Campingführer bzw. der Guida Camping d'Italia (zu bestellen unter: www.federcampeggio.it bzw. federcampeggio@tin.it) listet in Apulien 165 und in der östlichen Basilikata 10 Campingplätze auf. Die meisten Plätze öffnen erst im Juni und schließen bereits wieder im September, dafür sind sie im August hoffnungslos überbelegt. Die Ausstattung ist, wenn man das berühmte Preis-Leistungs-Verhältnis anlegt, nur als ausreichend zu bezeichnen. Zwar findet man fast immer einen Laden, ein Restaurant und verschiedene Sportmöglichkeiten angeboten, dafür sind die Preise auch mit die höchsten in Europa: Für zwei Personen + Stellplatz sind 25-35 (65) Euro zu berappen, Strom geht immer, Dusche meist separat (ACSI-Führer mit Rabatt in der Nebensaison). Wir haben bei unserer Auswahl in erster Linie die Plätze bevorzugt, die direkt am Strand liegen und reichlich Schatten bieten.

GAS

Außer der Zweitbatterie die einzige Energiequelle beim Freien Camping. Bei einer vierköpfigen Familie muss man mit einem Gasverbrauch von 3 kg pro Woche rechnen. Einen ordentlichen Happen "frisst" davon der (Absorber-) Kühlschrank.

Tipps:

- >> *Sie haben eine graue Camping-Europa-Umtauschflasche? Auf einigen Campingplätzen bekommen Sie Ihre Gasflasche gefüllt.*
- >> *Sie besitzen einen Gastank oder eine sog. Tankflasche? Dann sind Sie besser dran! In Apulien/Basilicata gibt es über 60 Tankstellen mit Autogas.*
- >> *Die kleineren blauen Camping-Gaz-Flaschen werden zu hohen Preisen getauscht, für eine 3-kg-Flasche (R 907) voll gegen leer verlangt man über 20 Euro. Aber in der Not frisst der Teufel Fliegen – und die blaue Flasche bekommt man eben nicht nur auf den meisten Campingplätzen, sondern auch in vielen Eisenwarengeschäften (Ferramenta).*

GETRÄNKE

In den Gaststätten der Urlaubsländern hat man oft das Gefühl, besonders beim Getränkekonsum weidlich ausgenommen zu werden. Dieses Gefühl trügt in Italien sicherlich nicht. Lediglich beim Wein sieht es besser aus. Sie sind kein Weintrinker? Schade! Aber selbstverständlich erhalten Sie auch Bier, Mineralwasser und Fruchtsäfte in jedem Lokal, allerdings s.o.

Tipps:

- >> *Weinkennern eine bestimmte Marke zu empfehlen, ist risikoreich. Der rote Primitivo (di Manduria), der weiße Locorotondo oder der Rosé vom Castel del Monte haben mich nie enttäuscht. In Gaststätten verlangt man den "Vino de la casa", denn der steht auch bei den Einheimischen auf dem Tisch (und ist meist preiswerter als Bier).*
- >> *Aber auch der Kauf direkt im Weingut kann zu ungeahnten Genüssen führen! Die Weine direkt vom Erzeuger (Vino di proprietà oder Venditta diretta) werden in Weingegenden häufig angepriesen.*
- >> *Bier wird zur Freude durstiger Kehlen meist in 0,66-Liter-Flaschen angeboten; Profis kaufen gleich einen ganzen Karton voll, wenn er im Sonderangebot angepriesen wird.*
- >> *Cola, Fruchtsaftgetränke und Mineralwasser gibt es meist in riesigen Plastikflaschen, die dann den Müllbeutel blockieren.*
- >> *Praktisch sind die Kohlensäuresprudler von Typ "Soda Club" o. ä. Sie helfen, viele Flaschen Mineralwasser zu ersetzen und schonen dadurch die Umwelt – und gutes Wasser gibt es in Süd-Italien an vielen Stellen. Wir haben Brunnen im Text und auf den Tourenkarten angegeben. Sie sind so häufig, dass bei Ihnen nie Wassernotstand eintreten dürfte, wenn Sie stets rechtzeitig nachtanken.*
- >> *Kaffee gibt es überall zu "deutschen" Preisen. Es ist nicht nötig, größere Mengen mitzuschleppen.*

HAUSTIERE

Hunde und Katzen darf man mit nach Italien bringen, wenn die Einreisepapiere stimmen. Verlangt wird ein internationaler Impfpass mit Tollwutimpfbescheinigung (nicht älter als 1 Jahr, nicht frischer als 1 Monat!). Das amtstierärztliche Attest soll auch die Herkunft aus einem seuchenfreien Gebiet bescheinigen und gilt vom Tage der Ausstellung an einen Monat. **Aber:** Auf vielen Campingplätzen (und an manchen Stränden) besteht Hundeverbot!
Und nicht nur das: Probleme können auch die vielen freilaufenden, völlig verwahrlosten Hunde (und Katzen) bereiten. Haben Sie auch bedacht, dass in südlichen Ländern mannigfaltige Infektionskrankeiten Ihr Tier bedrohen? Infos finden Sie unter: www.laboklin.de (Service - Rat & Tat - Reise).

HÖHLEN

Große Teile Apuliens und der Basilikata bestehen aus Kalkgestein – und das scheint vom Sickerwasser durchlöchert zu sein wie ein Käse. An unseren Touren liegen Riesendolinen und wunderschöne Tropfsteinhöhlen, wo Touristen bequem in die malerisch beleuchtete Tiefe steigen können.

Die Grotten an den Küsten "erfährt" man am besten per Bootchen. Von Peschici, Vieste und Capo Léuca starten die Ausflüge, die meist mit einem schönen Badestopp kombiniert sind. Die Küstengrotte Zinzulusa ist trockenen Fußes zu erreichen.

INSEKTENPLAGE

Stechmückenschwärme wie in Finnland gibt es an den italienischen Stränden nicht. Vielleicht darf man aber in Erinnerung rufen, dass viele Flussniederungen und Stagnos (Lagunen) früher malariaverseucht waren. Erst nach 1945 hat man der Anopheles, der Überträgerin der Malaria, unter Einsatz von Spritzflugzeugen und viel DDT den Garaus gemacht. Mücken gibt es aber trotzdem noch – und schon ein einziger Moskito kann die Nachtruhe einer ganzen WOMO-Besatzung vermiesen.

Auch der malerischste Sonnenuntergang lässt sich nicht genießen, wenn sich durstige Insektenrüssel durch die Jeans bohren.

Tipps:

\>> *Schmieren oder sprühen Sie sich in entsprechenden Gebieten vor Sonnenuntergang mit Autan ein. Die Pyrethrum-Räucherspiralen haben nach unserer Erfahrung eher bei marmelade-gierigen Wespen Erfolg.*

\>> *Haben Sie noch keine Mückenrollos in Ihrem WOMO, so können Sie Moskitogaze zu Ihren Fenstern passend mit Klettenband umnähen, das Gegenstück rings um die Fenster kleben und die Gaze nur bei Bedarf andrücken.*

\>> *Sehr praktisch (und besonders luftig) ist ein Moskitonetz.*

\>> ***Bedenken Sie:** Alle Öffnungen nach außen müssen verschlossen sein, auch Türen und Dachluken. An der Eingangstür ist es praktisch, die Gaze in der Mitte längs mit einem Reißverschluss zu unterteilen oder zwei Teile in der Mitte überlappen zu lassen.*

\>> *Sprühen Sie eine Stunde vor dem Zubettgehen das WOMO mit Insektenspray aus. Gegen Mücken im Wageninneren hilft auch keine Moskitogaze!*

KARTENMATERIAL

Während wir uns in südlichen Urlaubsländern häufig von der Intuition, dem Sonnenstand oder den hilfreichen Eingeborenen leiten lassen mussten, gibt es für Süd-Italien recht ordentliches Kartenmaterial.

1. Offizielle Karte des TCI, Maßstab 1:200.000, Blatt 11 "Apulien", leider in letzter Zeit häufig veraltet.

2. Michelinkarte Nr. 363 "Apulien", Maßstab 1:200.000; 7,99 €.

Diese Karte benutzen wir selbst, sie ist auch beim WOMO-Verlag erhältlich. Sie gehört in jedes Handschuhfach, denn auf ihr ist, vergleichbar unseren Generalkarten, **jede** Straße, nahezu jedes Haus und die Bezeichnung fast aller Flüsse, Berge, Täler **und** Sehenswürdigkeiten eingetragen, die Landschaft ist geschickt durch ein Satellitenbild hervorgehoben.

Das Konkurrenzprodukt von Marco Polo (Die Generalkarte Italien Nr. 12) im gleichen Maßstab und zum gleichen Preis fängt leider erst südlich des Gargano an und ist deshalb nur bedingt zu empfehlen.

Für die Anreise reichen unsere Karte "Anreiserouten", die Übersichtskarten der Automobilclubs oder der Autoatlas.

Die Italienkarte Nr. 988 von Michelin (gibt's bei WOMO) zeigt auch dann noch den Weg, wenn man von der Hauptreiseroute mal abweichen möchte.

KLIMA

Das Mittelmeerklima ist eigentlich schnell beschrieben: Fast regenlose, heiße Sommer von Juni bis Oktober; ohne eigentlichen Herbst, heftige Winterregen von November bis Februar. Frühling, die schönste Jahreszeit, von März bis Mai. Dies alles gilt auch für Süd-Italien.

Tipps:

>> *Auch die heißen Sommer sind dadurch erträglich, dass den ganzen Tag eine Seebrise weht. Durch die schnellere Erwärmung der Gesteine steigt über dem Land die heiße Luft auf – kühlere Meerluft wird nachgesaugt.*

>> *Sommergewitter sind sehr selten, dann aber recht ergiebig und oft von heftigen Böen begleitet. Bringen Sie Sonnenschirm und Sonnensegel rechtzeitig in Sicherheit, räumen Sie alles Verwehbare ins Fahrzeug, verschließen Sie alle Fenster, manchmal peitschen Sandwolken durch die Gegend. Rollen Sie das Segel des Surfbretts zusammen, ziehen Sie Ihr Schlauchboot hoch aufs Ufer.*

>> *Als Baderevier empfiehlt sich Süd-Italien von Mai bis Oktober, denn die statistischen Meerwassertemperaturen betragen:*

Januar-März:	***13 - 14° C.***	***August:***	***23 - 25° C.***
April:	***14 - 15° C.***	***September:***	***23 - 21° C.***
Mai:	***16 - 17° C.***	***Oktober:***	***20 - 19° C.***
Juni:	***19 - 20° C.***	***November:***	***18 - 16° C.***
Juli:	***21 - 23° C.***	***Dezember:***	***15 - 14° C.***

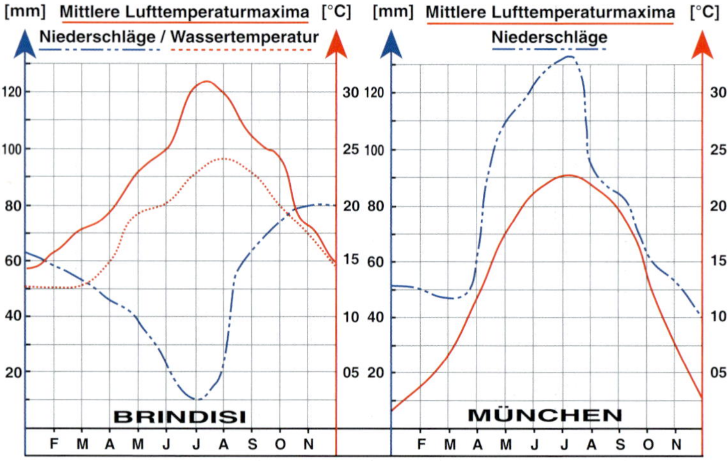

KÜHLSCHRANK

Die DOMETIC-Kühlschränke mit den Anschlüssen für 220V/12V/Gas, die in den meisten Wohnmobilen eingebaut sind, haben eine robuste Natur ohne bewegliche Verschleißeile. Trotzdem sind sie ein Sorgenkind für jeden Camper, denn ohne Kühlung kommt ein WOMO-Haushalt kaum noch aus.

Tipps:

>> *Schon bei geringer Schräglage des Fahrzeugs sinkt die Kühlleistung stark.* ***Abhilfe:*** *Mit Wasserwaage oder voll gefülltem Wasserglas waagerechten Stand des WOMOs kontrollieren, durch Aufbocken, Eingraben eines Rades oder Platzwechsel verbessern.*

>> *Seit einiger Zeit gibt es Geräte, die auch bei stärkerer Neigung des WOMOs gut kühlen. Achten Sie darauf beim Neukauf.*

>> *Während der Fahrt, vor allem aber beim Tanken, ist der Betrieb mit Gas gefährlich, außerdem geht das Flämmchen oft im Fahrtwind aus. Schaltet man auf 12 V und vergisst nach Ankunft das Ab- bzw. Umstellen, so ist eine vollgeladene 50-A-Batterie nach ca. 5 Stunden leer und oft auch kaputt. Ein separates Kühlschrankrelais (meist bereits eingebaut, sonst im Campinghandel) hilft das zu verhindern. Die neuesten Geräte schalten automatisch um (AES-Geräte). Achten Sie darauf beim Neukauf!*

>> *Ist die Kühlleistung bei Gasbetrieb nicht zufriedenstellend, sind folgende Punkte zu überprüfen:*

- *Liegen die Zu- und Abluftgitter möglichst nach Norden, also nicht im Sonnenschein?*
- *Ist der Kühlschrank nicht zu vollgestopft?*
- *Ist überhaupt ein Abluftkanal montiert?*
- *Liegt überall, vor allem an der Unterseite der Tür, das Dichtgummi an?*
- *Ist das Flämmchen überhaupt noch an (von außen kann man das Zischen hören, am oberen Gitter spürt man die Wärme bzw. riecht das verbrannte Gas)?*

>> *Ist die Kühlleistung bei Gasbetrieb nicht zufriedenstellend, kann man 1-2 Gebläselüfter an der Kühlschrankrückseite installieren (lassen), die idealerweise mit einem kleinen Solarpaneel betrieben werden sollten.*

>> *Was halten Sie von einem richtigen (Kompressor-)Kühlschrank (in Verbindung mit einer Solaranlage)?*

KULTURGESCHICHTE

Eine (Halb-)Insel inmitten des Mittelmeeres gleicht einem Verkaufstisch, den man vor einem Geschäft aufgestellt hat – der Umsatz ist hoch, manches wird leider auch ohne Bezahlung mitgenommen.
Auch in Süd-Italien haben sich die verschiedensten Völker "bedient", haben die Küstenstriche geplündert, das Land erobert und wieder verloren.
Die ersten kulturellen Zeugnisse von Menschen gehen auf die jüngere Steinzeit 6000 Jahre v. Chr.) zurück; der Mann von Altamura, dessen Skelett man in der Lamalungagrotte bei Altamura fand, war allerdings schon 130.000 Jahre tot.
Die günstige Lage der Region im Schnittpunkt vieler Seehandelswege führte dazu, dass bereits vor 4000 Jahren regelmäßige Handelsbeziehungen mit dem gesamten Mittelmeerraum bestanden und natürlich lebhaften kulturellen Austausch nach sich zogen.

Ab 2.000 v. Chr. (Ur-Apulier)
Volksstämme vom Balkan (Illyrien) überwanden die 50-km-Meerenge von Otranto, eroberten das Land, verschmolzen mit den Einheimischen.
Griechische Händler legen Handelsposten an der Küste an.

Ab 800 v. Chr. (Daunier, Peuketier, Messapier)
Im Lande vollzieht sich eine "ethnische Aufteilung". Die Daunier siedeln in der Gegend um Foggia, die Peuketier im Küstenbereich um Bari, die Messapier konzentrieren sich auf das Hinterland.

Ab 700 v. Chr. (Magna Grecia)
Die griechischen Handelsposten sind zu Kolonien herangewachsen, die um die Vorherrschaft kämpfen. Hellenisierung der einheimischen Völker. Durch seine starke Flotte und die militärische Unterstützung durch das Mutterland konnten die griechischen Kolonien lange der römischen Einflussnahme widerstehen.

272 v. Chr. – 395 n. Chr. (Imperium Romanum)
Die Römer besiegen als letzten griechischen Stadtstaat Tarent, die Via Appia wird bis Brindisi gebaut (wichtigster Orienthafen Roms).
216 v. Chr. besiegt Hannibal bei Cannae die Römer, kann sich aber auf Dauer nicht in Italien behaupten.
In der Kaiserzeit unter Augustus bedeutende Städteförderung, Bau von Amphitheatern und Straßen (Via Traiana).
Nach dem Tod von Theodosius I. Teilung des Römischen Reiches in Ost- und Weströmisches Reich; Apulien ist für Jahrhunderte Grenzzone zwischen beiden.

410 – 1050 (Völkerwanderung)
Der Westgote Alarich plündert Rom (410), die Vandalen unter Geiserich plündern Rom (455), der letzte weströmische Kaiser wird durch den hunnischen Heerführer Odoaker abgesetzt (476), nach Beendigung der Gotenkriege wird Süditalien byzantinisch.
Sarazenen dringen in Süditalien ein.
Aufstände der apulischen Städte (mit Hilfe normannischer Söldner) gegen Byzanz.

1051 – 1260 (Normannen und Staufer)
Die Normannen unter Robert Guiscard werden mit Unterstützung Roms die neuen Herren Süditaliens. Fieberhafte Bautätigkeit der lateinisch-römischen Kirche, Durchsetzung der romanischen Architektur.
Der Staufer Friedrich II. wird 1220 zum Kaiser gekrönt und macht das Normannenreich zum straff organisierten absolutistischen Staat; Gesetzesreform; Aufschwung des Wirtschaftslebens. Sicherung der Macht durch umfangreiche Burgenbauten.

1260 – 1860 (Anjou, Aragonier, Habsburger, Bourbonen)
Mit der Herrschaft der französischen Anjou setzt ein Niedergang ein. 1435 fällt Süd-Italien an das (spanische) Herrscherhaus Aragon, die es von Neapel aus "verwalten", d. h. wirtschaftlich auspressen. Einführung des barocken Baustils (z. B. Lecce, Maglie).
Österreichische Truppen erobern im Zuge des spanischen Erbfolgekrieges 1708 Süd-Italien; Herrschaft des Hauses Habsburg.
Karl von Bourbon erhält nach dem Sieg über die Österreicher 1735 das süditalienische Königreich; erste Reformen.
Anschluss an das italienische Königreich (1860).

1861 – heute (Von Italiens Einheit bis heute)
1861 wurde Vittorio Emanuele II. aus dem Hause Savoyen-Piemont König von Italien. Die neuen Machthaber in Süd-Italien behandeln die Einwohner als Menschen zweiter Klasse; statt zur Integration kam es zum Konflikt (Brigantenkrieg), der in gewisser Weise bis heute anhält.
Der Begriff Mezzogiorno (=Süden) umschreibt die Probleme der ausgebeuteten, besitzlosen Landbevölkerung mit den reichen Landbesitzern.
Ständige Emigration nach Übersee bis zum heutigen Tage. Erst 1950 Landreform, seit 1960 Industrialisierung (Stahlwerk in Tarent, Raffinerien in Brindisi und Bari).
Arbeitslosigkeit, Kinderarbeit und Kriminalität sind heute die aktuellen Sorgenthemen, die Mafia hat Hochkonjunktur durch Schutzgelderpressung sowie Schmuggel von Rauschgift, Zigaretten und – Menschen (vor allem via Albanien und seit einigen Jahren über das Mittelmeer).

LEBENSMITTEL (siehe auch "Getränke")

Wir unterscheiden in Anreisetage und eigentlichen Urlaub in Süd-Italien. Während wir im Urlaub die einheimische Küche genießen und eigene Gerichte meist frisch zubereiten, werden unterwegs nur Dosen aufgemacht.

Tipps:

>> *Außer einer "Grundausstattung" an Teigwaren, Reis sowie Gewürzen empfiehlt sich kaum noch, einen Vorrat an Fleisch- und Wurstkonserven mitzubringen (gleiche Preise, gleiche Auswahl). Wir haben allerdings stets selbst eingekochte Fleischkonserven dabei (siehe: "Allgemeines Wohnmobil Kochbuch").*

>> *Wer auf die Dauer das labberige Weißbrot (=pane bianco) aus der Bäckerei (=panificio) nicht ausstehen kann, kann sich heimisches, lange haltbares Vollkornbrot mitbringen. Ab und zu bekommt man auch dunkleres, länger genießbares Roggenbrot (=pane segale).*

>> *ACHTUNG! Brot morgens kaufen, sonst stehen Sie vor leeren Regalen!*

>> *Das Angebot an Obst, Gemüse und Salat ist reichhaltig, die Preise sind denen in Deutschland vergleichbar.*

>> *Das Frischfleischangebot in der Metzgerei (=Macelleria) ist reichlich, die Preise liegen jedoch höher als in Deutschland.*

>> *Das Frischwurstangebot ist von der Vielfalt und vom Geschmack her recht dürftig, wesentlich besser sind die "salame", die Salami und die diversen geräucherten "Schweinespezialitäten", allen voran der kernige Schinken (prosciutto). Die Preise sind aber auch hier happig.*

>> *Käse ist ein italienisches Grundnahrungsmittel. Neben Kühen sind Ziegen und vor allem Schafe, aber auch Wasserbüffel die Milchlieferanten.*

>> *Inzwischen gibt es auch überall H-Milch - und natürlich den LIDL!*

LITERATUR

Ein wichtiges Buch über Süd-Italien haben Sie schon – den WOMO-Führer, gute Karten haben wir Ihnen auch bereits empfohlen. Natürlich kennen wir Ihre speziellen Urlaubsinteressen nicht. Wir können Ihnen aber zu Büchern raten, ohne die wir in Süd-Italien nicht auskommen.

Tipps:

>> *Andreas Haller: Apulien (Michael Müller Verlag)*
(Neidlos erkennen wir an: Große Klasse)

>> *Annette Krus-Bonazza: Kalabrien & Basilikata (Michael Müller Verlag)*
(auch für Süditalien (West) zu gebrauchen)

>> *Rolf Legler: Kunstführer Apulien (DuMont)*
(Qualifiziert und ausführlich für kunstgeschichtlich Interessierte)

>> *Apulien/Kalabrien (Polyglott), (Klein – aber oho!)*

>> *N. Douglas: Reisen in Süd-Italien (Prestel)*

>> *HB Bildatlas 201: Süd-Italien (Apulien, Basilicata)*

>> *Schönfelder: Die Kosmos-Mittelmeerflora*

>> *Campell: Der Kosmos-Strandführer*

>> *Kauderwelsch Sprechführer: Italienisch (gibt's bei WOMO)*

>> *Staatliches Italienisches Fremdenverkehrsamt:*
60325 Frankfurt, Barckhausstraße 10, Tel.: 069/25 91 26
A-1060 Wien, Mariahilfer Straße 1B, Tel. 0043-15051639
CH-8002 Zürich, Tödistr. 65, Tel.: 0041-445440797
Prospekte, Karten, Adressen.

MEDIKAMENTE

Natürlich können wir hier keine ärztliche Voraussage machen, was Ihnen im Urlaub alles passieren kann, aber nach der Statistik wollen wir einige Wahrscheinlichkeiten abwägen.

Tipps:

>> *Schauen Sie nochmals nach, ist Ihr Erste-Hilfe-Koffer noch gut gefüllt (Mullbinden, Heftpflaster, Schere, Pinzette, Fieberthermometer)?*

>> *Mittel gegen Durchfall sind ein "Muss" in fremden Ländern, fragen Sie Ihren Arzt. Kohletabletten sind "härteren Sachen" zunächst vorzuziehen.*

>> *Aufregung und langes Sitzen bei der Anfahrt kann aber auch zu Verstopfung führen – führen Sie mit den richtigen Mitteln ab!*

>> *Wie steht es mit Reisekrankheit? Fahren Sie zum ersten Mal mit einem WOMO, könnte Ihnen vielleicht das Schwanken oder die ungewohnte Sitzstellung aufstoßen. Sorgen Sie vor!*

>> *Kinder sind ein Fall für sich! Nehmen Sie auf jeden Fall die Medikamente mit, die Sie sowieso das Jahr über brauchen.*

>> *Soventol z. B. hilft nicht nur gegen Insektenstiche, sondern lindert auch Sonnenbrand.*

>> *Zwei Elastik-Binden für verstauchte Füße und Salbe gegen Prellungen (z. B. Mobilat) sollten nicht nur bei einer Bergtour dabei sein.*

>> *Zwar kein Medikament, aber manchmal die letzte Rettung (statt eines Schlafmittels): Ohropax gegen Straßenlärm.*

>> *Was brauchen Sie sonst noch alles gegen Erkältungen, Magenbeschwerden, Sodbrennen, Blähungen, Völlegefühl? Schleppen Sie nicht alles mit! Die italienischen Apotheken sind in fast allem gut sortiert – und fast alles gibt es im Notfall auch ohne Rezept.*

>> *Last not least: Das Merfen-Orange für die kleine Schürfwunde und gegen den großen Schmerz, ein Wund-Desinfektionsmittel, das nicht brennt, aber wegen der schönen Farbe bei Kindern besonders beliebt ist. Gegen Brennen im Salzwasser hilft Sprühpflaster.*

>> *Und wenn alles nichts mehr hilft: Beim ADAC-Arzt können Sie sich von Italien aus unter der Nummer:* ***0049-89-22 22 22*** *Rat holen.*

NACKTBADEN

Italien ist nicht Frankreich – nur etwa 30% der Damen verzichten auf das Tragen eines Bikinioberteiles.

FKK-Fans sichteten wir nur an ganz entlegenen Stellen. Das Campingplatzverzeichnis informiert Sie darüber, wo Sie ganz offiziell Ihre Hüllen fallen lassen dürfen.

ÖFFNUNGSZEITEN

Süd-Italien ist nicht Orient, aber auch nicht Preußen! Die an jeder Ladentür angeschlagenen Öffnungszeiten werden, wenn überhaupt, nur in den größeren Städten eingehalten. (Etwa 8-12.30/16-20 Uhr, Bäckereien auch Sonntag Vormittag).

Heilig ist allerdings die Mittagspause – zwischen 13 und 16 Uhr läuft nichts. Dies haben ausgefuchste Städtetouristen längst spitzgekriegt und finden vor 8 Uhr und vor 15.30 Uhr auch im Zentrum einen guten Parkplatz, bevor der Ansturm einsetzt. Auch Tankstellen halten sich an diese Öffnungszeiten. Sonntags und nachts läuft nur an Tankstellen mit Kreditkarten- bzw. Geldschein-Automaten etwas!

Banken sind nur montags bis freitags geöffnet, jede scheint ihre eigenen Öffnungszeiten zu haben. Sie bewegen sich im Bereich 8-14 Uhr.

Die kleineren Postämter bedienen Mo – Sa nur vormittags, in größeren Ortschaften Mo – Fr auch nachmittags.

Während Museen und Ausgrabungsgelände von 9 - 19 Uhr offen haben (montags geschlossen), sind Kirchen von 12 – 16, manchmal 17 Uhr verriegelt. Viele Kirchen können überhaupt nicht von innen besichtigt werden oder nur nach Absprache mit dem Fremdenverkehrsamt (man sucht nach den Schildern "Tourist info", "i" oder "pro loco").

PACKLISTE

Brieftasche/Handtasche/Geheimfach

Pässe, Personal-, Kinderausweis (gültig!)
Führerscheine, Vollmacht
Grüne Karte (gültig!)
KFZ-Schein
Impfbücher/Impfpass Haustier
Fotokopien aller dieser Papiere
Bargeld/Brustbeutel
Devisen/Reiseschecks
Euroscheckkarte
Kreditkarte (z. B. Visa)
Auslandskrankenscheine
Zusatzversicherungen/Schutzbrief
Vignette/Brenner-Mautkarte

____

____

Wohnmobilhaushalt

Wecker
Einkaufstasche (groß)
Kaffee-, Teekanne
Filtertüten/Filter
Geschirr/Gläser
Vesperbrettchen/Bestecke
Brotmesser/Kartoffelschäler
Schöpflöffel/Schneebesen
Töpfe/Dampftopf
Pfannen/Sieb
Topflappen
Butterdose/Plastikdöschen mit Deckel
Flaschentrage
Thermoskanne
Eierbehälter
Küchenpapier/Alufolie
Nähzeug/Schere
Klebstoff/Klebeband
Wäscheleine/Klammern
Waschpulver
Plastikschüssel
Abtreter
Schuhputzzeug
Kabeltrommel
Verbindungskabel CEE-Schuko
Stecker (Ausland)
Doppelstecker
Gasflaschen (voll?)
Handfeger/Kehrschaufel
Putzlappen
Klappspaten
Hammer/Nägel/Axt
Zündhölzer/Feuerzeug
Gasanzünder
Taschenlampen
Kerzen
Petroleumlampe/Petroleum
Ersatzbirnen 12 V/220 V
Ersatzsicherungen für jedes Gerät
Ersatzwasserpumpe
5 m passender Wasserschlauch
Feuerlöscher
Insektenspray/Insektenlampe
Moskitogaze für Fenster und Tür
Toilette/Clo-Papier
Toilettenchemikalien (oder Schmierseife)
Dosen-, Flaschenöffner, Korkenzieher
Spülmittel/Bürste
Scheuerpulver
Geschirrtücher
Leim/5 m Schnur
5 m Schwachstromkabel zweiadrig
Wasserschlauch mit Passstück für verschiedene Wasserhähne
Trichter
Wasserentkeimungsmittel
Müllbeutel

____

____

Reiseapotheke

Mittel gegen Seekrankheit
Soventol (lindert Insektenstiche usw.)
Husten-, Schnupfenmittel
Fieberzäpfchen
Kohle-Kompretten
Mittel gegen Durchfall
Mittel gegen Kopfschmerzen
Mittel gegen Verstopfung
Nasen-, Ohrentropfen
Halsschmerztabletten
Wundsalbe/Brandsalbe
Wunddesinfektionsmittel (Merfen-Orange)
Sprühpflaster
Elastikbinden
Salbe gegen Prellungen
Fieberthermometer
Pinzette
Auto-Verbandskasten O.K.?
Persönliche Medikamente

____

____

Auto

Allgemeines Wohnmobil-Handbuch
WOMO-Knackerschreck
Bedienungsanleitungen
Bordbuch/Wörterbücher
Reiseführer/Campingführer
Straßenkarten/Autoatlas
Auffahrkeile/Stützböcke
Wasserwaage
D-Schild
Panello (rot-weiße Tafel) bei überstehender Ladung (z. B. Fahrräder)
Kundendienst gemacht?
Ersatzteilset von der Werkstatt?
Pannenausrüstung komplett?
Reservekanister voll?
Klimaanlage ausprobiert?
1-2 Liter Reserveöl
Reserverad Luftdruck O.K.?
Abschleppstange, ausprobiert?
Passender Wagenheber, ausprobiert?
Luftpumpe
Warndreieck
Arbeitshandschuhe
Werkzeugkoffer komplett?
Kundendienststellenverzeichnis, neu?

____

____

Kleidung
Unterwäsche
Socken/Strümpfe
Hemden/Blusen
Schuhe/Sandalen
Hausschuhe
T-Shirts/Shorts
Hosen/Jeans
Kleider/Röcke
Pullover/Jacken/Stola
Anoraks/Windjacken
Sonnenhüte/Kopftücher
Nachthemden/Schlafanzüge
Bikinis/Badehosen
Wanderstiefel
Sonnenbrille/Ersatzbrille
____
____
____

Campingartikel
Stühle/Tisch/Liegestühle
Liegematten/Hängematte
Markise, Sonnenschirme
Sonnensegel/Stangen/Häringe/Leinen
Grill/Grillzange/Holzkohle
WOMO-Pfannenknecht

Unterhaltung
Handy/Autoladekabel
Internet-Radio
Schreibzeug/Adressbuch
Handarbeitszeug
Kinderspielzeug
Malutensilien
Bücher/Spiele
Kassettenrekorder/Kassetten
CD/DVD-Player/CDs/DVDs
Taucherbrillen
Wasserball/Fußball/Wurfringe
Frisby/Indiaca usw.
Schlauchboot/Pumpe/Ruder
Luftmatratzen
Sandspielzeug
Schwimmflügel/Schwimmreif
Surfbrett/Zubehör
Fotoapparat/Speicherkarten
Videokamera/Speicherkarten
GPS-Gerät/Navi
Ersatzbatterien/Ladegerät für 12 V
Rucksäcke
Kartentasche
Fernglas/Kompass
Iso-Matten/Zelte/Kochtopfset
Feldflaschen/Taschenmesser/Angelzeug
SOS-Kettchen (vor allem für Kinder)
Mitbringsel für evtl. Einladungen

Lebensmittel
Getränke (Limo, Bier, Wein)
H-Milch/Dosenmilch/Coffeemate
Milchpulver/Limopulver/Zitronenteepulver
Wurst-, Fischdosen
Fertiggerichte/Beutelsuppen
Tee/Kaffee/Kaba
Müsli
Butter/Margarine
Brot/Dosenbrot
Reis/Nudeln/Grieß
Kartoffelbrei/Mehl
Babykost
Puddingpulver
Schokolade/Bonbons/Kaugummi
Marmelade/Nutella
Bratfett/Öl/Essig
Majonnaise, Senf
Zwiebeln, Knoblauch
Gewürze
Ketchup/Maggi/Salz
Zucker/Süßstoff
Kartoffeln
Eier
Zwieback/Salzstangen

Wäsche / Toilettenartikel
Schlafsäcke, Bettwäsche, Kopfkissen
Laken (Spannlaken)
Hand-, Badetücher, Waschlappen
Geschirrtücher
Tempo-Taschentücher
Kämme/Bürsten
Haarfestiger/Lockenwickel/Haarspangen
12 V-, Akku- oder Nassrasierer
Nageletui/Hygieneartikel
Empfängnisverhütungsmittel
Windeln/Creme/Babycreme
Seife/Rei in der Tube
Sonnencreme, -öl
Fettstift (Labello)
Zahnbürsten/Zahnpasta
Autan gegen Mücken
Ohropax gegen Lärm

Nicht vergessen!
Post/Zeitung abbestellen
Offene Rechnungen bezahlen
Haustier abgeben
Blumen versorgen
Mülleimer leeren
Kühlschrank abstellen?
Antennen herausziehen
Wasch-, Spülmaschine, Bügeleisen aus?
Wasser, Gas, Heizung, Boiler abgestellt?
Rolläden schließen
Haustür verschließen!
Nachbarn/Verwandte benachrichtigen: Reiseroute, Autokennzeichen mitteilen. Reserveschlüssel abgeben.

POST

PT – Poste e Telegrafo, das ist das Serviceangebot der italienischen Post – ein Telefon sucht man dort vergebens!

Die italienischen Telefonzentralen werben mit einem Telefonhörer und den Buchstaben S.I.P. Dort kann man telefonieren, ohne dauernd Geldstücke nachwerfen zu müssen und sich für weitere Anrufe zu Hause Magnetkarten (Carta Telefonica, gibt's auch ins Bars mit dem S.I.P.-Zeichen) kaufen - aber wer hat noch kein Handy dabei??

Tipps:

>> *Für Briefmarken braucht man nicht im Postamt anzustehen. Man erhält sie auch in jedem Tabacchi-Laden: „Ich möchte einige Briefmarken." = „Vorrei dei francobolli."*

>> *Erfahrungsgemäß braucht Post, gleich welche, eine Woche von Italien nach Deutschland. Per Luftpost geht sie ohnehin, Sie können sich den Aufpreis also sparen.*

>> *Die Post ist im ländlichen Süd-Italien nur von 8.40 – 13.20 Uhr geöffnet. Im Gegensatz zu Banken aber auch samstags. Nur in Großstädten bedient die Hauptpost auch nachmittags.*

PREISE

Wer glaubt, Italiener seien ja wohl keine so reichen Leute – und die Preise seien deshalb auch niedrig im Lande, der sieht sich zumindest in Touristengebieten getäuscht. Ausspruch eines wütenden Einheimischen: „Hoffentlich sind die Touristen bald weg, damit wir wieder zu normalen Preisen einkaufen können!"

Gaststättenbesuche gehören zum Studium eines Urlaubslandes – das Italienstudium ist ausgesprochen teuer! Wir haben nach dem Besuch vieler Urlaubsländer und vieler Gaststätten für Italien folgende Theorie aufgestellt: In Griechenland z. B. verdient der Wirt an jedem Gast wenig – und hat seine Freude an vielen Gästen. In Italien reicht dem Wirt ein besetzter Tisch pro Tag – die restliche Zeit macht er Siesta. Besonders ärgert man sich über die "Coperti", ein italientypischer Preis für das Gedeck (ca. 1-2 €).

Die Treibstoffpreise sind in Italien z. Zt. deutlich höher als in Deutschland.

Für einen Tag auf einem Campingplatz muss man fürs WOMO und zwei Personen, je nach Saison 25 - 45 (60) Euro berappen.

REDEWENDUNGEN

Wir wollen und können den unter "Literatur" angegebenen Kauderwelsch-sprechführer (gibt's bei WOMO) nicht ersetzen, aber **ein Dutzend** wichtiger Begriffe sollten Sie eigentlich auswendig können:

Sprechen Sie deutsch? .... parla tedesco?
Ich verstehe nicht! .... Non capisco!
Ich spreche nicht italienisch............ non parlo italiano
Ich heiße....; Wie heißt Du?............ Mi chiamo.....; Come ti chiami?
Guten Morgen (Tag) .... buon giorno (bonn schorno)
Guten Abend.................................. buona sera
Gute Nacht .... buona notte
Auf Wiedersehen .... arrivederci (arrivedertschi)
Bitte! .... Prego!
Vielen Dank .... Mille grazie
Entschuldigung .... Mi scusi!
Ja/nein .... Si/No.
Rechts/Links ....destra/sinistra
Geradeaus ....diritto
Was kostet das? Ich möchte ....Quanto costa? Vorrei ...
Wo gibt es ...? ....Dove posso trovare ...?

Wie kommt man zum Strand? .... Como si arriva a la spiaggia?
Haben Sie einen Stadtplan? .... Ha una pianta della città?
Montag, Dienstag, Mittwoch, Donnerstag, Freitag, Samstag, Sonntag.......
..... lunedi, martedi, mercoledi, giovedi, venerdi, sabato, domenica
ein Tag, eine Woche, ein Monat, ein Jahr......
.... un giorno, una settimana, un mese, un'anno

REISETAGE/REISEZEIT

Keine Angst, wir wollen Ihnen an dieser Stelle nicht Ihren Urlaubstermin ausreden, denn nach Süd-Italien können Sie gar nicht zur falschen Jahreszeit fahren. Hier soll lediglich der Reiserhythmus angesprochen werden, der sich auf der Hin- und Rückreise empfiehlt.

Tipps:

>> *Starten Sie in Deutschland nicht am ersten Ferientag Ihres Bundeslandes oder gar am Samstag früh, sonst beginnt Ihr Urlaub gleich mit Stau. Beachten Sie auch die italienischen Feiertage (siehe dort). An ihnen ist auf den Straßen die Hölle los!*
>> *Fahren Sie entweder sofort nach der Schule am letzten Schultag los oder, wenn Sie keine schulpflichtigen Kinder haben, an den Wochentagen Dienstag bis Donnerstag.*
>> *Warten Sie mit der Suche nach einem Übernachtungsplatz nicht bis zur Dunkelheit. Das geht fast nie gut! An jedem Seitensträßchen finden Sie bei Tageslicht ein Wald- oder Wiesenplätzchen – bei Nacht geraten Sie an die unmöglichsten Stellen.*
>> *An den Hauptanreisestrecken haben wir schöne und vor allem ruhige Übernachtungsplätze für Sie gesucht. Sie sind in der Karte "Anreiserouten" eingezeichnet und genau beschrieben (auch mit GPS-Daten).*
>> *Bedenken Sie: Der Weg ist das Ziel! Deshalb beginnt unser Süd-Italienbuch auch bereits in Modena, wo die >A 22< vom Brenner und die >A 1< vom St. Gotthard zusammenstoßen.*
>> *Glücklich der Urlauber, der Italien zwischen dem 15.9. - 15.6. besucht. Es hat (fast) alles für sich allein. Der Unterschied zur Hauptsaison ist enorm!*

RUNDFUNK / FERNSEHEN / INTERNET

Mancher behauptet ja, er könne im Urlaub völlig abschalten. Dazu gehören jedoch Ruhe und Zufriedenheit. Ich bin nur ruhig, wenn ich weiß, dass zu Hause in Deutschland alles seinen gewohnten Gang geht. Aktuelle Nachrichten sind für mich unverzichtbar.

Tipps:

>> *Wer eine Satellitenschüssel hat, kann seinen Heimatsender auf UKW und in Top-Qualität hören.*
>> *Natürlich wäre ein Fernsehgerät mit Schüssel auf dem Dach eine "moderne" Lösung, aber es gibt unbegreiflicherweise immer noch Menschen, die im Urlaub auf "die Glotze" verzichten wollen, was empfehlen wir dieses Zeitgenossen?*
>> *Möchten Sie auch im Urlaub nicht auf (lokale) Informationen aus der Heimat verzichten, empfehlen wir Ihnen ein:*
>> ***WLAN-Internetradio***
Inzwischen gibt es zahlreiche Radiogeräte, die per WLAN (=Wireless Local Area Network = drahtloses lokales Netzwerk) kabellosen Kontakt zu einem Router aufnehmen und direkt eine Verbindung ins Internet aufbauen können (häufige WLAN-Spots in Italien).
>> *Sämtliche Radiosender, die Sie dort entdecken (es sind tausende), können Sie sofort hören, und es ist mit Sicherheit Ihr Lieblingssender dabei.*

SONNENSCHUTZMITTEL

Immer wieder trifft man in südlichen Gefilden bedauernswerte Kreaturen, die die Gefahren der UV-Strahlung am Meer nicht ernst genommen haben und nun wie halb gepellte Kartoffeln herumlaufen.

Tipps:

>> *Beginnen Sie mit dem Sonnenbaden möglichst nicht erst im Urlaub. Falls Sie wie ein weißer Käse in Süd-Italien ankommen sollten, gehören Sie nach jedem Bad zunächst wieder unter den Sonnenschirm.*

>> *Es gibt zwar Sonnenmilch und Sonnencremes mit den erstaunlichsten Schutzfaktoren. Ihre Filterwirkung kann aber die Sonne nicht völlig von Ihnen abhalten.*

>> *Nach jedem Bad müssen Sie sich in den ersten Tagen abtrocknen und sofort wieder eincremen. Wassertropfen auf der Haut wirken wie Sammellinsen und können zu Verbrennungen führen.*

>> *Auch wer nie Probleme mit Sonnenbrand hat: Das Salzwasser laugt die Haut aus, macht sie trocken und rissig. Sie müssen sich ja nicht gleich mit Olivenöl einschmieren, aber spätestens nach der abendlichen Süßwasserdusche sollten Sie den* ***ganzen*** *Körper eincremen.*

>> *Kinder, vor allem Babys, sollte man beim Spiel in der Sonne gut im Auge behalten. Pflicht sind:*
Sonnenhütchen und anfangs T-Shirt sowie regelmäßiges Eincremen.

>> *Surfer und Schnorchler sind besonders an den Rückenpartien gefährdet. Ziehen Sie ein altes T-Shirt an!*

>> *Eine gute Sonnenbrille ist in Süd-Italien jedem anzuraten. Brillenträger sind mit Sonnenbrillenaufsteckern gut bedient. Nicht nur am Strand, auch beim Rundgang durch antike Stätten und im Gebirge schmerzen die Augen ohne entsprechenden Schutz.*

>> *Haben Sie Ihr WOMO in der Sonne geparkt, erreicht die Temperatur im Führerhaus oft abenteuerliche Höhen. Eine Alu-Isoliermatte (Camping-Handel, 15 Euro), die man auch als Liegematte benutzen kann, sorgt hinter oder noch besser auf der Windschutzscheibe für Abhilfe.*

SURFEN

Viele WOMOs rollen mit ein bis vielen Surfbrettern auf der italienischen >A 14< nach Süden rollt. Kommen sich die vielen Gabelbaum-Akrobaten da nicht in die Quere?

Tipps:

>> *Süd-Italien ist als Surfrevier noch nicht in aller Munde – an den meisten Stellen geht es ausgesprochen einsam zu – was das Surfen anbetrifft. Eine Halbinsel hat eben wahnsinnig viel Strand!*

>> *Die besten Windverhältnisse hat man leider, wenn die Quecksilbersäule am niedrigsten ist – von Oktober bis April, auch Mai und September sind noch erfreulich. Dann kommt die flügellahme Zeit von Juni bis August.*

>> *Ein ausgesprochenes Starkwindgebiet ist der Sporn des Gargano, speziell die Bucht Spiaggia Scialmarino sowie die Nordbucht von Vieste. An den anderen Stränden geht´s ausgesprochen familienfreundlich zu. Vor allem die weiten, flachen Sandstrände südwestlich von Taranto (Basilicata) bieten auch dem Anfänger bequeme Übungsreviere.*

TELEFON/HANDY

Telefonieren kann man in Süd-Italien von jedem Dörfchen aus – überall stehen Telefonhäuschen herum. Oft sind es auch nur rote, an die Wand geschraubte Hauben und die Passanten amüsieren sich über die lautstarken Verständigungsversuche mit der Heimat.

Tipps:

>> *Von Italien nach Deutschland wählt man 0049, nach Österreich 0043, in die Schweiz 0041.*

>> *Die Landesvorwahl für Italien ist 0039.*
ACHTUNG! *In Italien, also sowohl aus dem Ausland wie auch innerhalb des selben Ortsnetzes, muss inzwischen immer die Null der Ortsvorwahl mitgewählt werden! Ausnahme: Notrufnummern.*

>> *Ein 3-Minuten-Gespräch kostet tagsüber 1,50 Euro, Mo-Sa 22-8 Uhr und So nur 1,20 Euro.*

>> *Fast alle Telefonapparate haben Schlitze für Münzen und für Telefonkarten. Deshalb sollte man sich gleich bei Urlaubsbeginn in einer öffentlichen Telefonzentrale der S.I.P. (mit Telefonsymbol) oder einer der vielen Bars (mit S.I.P.-Aufkleber) eine Telefonkarte kaufen.*

>> *Telefonservice "Deutschland direkt":*
Sie können ein kostenloses R-Gespräch führen über eine ***deutsch****sprachige Vermittlung. Der* ***Angerufene*** *zahlt für die Vermittlung 5 Euro und für jede Gesprächsminute 60 Cent. Wählen Sie einfach: 172-0049.*

>> *Falls Sie vor einem Postamt stehen – dort kann man nicht telefonieren! Post und Telefondienst sind in Italien zwei völlig getrennte Einrichtungen.*

>> *Besonders praktisch nicht nur für Vielreisende sind Prepaid-Karten von privaten Anbietern oder der Telekom (T-Card).*

>> *Aber was soll's? Sie haben doch ohnehin Ihr Handy dabei – und Roaming-Gebühren gehören auch der Vergangenheit an!*

Wichtige Telefonnummern in Italien:

Polizei-Notruf (Carabinieri): 113
Unfallrettung 118
Pannennotruf des ACI: 116
Deutsches Konsulat (I-70122 Bari, Corso Cavour 40) 080-524 4059
ADAC-Notruf in Rom: 06-4954730
Sperrannahmedienst VISA (im Ausland): .... +1 410 581 9994
Allgemeiner Kartensperrnotruf (in D): 116 116

Meine 16-stellige Visa-Karten-Nr.: ....

TOILETTE

Einer der Gründe dafür, dass das Freie Camping in so vielen Ländern verboten wird, ist mit Sicherheit die Verunstaltung und Verseuchung der Landschaft mit Fäkalien. Die Benutzung einer Campingtoilette ist deshalb ein absolutes "Muss" für jeden engagierten Camper.

Tipps:

>> *Immer mehr WOMO-Freunde werden in den nächsten Jahren Süd-Italien besuchen. Es geht keinesfalls mehr an, dass man seinen Haufen in die freie Landschaft setzt und dann noch mit rosa Papier verziert. Wer keine Campingtoilette benutzen möchte, muss seinen Haufen vergraben.*

>> *Wenn es nicht bis zu einem Campingplatz oder einer öffentlichen Toilette reicht, ist die für die Umwelt und die Menschen beste Methode der Entsorgung das Vergraben der Fäkalien auf Ödland. Da unser Urlaubsland stellenweise nur dünn besiedelt ist, braucht man in den seltensten Fällen weiter als ein paar Kilometer zu fahren, bis man in unbesiedeltes und landwirtschaftlich kaum genutztes Gebiet kommt.*

>> *Es gibt auch Entsorgungsstationen in Süd-Italien außerhalb von Campingplätzen. Wir haben Sie im Text und auf den Tourenkarten genauestens markiert (natürlich auch die öffentlichen Toiletten!).*

>> *Nach kurzer Zeit beginnt der Toiletteninhalt zu stinken. Diesen Duft soll*

man (lt. Werbung) mit giftigen Chemikalien bekämpfen! Sich selbst und die Umwelt schützt man jedoch am besten, wenn man auf Toilettenchemikalien verzichtet! Gute Ergebnisse haben wir bei der "Duftbekämpfung" mit Schmierseife (Drogeriemarkt) gemacht (2 EL mit 1 l Wasser vermischen).

>> *Der beste Geruchsabzug ist noch immer ein Schornstein! Man bastelt ihn für Pfennigbeträge, indem man am Toilettenunterteil ein Loch bohrt, einen gewinkelten Schlauchstutzen (evtl. mit Absperrhahn) anschließt und einen Schlauch durch den Fahrzeugboden führt. Schon nimmt der Fahrtwind Ihre Düfte mit.*

>> *Noch besser ist die Schornstein-Wirkung, wenn sie von einem Ventilator unterstützt wird. Nach Einbau einer SOG-Toilettenentlüftung sind üble Gerüche (auch ohne Chemikalien) für immer passé:*
Fa. SOG-Dahmann, Tel.: 02605-952 762; www.sog-dahmann.de

>> ***Eine dringende Bitte zum Schluss:***
Gießen Sie den Toiletteninhalt nicht einfach ins Gebüsch. Das ist die unhygienischste Form der Fliegenvermehrung und die sicherste Methode, auch wohlwollende Gemeinden zu Wohnmobilfeinden zu machen. Wer den Inhalt seiner Campingtoilette hinters Gebüsch gießt, den soll beim nächsten Mal der Blitz beim Schei... treffen!

TREIBSTOFFE

Italien ist ein Land mit hohen Treibstoffpreisen (jetzt auch Diesel!). Es ist nicht einzusehen, dass man sich auch hier noch schröpfen lassen soll, wenn man schon die Autobahngebühren kaum umgehen kann.

Tipps:

>> *Auch in Italien muss man die Treibstoffpreise vergleichen – an den Autobahntankstellen wird man nicht so geschröpft wie in Deutschland.*
Aber Achtung: *An den meisten Tankstellen haben wir für den gleichen Treibstoff Spuren mit verschiedenen Preisen gesehen (die billigen sind mit "Fai da te - mach' es selbst" gekennzeichnet).*

>> *Im hektischen Trubel versucht der eine oder andere Tankwart, einen zusätzlichen Verdienst zu ergaunern: Lassen Sie sich nicht bedienen! Achten Sie vor dem Tanken, ob die Anzeige auf Null steht und den richtigen Literpreis anzeigt! Schreiben Sie den Rechnungsbetrag auf und vergleichen Sie ihn mit dem Visa-Beleg, wenn Sie nicht bar bezahlen!*

>> *Treibstoffpreise: Wir haben einen schlechten Draht zur OPEC. Deshalb empfehlen wir, die aktuellen Preise vor der Abfahrt beim Automobilclub zu erfragen.*

>> *Vergessen Sie nicht, vor allem während der ersten 1000 km des Urlaubs, regelmäßig den Ölstand zu kontrollieren. Lange Vollgas-Strecken machen nicht nur den Fahrer durstig.*

TRINK-, WASCH-, SPÜLWASSER

Während wir beim Abwasser die Formel aufgestellt haben: 10 Liter x Personenzahl = Volumen des Tanks, braucht man pro Person eine Frischwasserkapazität von mindestens 25-40 Litern, komfortabel wäre erst die doppelte Menge, denn eine ordentliche Dusche gehört zum Abschluss eines heißen Tages!

Tipps:

>> *Die Suche nach Trinkwasser ist für unsere Leser vorbei. An jeder Tour sind genügend Trinkwasserstellen angegeben.*

>> *Es gibt Camper, die kochen jeden Tropfen Wasser ab. Das verbraucht unnötig Gas. Außerdem schmeckt das abgekochte Wasser durch den Verlust des gelösten Kohlendioxids fade. Andererseits kann man auch*

nicht jedem munter plätschernden Brünnlein bedenkenlos trauen, selbst wenn alle Einheimischen „Acqua potabile!" beteuern.

- >> *Behandeln Sie Wasser stets mit keimtötendem Mittel, wenn Sie nicht mit eigenen Augen sehen, wie es aus einer Quelle sprudelt. Nur dann ist Sicherheit vor Infektion vorhanden. Bedenken Sie: Eine Entkeimung von 10 Litern Wasser kostet weniger als zwei Cent, eine Diarrhöe mehrere Urlaubstage. Außerdem verhindern Entkeimungsmittel die Nachverkeimung des Wassers im Tank.*
- >> *Wasserkanister haben einen großen Vorteil gegenüber eingebauten Tanks. Man kann Sie dem Nachbarn zum Füllen mitgeben und bequem im Freien reinigen. Praktisch sind durch ihren geringen Platzbedarf zusätzliche, faltbare Wasserbehälter.*
- >> *Wir empfehlen als Entkeimungsmittel Certisil Combina bzw. ChloroSil von MultiMan. Sein Anteil an Hypochlorit sorgt für die Sofortentkeimung des Wassers, d. h. es kann nach wenigen Minuten getrunken werden. Sein zweiter wirksamer Bestandteil sind Silber-Ionen, die die Nachverkeimung des Wasser über Wochen hinweg verhindern.*
- >> *ACHTUNG! Alle Entkeimungsvorschriften gelten nur für optisch reines, also klares Wasser. Trübes Wasser müsste vorher gefiltert werden.*
- >> *Irgendwann geht an jedem Strand der Trinkwasservorrat aus! Wie kann man sparen?*

Salzwasser: *Geschirrspülen klappt wunderbar, wenn das "Spüli" keine "Anionischen Tenside" enthält. Auf der Flasche nachschauen oder einfach ausprobieren. Haarewaschen geht prima! Auch hier ist Seife nicht geeignet, man nehme flüssige "Seife", die keine Alkalien enthält, erkennbar am neutralen pH-Wert (ungefähr 7).*

Fluss-, See-, Bachwasser: *Wenn das Wasser optisch rein ist, kann man es zum Spülen, Waschen und Haarewaschen verwenden. Nur zum Zähneputzen muss man es vorher abkochen oder chemisch entkeimen.*

VERKEHR

Dem WOMO-Fahrer kann es nur darum gehen, sein großes und schweres Gefährt unbehelligt bis zum Urlaubsziel und zurück zu transportieren. Dabei kann ihm allerhand passieren – vor allem dann, wenn er zum ersten Mal ein Wohnmobil steuert!

Tipps:

>> *Geschwindigkeitsbegrenzungen nötigen uns meist nur ein müdes Lächeln ab:*

	Schweiz	**Österreich**	**Italien**
Autobahnen	*120*	*130*	*130/110*
Landstraßen	*80*	*100*	*90*
Innerorts	*50*	*50*	*50*

- >> *Promillegrenze in D, A, CH und I 0,5‰.*
- >> *Es besteht Anschnallpflicht, Kinder haben hinten zu sitzen.*
- >> *Auf Autobahnen ist auch am Tage Abblendlicht Pflicht.*
- >> *Bei Pannen muss man eine reflektierende Warnweste tragen.*
- >> *Überhängende Ladung (Fahrräder, Surfbrett) muss in Italien mit einem "Panello" = rot/weiß gestreifter Tafel gesichert sein.*

>> ***Straßenverhältnisse:***

Über die Anfahrtsstrecken brauchen wir kein Wort zu verlieren: Die Autobahnen sind einwandfrei, die sonstigen Straßen, speziell in den Alpen, erfordern wegen geringer Überholmöglichkeiten, Kurven und starker Steigungen wesentlich längere Fahrzeiten. "Schlechte Wegstrecken" gibt es auf den empfohlenen Routen nicht.

>> *Leider haben die Landstraßen im tiefen Süden Italiens einigen "Nachbesserungsbedarf". Da und dort sind auch kräftige Verwerfungen (Unterspülungen?) zu beachten.*
>> *Ein besonderes Thema ist die Beschilderung, die Sie (trotz Wegweiser) oft auf die falsche Straße locken wird.*
>> *Für die Pisten zu den Stränden und Ufern fühlt sich die Straßenbauverwaltung nicht zuständig. Wir haben einige sehr schlechte, tiefsandige oder felsige Pisten gefunden! Gehen Sie sandige Strecken zunächst zu Fuß ab. In einsamer Gegend lieber wenden als versacken.*
>> *Ortsdurchfahrten sind manchmal abenteuerlich eng – vor allem durch kreuz und quer parkende Autos. Falls Sie steckenbleiben: Geduld, Geduld, der nachfolgende Verkehr wird Sie schon freihupen!*
>> *Italiener sind begeisterte Radrennfahrer, oft kommen sie völlig unerwartet und im Pulk! Seien Sie vorsichtig und rücksichtsvoll ...*

VERSTÄNDIGUNG

Gehen Sie einfach davon aus, dass in Italien niemand eine Fremdsprache spricht, dann werden Sie nie enttäuscht und ganz selten positiv überrascht. Tatsache ist, dass kaum ein Einheimischer deutsch, englisch oder französisch kann – also schlagen wir uns auf italienisch durch!?

Tipps:
>> *Südländer sind Meister in der Gebärdensprache. Tun Sie es ihnen nach, so kommen Sie auch ohne Worte aus.*
>> *Ärzte, Apotheker und Juristen sprechen oft englisch oder deutsch. Lassen Sie sich den Richtigen von der Dame im Touristenbüro suchen.*
>> *Polizisten haben im allgemeinen keine Fremdsprachenkenntnisse! Bestehen Sie deshalb auf einem Dolmetscher (interprete), wenn es Probleme gibt.*
>> *Üben Sie mit Hilfe Ihres Wörterbuches (wir empfehlen den Kauderwelsch-Sprechführer Italienisch; gibt's bei WOMO) die wichtigsten Redewendungen immer wieder während der Fahrt. Sie werden staunen, wie man sich über Ihre Italienisch-Kenntnisse freut!*

WOMO-FORUM – der Treff für Wohnmobilurlauber

Seit 2002 gibt es das WOMO-Forum, einen kostenlosen Service unseres Verlages, unter: **forum.womoverlag.de**
Offensichtlich hatten die WOMO-Freunde nur darauf gewartet, denn in der kurzen Zeit ist die Zahl der registrierten Mitglieder bereits auf über 12.200 angewachsen, die mit der abenteuerlichen Zahl von 136.000 Beiträgen zu allen Themen des wohnmobilen Lebens das Forum zu einer einmaligen Ideen-Austauschbörse gemacht haben.
Deshalb wird – wer sich unter: forum.womoverlag.de – einklickt und nach einem Thema sucht, wohl kaum ohne Antwort bleiben:
Natürlich lebt das Forum von einem regen Erfahrungsaustausch. Deshalb ist

es in vielerlei Rubriken aufgeteilt, in denen man gezielt Fragen stellen oder versuchen kann, die Fragen anderer zu beantworten.
Weiter geht es mit Fragen und Antworten zu Urlaubszielen, Reiseberichten und Korrekturen für alle WOMO-Bücher. Natürlich darf, ja soll man auch Kritik an den WOMO-Büchern äußern (wir freuen uns aber auch über ein Lob!).
Also: Klicken Sie sich ein, machen Sie mit – es lohnt sich für Sie und andere!

ALLGEMEIN	THEMEN	BEITRÄGE	LETZTER BEITRAG
WOMO-Bücher: Lob-Kritik (Keine Korrekturen) Schreibt bitte hier Eure Meinung zu den WOMO-Büchern. Moderator: Mods	178	983	von ANUBIS 19.10.2011 - 14:57:20
User-Treffen (Nur für registrierte User) Hier geht es um geplante Treffen der Forenmitglieder Moderator: Mods	32	593	von Malu 14.11.2011 - 20:14:47
Stellplatztipps Hier kannst Du neue Stellplätze in Deutschland beschreiben oder danach fragen. Moderator: Mods	1215	7139	von Karl0097 25.11.2011 - 19:40:56
Urlaub mit Kindern Fragen & Ratschläge fürs Reisen mit Kindern. Moderator: Mods	90	824	von Isa 16.11.2011 - 13:50:41
Urlaub mit Haustieren Fragen, Tipps und Ratschläge Moderator: Mods	165	2474	von Klaus2011 24.11.2011 - 17:12:42

WOMO	THEMEN	BEITRÄGE	LETZTER BEITRAG
Aktivitäten rund ums WOMO Sport, Kultur, etc. etc. Moderator: Mods	159	2150	von Gwaihir 15.11.2011 - 19:53:11
WOMO-Technik Gas-, Wasser- und Elektroinstallation, Innenausbau. Moderator: Mods	3108	31232	von Herby 25.11.2011 - 19:28:45
Multimedia im WOMO Alles zum Thema Multimedia, Navigation, POIs, Hard- und Software Moderator: Mods	764	7597	von heulnet 25.11.2011 - 11:23:16
WOMO-Kauf, WOMO-Miete Tipps, Fragen & Antworten Moderator: Mods	1035	13535	von dooley 24.11.2011 - 21:56:05
WOMO-Clubs Stelle Deinen Club vor oder empfehle einen. Moderator: Mods	59	356	von Monty 20.11.2011 - 21:19:43
WOMO-Küche Stelle neue Rezepte für die WOMO-Küche vor. Moderator: Mods	267	1484	von dooley 09.11.2011 - 17:26:25
WOMO-Neuigkeiten Informiere über Neues aus den Bereichen: Technik, Zubehör, usw. Moderator: Mods	136	1622	von Freetec 598 22.11.2011 - 10:56:23
Gasversorgung Fragen & Antworten zum Thema Autogas und Gasflaschentausch im Ausland. Moderator: Mods	169	2176	von Joanne 26.10.2011 - 17:41:39
Umwelt & Wohnmobile Am Thema Umwelt kommt man heute nicht mehr vorbei. Hier ist das Forum dafür. Moderator: Mods	150	2646	von VY73 26.11.2011 - 12:11:51
Recht und Verkehr Alles zum Thema Recht und Verkehr kann hier diskutiert werden. Moderator: Mods	397	6090	von Pego 16.11.2011 - 23:05:03
WOMO-Quasselecke Themen für alles Andere und Jeden. Alle Threads die 500 Tage unbeachtet bleiben, werden automatisch gelöscht! Moderator: Mods	236	2998	von Kule 25.11.2011 - 21:02:43

ZAUBEREI – OUTDOOR-NAVIGATION MIT GPS

Das GPS (Global Positioning System) ist ein vom US-Verteidigungsministerium entwickeltes Satellitensystem zur weltweiten Standortbestimmung. Bereits ab 150 € bekommt man ein handy-kleines Gerät, mit dem man auch bei Nacht und Nebel jederzeit feststellen kann, wo man sich befindet – und wird zu dem Platz geleitet, von dem man die Koordinaten hat (aber nur, wenn im Gerät auch das Kartenmaterial des jeweiligen Landes gespeichert ist).

In dem vorliegenden Reiseführer sind für alle Übernachtungsplätze die Koordinaten im Format Grad / Minuten / Sekunden (hddd°mm'ss.s") angegeben.

Hinweis: Die obige Schreibweise der Koordinaten ist die am meisten verbreitete. Falls Ihr Gerät voreingestellt die Schreibweise Grad mit Dezimalen (hddd.ddddd°) oder Grad / Minuten mit Dezimalen (hddd°mm.mmm') anzeigt, finden Sie in der Bedienungsanleitung mit Sicherheit eine Umstellmöglichkeit auf das obige Format.

Besitzer von GPS-Geräten bei denen man Koordinaten eingeben kann, z.B. der Fa. Garmin oder TomTom, tippen sinnvollerweise die angegebenen Koordinaten der WOMO-Stellplätze vor dem Urlaub in das Gerät ein.

Wer es noch bequemer haben möchte, erwirbt beim WOMO-Verlag die "GPS-Daten zum Buch" als Download– und die GPS-Daten werden in Sekundenschnelle vom Computer aufs GPS-Gerät überspielt.

Natürlich kann man auch "vor Ort" nur die Koordinaten des Platzes eingeben, den man als nächstes anfahren möchte.

ACHTUNG! Viele unsere Plätze liegen an Nebensträßchen und Schotterpisten, die kein Navi kennt.

Aber die Zufahrt ist ja auch im Text beschrieben ....

Zum Schluss:

IN EIGENER SACHE – ODER DER SACHE ALLER!?

Urlaub mit dem Wohnmobil ist etwas ganz Besonderes. Man kann die Freiheit genießen, ist ungebunden, dennoch immer zu Hause, lebt mitten in der Natur – **wo man für sein Verhalten völlig eigenverantwortlich ist!**

Seit über 35 Jahren geben wir Ihnen mit unseren Reiseführern eine Anleitung für diese Art Urlaub mit auf den Weg. Außer den umfangreich recherchierten Touren haben wir viele Tipps allgemeiner Art zusammengestellt, unter ihnen auch solche, die einem WOMO-Urlauber eigentlich selbstverständlich sein sollten. Weil wir als Wohnmobiler die Natur in ihrer ganzen Schönheit und Vielfalt hautnah erleben dürfen, haben wir auch besondere Pflichten ihr gegenüber, die wir nicht auf andere abwälzen können.

Jährlich erhalten wir viele Zuschriften, Grüße von Lesern, die mit unseren Reiseführern einen schönen Urlaub verbracht haben und sich herzlich bei uns bedanken. Wir erhalten Hinweise über Veränderungen an den beschriebenen Touren, die von uns bei der Aktualisierung der Reiseführer Berücksichtigung finden.
Aber: Wir erhalten auch Zuschriften über das Verhalten von Wohnmobilurlaubern, die sich **egoistisch, rücksichts- und verantwortungslos** der Natur und ihren Mitmenschen – nachfolgenden Urlaubern und Einheimischen – gegenüber verhalten.
In diesen Briefen geht es um die Themen Müllbeseitigung, Abwasser- und Toilettenentsorgung. Es soll immer noch Wohnmobilurlauber geben, die ihre Campingtoilette nicht benutzen, dafür lieber den nächsten Busch mit Häufchen und Toilettenpapier "schmücken", die den Abwassertank nicht als Tank benutzen, sondern das Abwasser unter das WOMO trielen lassen, die ihren Müll neben dem Wohnmobil liegenlassen und davondüsen, alles frei nach dem Motto: **„Nach mir die Sintflut!“**

Liebe Leser!

Wir möchten Sie im Namen der gesamten WOMO-Familie bitten: Helfen Sie aktiv mit, diese Schweinereien zu unterbinden! Jeder Wohnmobilurlauber trägt eine große Verantwortung, und sein Verhalten muss dieser Verantwortung gerecht werden.

Sprechen Sie Umweltferkel an, weisen Sie sie auf ihr Fehlverhalten hin und machen Sie mit dem WOMO-Urlaubs-Aufkleber deutlich: **Ich verhalte mich umweltgerecht!**
Der nächste freut sich, wenn er den Stellplatz sauber vorfindet, denn auch er hat sich seinen Urlaub verdient!
Vor allem aber: Wir erhöhen damit die Chance, dass uns unsere über alles geliebte Wohnmobil-Freiheit noch lange erhalten bleibt.

Helfen Sie mit, den Ruf der Sippe zu retten! Verhindern Sie, dass einzelne ihn noch weiter in den Schmutz ziehen!
Wir danken Ihnen im Namen aller WOMO-Freunde –

Ihr WOMO-Verlag

Stichwortverzeichnis

Unser WOMO-Online-Service

Passend zu unseren Reiseführern bieten wir
in unserem Shop unter **www.womo.de** an:

- Die **GPS-Koordinaten** zu allen Stell- und Campingplätzen unserer WOMO-Reiseführer.
- Die besten **Autokarten**, die garantiert die komplette Reiseroute abdecken.
- Von jedem Reiseland mindestens einen Rother-**Wanderführer** über die schönsten Wanderregionen.

WOMO-Verlag
An der Liethe 4
36452 Kaltennordheim
OT Mittelsdorf
verlag@womo.de
www.womo.de
036946/20691

Der WOMO-Knackerschreck

- ist die universelle und sofort sichtbare Einbruchssperre.
- Wird einfach in die beiden Türarmlehnen eingehängt, zusammengeschoben und abgeschlossen.
- Passend für Ducato, Peugeot, Renault Master, MB Sprinter bis 2018 und VW (alle Typen).
- Krallen aus 10 mm massivem, einbrennlackiertem Stahl, d. h. nahezu unverwüstlich.

Nur **64,90 €** – und nur bei **www.womo.de**

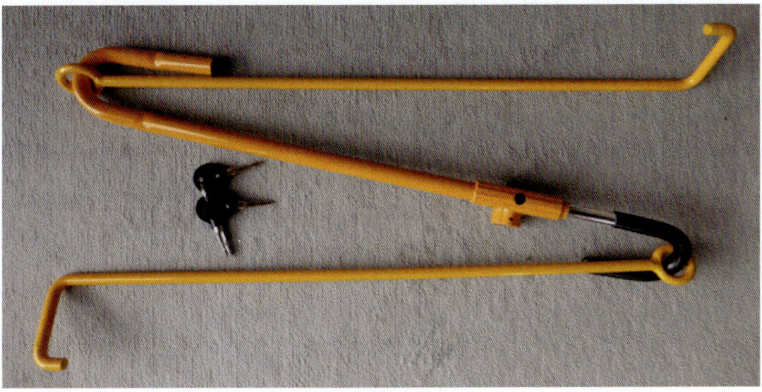

Alle WOMO-Reiseführer auf einen Blick

Wohnmobilhandbuch	Reinhard Schulz
Wohnmobilkochbuch	Waltraud Roth-Schulz
Albanien	Ulrike und Frank Staub
Allgäu	Heiner Newe und Heiderose Thomsen-Newe
Andalusien	Christian und Christina Winkler
Auvergne	Esther Vergenz
Baden-Württemberg	Heiner Newe und Heiderose Thomsen-Newe
Baltikum	Stefanie Holtkamp und Andrea Bergmann
Bayern Nordosten	Heiner Newe und Heiderose Thomsen-Newe
Bayern Nordwesten	Heiner Newe und Heiderose Thomsen-Newe
Bayern Südosten	Christian und Christina Winkler
Belgien/Luxemburg	Ulrike und Frank Staub
Bretagne	Anette Scharla-Dey und Franz Peter Tschauner
Burgund	Ralf Gréus
Dänemark	Anke Globi
Elsass	Ralf Gréus
England Norden	Christian und Christina Winkler
England Süden	Christian und Christina Winkler
Finnland	Uwe und Annegret Rohland
Französische Alpen	Heiner Newe und Heiderose Thomsen-Newe
Französische Atlantikküste Nord	Esther Vergenz
Französischer Jura	Heiner Newe und Heiderose Thomsen-Newe
Griechenland	Reinhard Schulz und Waltraud Roth-Schulz
Harz	Heiner Newe und Heiderose Thomsen-Newe
Heitere Wohnmobil Geschichten	Peter Simm und Silvia Sussmann
Hessen Teil 1	Anette Scharla-Dey und Franz Peter Tschauner
Hessen Teil 2	Anette Scharla-Dey und Franz Peter Tschauner
Hunsrück/Mosel/Eifel	Anette Scharla-Dey und Franz Peter Tschauner
Irland	Uwe und Annegret Rohland
Island	Alexander und Jutta Ramin
Korsika	Reinhard Schulz und Waltraud Roth-Schulz
Kroatien/Montenegro	Peter Simm und Silvia Sussmann
Languedoc/Roussillon	Ralf Gréus
Lothringen	Friedrich Riehl und Toshiko Riehl-Takada
Ligurien	Ralf Gréus
Lüneburger Heide	Heiner Newe und Heiderose Thomsen-Newe
Marokko	Ulrike und Frank Staub
Mecklenburg-Vorpommern Teil 1	Stefanie Holtkamp und Andrea Bergmann
Mecklenburg-Vorpommern Teil 2	Stefanie Holtkamp und Andrea Bergmann
Mittelitalien	F. Riehl und T. Riehl-Takada, Klaus Huber
Münsterland	Regina Stockmann
Namibia	Frank Linke und Ute Nast-Linke
Neuseeland Nordinsel	Dieter Giesen und Andrea Lossen
Neuseeland Südinsel	Dieter Giesen und Andrea Lossen
Niederlande	Friedrich Riehl

Weitere Informationen in unserem Buchshop unter www.womo.de

Nord-Frankreich	Esther Vergenz
Nord-Spanien	Reinhard Schulz und Waltraud Roth-Schulz
Normandie	Anette Scharla-Dey und Franz Peter Tschauner
Norwegen Norden	Reinhard Schulz und Waltraud Roth-Schulz
Norwegen Süden	Reinhard Schulz und Waltraud Roth-Schulz
Ostfriesland	Heiner Newe und Heiderose Thomsen-Newe
Ost-Spanien	Reinhard Schulz und Waltraud Roth-Schulz
Österreich Osten	Christian und Christina Winkler
Österreich Westen	Christian und Christina Winkler
Peloponnes	Reinhard Schulz und Waltraud Roth-Schulz
Pfalz	Ralf Gréus
Piemont/Aostatal	Ralf Gréus
Polen Norden	Nicola Kluftinger
Polen Süden	Helmut und Angelika Breidenbach
Portugal Norden	Stephanie Seufert
Portugal Süden	Stephanie Seufert
Provence Osten/ Côte d'Azur	Ralf Gréus
Provence Westen/ Côte d'Azur	Ralf Gréus
Pyrenäen	Andrea Bergmann und Stefanie Holtkamp
Rumänien	Christian und Christina Winkler,
Sachsen	Anette Scharla-Dey und Franz Peter Tschauner
Sardinien	Reinhard Schulz und Waltraud Roth-Schulz
Schleswig-Holstein	Heiner Newe und Heiderose Thomsen-Newe
Schottland	Uwe und Annegret Rohland
Schwarzwald/Bodensee	Ralf Gréus
Schweden Norden	Uwe und Annegret Rohland
Schweden Süden	Reinhard Schulz und Waltraud Roth-Schulz
Schweiz Osten	Andrea Bergmann und Stefanie Holtkamp
Schweiz Westen	Andrea Bergmann und Stefanie Holtkamp
Sizilien	Christian und Christina Winkler
Slowakei	Ulrike und Frank Staub
Slowenien	Peter Simm und Silvia Sussmann
Südafrika	Frank Linke und Ute Nast-Linke
Süditalien Osten	Reinhard Schulz und Waltraud Roth-Schulz
Süditalien Westen	Reinhard Schulz und Waltraud Roth-Schulz
Südtirol	Reinhard Schulz und Waltraud Roth-Schulz
Südwest-Frankreich	Stefanie Holtkamp und Andrea Bergmann
Thüringen	Katja Eisenschmidt
Toskana/Elba	Ralf Gréus
Trentino/Gardasee	Peter Simm und Silvia Sussmann
Tschechien	Steffen und Eva Peuker
Umbrien/Marken	Ralf Gréus
Ungarn	Peter Simm und Silvia Sussmann
Venetien/Friaul	Christian und Christina Winkler
Wales	Christian und Christina Winkler

Info-Blatt aus dem WOMO-Buch: Süditalien Ost '20

Lokalität Seite Datum
(Stellplatz, Campingplatz, Wandertour, Gaststätte, usw.)
unverändert gesperrt/geschlossen folgende Änderungen:

Lokalität Seite Datum
(Stellplatz, Campingplatz, Wandertour, Gaststätte, usw.)
unverändert gesperrt/geschlossen folgende Änderungen:

Lokalität Seite Datum
(Stellplatz, Campingplatz, Wandertour, Gaststätte, usw.)
unverändert gesperrt/geschlossen folgende Änderungen:

Lokalität Seite Datum
(Stellplatz, Campingplatz, Wandertour, Gaststätte, usw.)
unverändert gesperrt/geschlossen folgende Änderungen:

Lokalität Seite Datum
(Stellplatz, Campingplatz, Wandertour, Gaststätte, usw.)
unverändert gesperrt/geschlossen folgende Änderungen:

Lokalität Seite Datum
(Stellplatz, Campingplatz, Wandertour, Gaststätte, usw.)
unverändert gesperrt/geschlossen folgende Änderungen:

Meine E-Mail:

Rückmeldung bitte per Post oder an die Autoren-E-Mail:
Autoren-E-Mail: **schulz@womo.de**